오늘도 MBTI를 확인했습니다

오늘도 MBTI를 받아오셨습니다

박소진·김익수 지음

**너와 나의
건강한 관계를 위한
MBTI 소통법**

일에일북스

요즘 MZ세대는 기성세대와 달리 자기 스스로에 대한 표현이나 관심에 대한 의견 피력 등에 적극적이다. 대학에서 학생들과 함께 지내면 젊은 세대의 이런 변화가 부럽기도 하고 좋아 보인다. 여러 변화 가운데서도 특히 MBTI에 대한 MZ세대의 열풍은 새로우면서 동시에 걱정스럽다. 예전에는 심리학 관련 분야의 사람들만 관심을 가졌던 것이, 그래서 어느 정도 전문적인 지식에 기반해 자신이나 타인을 이해하는 하나의 수단으로서 섬세하게 활용되던 심리검사 도구가 너무 쉽게 다뤄지는 것은 아닌지 우려되기 때문이다. 그런 측면에서 이 책은 여러 세대에게 MBTI를 피부에 와닿는 방식으로 이해할 수 있게 하는 좋은 기회가 될 것 같다. 젊은 세대와 기성세대 모두가 객관적이고 의미 있는 방식으로 MBTI를 바라보고 서로를 좀 더 이해하고 함께 살아가는 데 활용될 수 있게 되리라는 기쁜 마음으로 이 책을 추천하고 싶다.

_김원호, 단국대학교 특수교육과 교수

박소진 대표와 나의 인연은 10년 전쯤으로 거슬러 올라간다. 뭔가 서로가 서로에게 끌리듯이 오랜 인연으로 이어질 것 같은 예감은 나만의 생각은 아니었던 것 같다. 다소 독특하면서도 조용한 듯하지만 자신의 생각이 뚜렷한 측면(INTP)이 나와 다르면서도(ESFJ) 오히려 그래서 서로가 도움을 주는 관계로 발전한 것이 아닌가 싶다. 그런 와중에 본서가 출간된다고 하니 무척 반갑고 내 일처럼 기쁘다. 본서에서는 MBTI의 기본 개념에 충실하면서도 MBTI를 통해서 평가할 수 없는 측면들을 보완할 수 있는 다른 검사들에 대한 안내, 직업, 의사소통, 스트레스 관리, 갈등관리 등

다양한 내용을 다루고 있어 유익하다. 게다가 평소 재미있게 봐왔던 드라마의 인물들을 통해 보다 친숙하게 마치, 오랜 시간 알고 지냈던 이웃의 이야기를 듣듯 재미있는 한 편의 드라마를 시청한 느낌을 준다. 자신을 이해하고 싶은 2030 세대에게 필독을 권하는 바다.

_손금옥, 원광보건대학교 유아교육과 교수·혁신교육원 부원장

심리검사에 대한 총체적 정보를 담아낸『사람의 마음을 읽는 법』에 이은『오늘도 MBTI를 확인했습니다』는 전 세계적으로 가장 대중화된 검사 중 하나인 MBTI 성격검사에 대해 하나하나 정확하게 설명해주는 책이라고 생각된다. 일선에서 많은 젊은이가 인터넷을 통해 알게 된 MBTI 성격검사를 마치 자신과 타인에 대한 낙인찍기 놀이를 하는 것처럼 보여 MBTI 전문가 입장에서 기회가 된다면 해당 검사에 대한 이해와 관계 관리, 소통, 진로, 스트레스에 대한 대처 등 폭넓게 사용될 수 있음을 말해주고 싶은 순간들이 많았으나 그러지 못함에 마음이 씁쓸하던 차에 이 책을 접하고 난 후 나의 마음이 한결 가벼워진 느낌이다. 박소진 소장은 영화라는 매체를 통해서 심리와 상담을 대중에게 좀 더 가깝게 다가가기 위해 노력해오신 분으로, 이번 책에서도 역시나 드라마 속 인물들을 통해 MBTI 유형을 심층분석하는 수고를 아끼지 않았다. 그 덕분에 대중들이 열 길 물 속보다 더 깊은 사람의 마음속에 다가설 수 있는 기회를 갖기를 기대해본다.

_정재훈, 육군 리더십센터 인성/상담 교관

'영 앤드 심플'한 그대에게

전 세계적인 관심을 받았던 봉준호 감독의 2019년 영화 〈기생충〉에는 독특한 캐릭터인 연교(조여정 분)가 등장한다. 담벼락이 높고 아름다운 정원이 있는 집에 사는 부유한 사모님인 여성은 어려서부터 유복한 집에서 자라 고생이란 걸 한 번도 해본 적이 없을 것 같은, 그래서 '착할 수 있는' 여성이다. 그런 이 여성을 누군가는 "영 앤드 심플(young and simple)하다고, 그냥 그렇다고" 설명한다. 그러나 그 설명 후 등장하는 이 여성의 모습은 정말 딱 그대로다. 왠지 모르겠지만 그냥 설득된다.

그녀가 가끔 구사하는 영어 수준만큼이나 단순하고 때론 순진하기도 하고 깔끔한 뭐 그런 거. 그래서인지 기택의 가족에게 속아 집안은 풍비박산이 되지만, 그건 그녀가 단지 '심플'해서가 아니다. 우리의 삶이, 인생이 심플하지 않은 게 문제지. 빛이 있으면 어둠이 있고 좋은 게 있으면 나쁜 것이 동시에 존재한다. MBTI도 마찬가지다. 어떤 이들은 요즘 젊은이들이 너무 이 검사에 열광하는 것 아닌가 하며 의아해하기도 하고 불편해하기도 하지만, 대중적으로 소비되는 데는 그럴 만한 이유가

영화 〈기생충〉 스틸

있다.

　대부분의 심리검사는 대중적으로 소비되기에는 여러 어려움이 있다. 그 이유 중 하나는 해석이 어렵고 복잡하다는 것이다. 그런데 MBTI는 그런 복잡함이 별로 없다. 누구나 쉽게 이해할 수 있고 누구나 16개의 성격유형에 속하며 검사를 받은 사람들은 자신의 유형이 무엇인지를 밝히는 데 전혀 거리낌이 없다. 내가 나를 INTP나 INTJ라고 소개한다고 해서 사람들이 '뭐야, 저 인간 원래 이상한 줄은 알았는데, 진짜 이상하네.'라고 수군댈 일이 없다는 것이다. 같은 유형은 같은 유형끼리 서로의 공통점을 공유할 수 있어서 좋고 다른 유형은 왜 다른지를 이해할 수 있어서 좋다. 안전하고 부담없이 소비하기에 이만한 검사가 있을까.

나를 알면 세상이 편하다

"아들아, 넌 다 계획이 있구나!"라고 말하는 아버지 기택(송강호 분)은 계획이 없었고 "무계획이 계획이다."라고 실토한다. 그러면 아들 기우(최우식 분)는 판단형(J)이고 아버지 기태는 인식형(P)일까? 갑작스러운 짜파구리 주문을 받은 엄마 충숙(장혜진 분)은 한편으로 요리를 만들고 한발로는 그 집의 집사 문광(이정은 분)을 제압하며 위기 상황을 모면하는데, 엄마는 무슨 유형일까? 이렇게 추측해보는 것도 재미있다. 설령 안 맞는다고 해도 상관없다. 그래서 젊은(young)이들이 소비하기 좋고 너무 깊이 있게 고민하지 않아도 된다는(simple) 것이 MBTI의 최대의 미덕이다.

인간을 포함한 세상을 이해하기 위한 노력은 오랜 세월부터 이어져 왔다. 과거에는 별자리를 보며 운명을 점치기도 했고, 한때 혈액형으로 사람의 성격을 판단하는 사람들도 있었다. 하지만 별자리나 혈액형만으로는 객관적 근거가 부족하다. 이와 대조적으로 MBTI는 신뢰할 수 있는 객관적 도구로서 자신과 세상을 이해하고 편안하게 바라볼 수 있게 만들어준다. 그럼에도 불구하고 충분치 않다면 다른 검사나 전문가를 통해 보완하거나 조력을 받으면 된다. 어차피 완벽하게 모든 것을 설명할 수 있는 검사란 존재하지 않으니까.

이 책은 독자 여러분의 MBTI에 대한 올바른 이해와 활용을 돕기 위해 심리검사가 무엇인지 기본적인 개념 소개로 시작된다. 유명 드라마와 영화 속 등장인물을 통해 MBTI 성격유형을 쉽고 재밌게, 그렇지만 정확하게 이해할 수 있도록 돕고 있다.

　사회생활을 하다 보면 피할 수 없는 스트레스를 어떻게 해소하고, 직면하게 되는 갈등은 어떻게 풀어가면 좋을지 성격유형에 따른 효과적인 방법 또한 안내한다. 만약 지금 학교, 직장 또는 동아리 등에서 이해하기 힘들고 대화가 통하지 않아 함께 도모하기 불편한 누군가가 있다면 이 책을 읽으며 해결의 실마리를 찾아내길 바란다. 어떤 직업이 내게 맞을까 고민하는 데도 더불어 도움이 되리라 기대한다.

　그런 의미에서 아직도 MBTI를 해보지 않은 분들은 오늘 한 번 도전해보심이 어떨지 권고해 드리는 바다.

박소진 · 김익수

※ 본 내용은 한국교원연수원(hstudy.co.kr)에서 영상 콘텐츠로 제공됩니다(2023년 12월 예정).

차례

1장

내 마음의
보석상자

김쌤　박쌤

오래전에 수십 년간 구두를 닦아온 구둣방 할아버지의 이야기를 다룬 티브이(TV) 프로그램을 본 적이 있는데요. 이 할아버지는 손님이 걷는 자세나 구두 굽의 어디가 닳았는지만 보아도 그 사람의 성격이나 됨됨이를 파악할 수 있다더군요. 오랜 기간 누적된 자신만의 노하우와 경험을 통해 사람에 대한 인상과 그 사람에 대한 정보를 처리함으로써 예리한 통찰을 얻어낸 것이라고 할 수 있는데요.

살면서 겪는 수많은 경험을 통해서 많은 사람이 심리학자 이상의 통찰력을 갖는 듯합니다. 다만 구둣방 할아버지의 경험을 지지하는 논리적이고 이론적인 근거가 없어 일반화시켜서 적용하는 데는 어려움이 있고 개인이 할 수 있는 경험의 한계도 분명히 있고요. '내 경험상 이랬는데, 너도 그럴 거야.'라고 단정하는 사람들이 있는데, 개개인의 특성이나 상황이 다르기 때문에 똑같이 적용하는 것은 문제가 있습니다. 구체적으로 예를 들어보죠. 자칭 연애전문가라고 하는 사람들이 "내가 많은 여자(혹은 남자)를 만나봤는데, 여자들은(남자들은) ~때 ~하더라. 그러니까 ~해.”라며 자신의 경험과 그에 따른 해법을 설파하는 경우가 있어요. 그러나 아무리 많은 이성을 만나서 연애를 해봤다더라도 한계가 있을 수밖에 없습니다. 또한 선호하는 이성상이 있는 경우가 많아서 비슷한 유형의 사람들을 주로 만난다면 더욱 대표성이 떨어지기 때문에 이를 일반화하기는 어렵겠죠. 이에 반해 심리검사는 심리이론과 임상경험을 바탕으로 만들어지기 때문에 보다 객관적이고 신뢰할 수 있습니다. 예를 들어 검사상 ‘특정 지표가 높은 사람들은 타인을 의심하고 경계심이 많다.’ 또는 ‘이런 사람 중에는 근거 없이 배우자나 연인을 의심하는 경우가 많다.’와 같이 설명하더라도 이를 지지하는 이론적 임상적 근거가 존재한다는 것입니다.

심리검사의 도구들은 제작되는 데 수년 이상의 시간이 걸리며, 이 검사를 실시하고 평가하는 전문가도 오랜 시간의 교육과 훈련을 받으며 인고의 과정을 거쳐 만들어집니다. 저도 요즘 유행하는 MBTI, MMPI 외에 다양한 검사를 해보고 배우기도 했지만, 정확한 해석이 쉽지 않은 것 같습니다.

심리검사는 매우 다양하며 각각 측정하는 내용도 다르고 관련 학과를 전공하고도 수년 이상 전문가로부터 훈련을 받아야 하니 어려운 건 당연하겠죠. 검사를 통해 피검자가 가지고 있는 성격, 지능, 적성, 심리적 문제뿐만 아니라 검사를 통해 피검자 자신도 모르는 문제들이 드러나기도 합니다. 어떤 분들은 검사 결과를 받아들이지 못하고 내가 거짓말을 했다는 거냐면서 불편해하는 경우가 종종 있습니다. 의도적이거나 의식적이지 않더라도 대부분 건강하게 잘 적응하는 사람은 어느 정도의 방어를 하는데, 떠올리면 불편할 수 있는 생각이나 감정 따위를 드러내지 않으려고 하는 경향성은 무조건 나쁜 것은 아닙니다. 방어는 일종의 자기 보호를 하기 위한 것이니까요. 이렇게 문제를 확인하고 나면 근본적인 문제해결 방안을 강구할 수 있게 됩니다. 심리학 관련 분야에 있는 사람 중에서도 심리검사의 중요성을 폄하는 경우도 종종 있지만, 객관적이고 종합적이며 체계적인 평가와 판단 근거를 가지고 있으면서 이를 통해 보다 나은 삶을 살 수 있도록 도와줄 수 있다면 굳이 마다할 필요는 없을 것 같습니다. MBTI에 대한 이해를 돕고자 먼저 심리검사가 무엇인지에 대해 간략하게 알아보겠습니다.

심리검사란 무엇인가?

심리검사

- 심리검사(Psychological Test)는 성격, 지능, 적성, 정서적·심리적 측면 등 인간의 다양한 특성에 대해 파악하고자 여러 가지 도구들을 이용해 이런 특성들을 양적·질적으로 측정하고 평가하는 절차다.
- 이를 통해 우리는 개개인이 가지고 있는 독특한 측면들을 파악할 수 있다.

심리평가

• 심리검사를 통해 얻은 결과물을 전문가가 종합해 해석하는 과정을 거치는 것을 심리평가라고 한다.

심리검사에서 중요한 개념은 심리검사는 '개인에 대한 진단과 평가를 위한 도구이며 절차'라는 것입니다.

인간의 심리는 자연과학처럼 직접 관찰하고 측정하는 것이 불가능하지 않습니까. 그래서 "열 길 물속은 알아도 한 길 사람 속은 모른다."라고 하죠.

현미경이나 내시경과 같은 도구로 직접 측정할 수 없기 때문에 간접적인 방법을 통해 그 특성을 파악할 수밖에 없습니다. 인간의 심리적인 행동은 한 개인이 가지고 있는 고유한 특성이기에 개인차가 존재합니다. 오랜 세월을 함께 살아온 가족조차 가끔 전혀 모르는 부분들이 있습니다. 또 오랜 친구나 지인에게 속거나 배신을 당하면서 사람은 겪어봐야 안다고들 말하죠. 그런데 심리검사는 이런 사람의 심리와 개개인의 특성을 단 몇 시간 만에 측정할 수 있게 해주니 참 대단하다는 생각이 듭니다.

심리검사가 심리검사로서 충분한 역할을 하고 있는가가 가장 중요합니다. 검사의 측정치는 신뢰도 및 타당도와 관련이 있는데요. 신뢰도는 검사를 얼마나 신뢰할 수 있는지 여부로, 여러 번 반복 측정해도 일관성 있는 결과가 나오는지를 의미합니다. 타당도는 심리검사가 측정하려고 하는 것을 충실히 재고 있는지를 보는 것을 의미합니다.

옷을 만들려면 키, 어깨, 팔길이, 허리둘레 등 각각 다 측정해야 하는데, 심리검사를 이렇게 수치를 재는 것에 비유한다면 이런 수치, 즉 결과를 종합하고 통합하는 것이 심리평가라고 할 수 있습니다.

심리검사로 얻은 결과를 하나하나 퍼즐처럼 맞춰서 그 사람에게 딱 맞는 옷을 만드는 것과 비슷하다는 생각이 듭니다.

사람이 평면적인 존재가 아니라 입체적인 존재이니, 당연히 다양한 측정이 필요하겠죠. 그리고 실시나 채점방식, 해석 등을 하기 위해서는 오랜 기간 숙련되어야 가능합니다. 특히 양적·질적 분석을 포괄하는 전체적이고 통합적인 해석을 하기 위해서는 많은 시간과 노력이 필요합니다. 각 검사가 측정하는 부분이 다르기 때문에 검사 결과를 해석하는 것은 보다 높은 전문성을 요하는 과정입니다. 그렇기에 제대로 된 심리평가를 하기 위해 많은 노력과 시간을 들여야 합니다.

객관적 검사(Objective Test)

- 객관적 검사는 전문가에 의해 통제된 상황에서 표준화된 방식과 절차에 따라(표준화란 일관되고 통일된 방식) 실시하는 검사다.
- 검사의 실시와 해석이 투사적 검사에 비해 간편하고 신뢰도와 타당도가 검증되어 있고 검사를 하는 사람이나 검사 상황이 변화더라도 영향을 덜 받는다.

투사적 검사(Projective Test)

- 투사적 검사는 개개인 심리 특성의 다양하고 깊이 있는 부분을 파악하기 위한 비구조적인 검사다.
- 모호하고 애매한 자극을 제시해 피검자의 자유로운 표현을 허용하기 때문에 독특하고 다양한 반응이 도출된다.

 이러한 객관적 검사로는 MMPI나 MBTI와 같은 검사가 있는데요. 요즘 젊은 세대는 처음 만나면 MBTI를 물어본다고 할 정도로 인기가 많죠. MMPI도 기업이나 군대에서도 널리 사용되고 있고, MBTI는 다양한 계층과 분야에서 두루 사용되고 있습니다. 두 검사 모두 다수의 문항으로 이루어져 있고, 피검자는 각 문항마다 자신에게 적합하다고 여겨지는 것에 응답하면 됩니다.

 객관적 검사는 질문에서 무엇을 물어보는지 알 수 있기 때문에 자신에게 유리하게 반응을 조작할 수 있습니다. 예를 들어 '가끔 내 영혼이 나를 떠난다'라는 문항이 있다면 '그렇다'라고 대답하기 쉽지 않겠죠. 양적인 측면, 즉 수량화하는 데 치우쳐 있기 때문에 개개인에 대한 보다 깊이 있는 해석은 하기 어렵습니다.

 말하자면 객관식 문제와 주관식 문제처럼요. 주관식은 이 사람이

- 박소진, 『사람의 마음을 읽는 법』, 믹스커피, 2023

진짜 이 내용을 알고 있는지 모르는지 외에 다양한 정보를 주잖아요. 점 하나 찍어 놓고 '이게 뭐냐'라고 물어본다면, 사람들은 황당해하면서도 다양한 반응을 할 겁니다. 지능검사를 제외한 대부분의 검사와 마찬가지로 투사적 검사는 정답이 없고 검사자극이 애매모호해서 보다 자유롭게 반응할 수 있고, 이런 다양한 반응이 피검자*를 이해하는 데 풍부한 자료를 제공합니다. 또한 자극의 모호성, 즉 무엇을 측정하려는지 알기 어렵기 때문에 피검자가 방어하기가 어렵습니다. 실제로 피검자들은 알게 모르게 방어를 하는데, 투사검사는 이런 방어 자체가 어렵다고 할 수 있습니다.

🐻 축구로 말하면 공이 어디로 날아올지 모르는 상황과 비슷하다고 할 수 있겠네요.

👾 이로 인해 평소에 의식화되지 않던 사고나 감정이 자극되기 때문에 무의식적인 개인의 심리 특성이 나타날 수 있습니다.

🐻 어린 시절 하늘에 떠 있는 구름을 보고 그 구름이 무엇인지 알아맞히는 놀이를 해본 기억이 있는데요. 어떤 친구는 뭉게구름을 보고 솜사탕이라고 할 수 있고, 어떤 친구는 토끼로, 어떤 친구는 불이나 연기가 피어오르는 것이라고 말하기도 하잖아요. 그런 것과 비슷하다는 생각이 들어요.

👾 구름의 모양이란 게 뭐 딱 떨어지는 것도 아니고 시시각각 변하기

• 심리검사를 할 때 검사를 실시하는 사람을 검사자라고 하고 검사를 받는 사람을 피검자라고 지칭함

도 하니까 보는 사람 마음에 달려 있겠죠. 이처럼 보는 사람마다 불특정한 구름 모양에 대해 지각하고 반응하는 양상은 달라질 수 있습니다.

🐰 중요한 건 객관적 검사와 투사적 검사가 모두 장단점이 있으니까 보완하기 위해 같이 사용되면 좋겠습니다.

심리검사가 필요한 이유

👾 최근에는 자신이 공황장애인 것 같다며 상담을 의뢰하는 경우가 종종 있습니다. 초기 면담 후 종합검사를 실시했는데, 이 내담자의 주된 문제는 부적응으로, 어려서부터 지나친 과보호를 받았고 대학을 진학하면서 부모와 떨어져 있게 되면서 공황(발작)을 경험했다고 주장했어요. 그런데 검사 결과를 보니 히스테리성 성격장애와 신체 증상 장애가 의심되었습니다.

🐰 스스로 공황장애인 것 같다고 진단하면서 왔지만 실은 다른 문제가 있었던 것 같습니다.

👾 요즘 정보가 많다 보니 자체적으로 진단을 내리는 사람이 많은데, 그 내담자는 '공황장애'라고 믿고 싶어 하는 것처럼 보였습니다. 그러나 공황장애로 보여질 만한 뚜렷한 증상은 없었고 스트레스를 받게 되면 이유를 알 수 없는 신체 증상을 호소했는데 히스테리성 성격장애를 가진 사람들이 문제를 직면하고 해결하기보다는 이를 회

피하고 억압하다 보니 신체적인 증상으로 전환되어 나타나는 경우로 보였습니다.

어린아이가 스트레스를 받으면 대개 아픈 것처럼요. 아이들은 스트레스를 받으면 어른처럼 언어로 표현하기가 어렵기 때문에 아픈 경우가 많은데 신체적 언어로 전환되어 표현되는 거라고 볼 수 있습니다.

성인이 되어도 어린아이처럼 징징대면서 주변 사람에게 아프다고 호소하고 관심을 끌려는 것처럼 보이는 사람들이 있어요. 의도적이지는 않아도 이런 행동이 이차이득을 주기 때문에, 이런 행동이 고쳐지지 않고 악순환이 반복됩니다.

의도적이지 않다는 것은 '꾀병'처럼 자신이 아프지 않으면서 아프다고 하는 것과 구분해야 할 것 같습니다.

어떤 면에서 꾀병은 적응적으로 보기도 하는데, 이런 경우는 진짜 아프다고 느끼는 것이니까 병리적이라고 할 수 있습니다. 부담스러운 모임에 초대되었을 때 아프다고 하면서 핑계를 대면 사람들이 알면서도 대충 넘어가주잖아요. 괜히 서로 불편한 이야기를 굳이 나눌 필요가 없는 상황이라면요.

중요한 것은 공황장애일 경우와 히스테리성 성격장애 혹은 신체증상 장애의 경우 접근 방법이 달라야 합니다. 이처럼 심리검사는 피검사자의 인지적·정서적인 상태를 명확히 파악하게 해주어서 적절한 치료적 개입 계획을 세우는 데 필수적입니다.

명확한 진단을 하기 위해서는 어떤 검사가 있는지 아는 것도 중요하겠죠?

객관적 검사의 종류

- MBTI(Myers Briggs Type Indicator): 심리학자 융의 유형론을 근거로 캐서린 브릭스와 이사벨 마이어스, 피터 마이어스가 연구 개발한 성격유형검사로 4가지 선호지표가 제시되어 있고 16가지의 성격유형으로 나뉜다. 총 94개의 문항으로 구성, 2~3개의 보기 중에서 자신에게 가장 적합하다고 생각되는 문항에 체크하도록 되어 있다(최근에는 온라인으로 할 수 있게 되어 있음).
- MMPI(Minnesota Multiphasic Personality Inventory): 성인들의 정신병리를 평가하기 위해 개발되었으며, 일반인들의 성격적 특질을 평가하기도 한다. 원판은 1943년도 미국 미네소타 대학병원의 해서웨이(Hathaway)와 맥킨리(Mckinley)가 개발했다. 1989년에 MMPI−개정판이 출판되었다. 총 567문항으로 '예' '아니오' 응답 방식으로 되어 있다.
- 지능검사: 개인의 지능과 인지기능 등을 평가하기 위해 개발되었고 현재 웩슬러(Wechsler)가 개발한 지능검사가 가장 널리 사용되고 있다.

투사적 검사의 종류

- 그림검사: DAP(Draw A Person, 인물화검사), HTP(House-Tree-Person, 집-나무-사람), KFD(Kinetic Familly Drawing, 동적가족화검사) 등이 대표적이며, 그림을 통해 심리 내적인 특성을 파악한다.
- BGT(Bender Gestalt Test, 벤더게스탈트검사): 간단한 기하학적 도형이 그려져 있는 9개의 카드를 피검자에게 보여주고 그것을 종이 위에 모사하도록 한다. 그런 다음 조금 전에 그린 것을 회상해 그리도록 한다. 이때 피검자가 보이는 반응과 종이에 그

린 그림을 통해 피검자의 심리 특성을 분석한다.

- SCT(Sentence Completion Test, 문장완성검사): 완성되지 않은 문장이 주어지고 그 문장을 완성하도록 되어 있다. 문장을 완성하는 데 내적 심리가 투사되기에 이를 통해 심리적 특성을 파악한다.
- 로르샤흐검사(Rorschach Test): 데칼코마니 기법으로 만들어진 불특정하고 비구조화된 그림을 제시한다. 이를 개인이 지각하고 반응하는 과정에서 개인의 내적 심리가 투영되고 이를 통해 무의식이나 심리 특성을 파악한다.
- TAT(Thematic Apperception Test, 주제통각검사): 10~20개 정도의 그림을 제시하고 그 내용이 무엇인지 이야기하게 해 개인의 내적 심리상태와 무의식을 파악한다.[*]

 요즘 다양한 매체를 통해서 검사들이 소개되는 경우가 있는데, 검사 하나의 결과만 가지고 그 사람이 우울하다거나 불안하다거나 편집증이 있다거나 분열이 의심된다고 단정하는 것은 위험할 수 있습니다. 심리검사는 피검자들이 호소하는 문제, 보통 '주호소'라고 하는데요. 이러한 주호소부터 그 사람의 외양과 행동, 태도, 그리고 각각의 검사들이 재는 것을 모두 통합해 종합적으로 평가되어야만 정확하고 객관적이라고 말할 수 있습니다. 한 개인을 평가하는 데 단일한 검사로 평가한다는 것 자체가 무리라고 할 수 있습니다.

 어떤 검사도 모든 영역을 다룰 수 없기 때문에 검사는 배터리

- 박소진, 『사람의 마음을 읽는 법』, 믹스커피, 2023

행동

BGT

의식

지능검사   로르샤흐   MMPI

무의식

인지   TAT   정서

자료: 한국상담심리학회(2008)

(Battery)로 실시되어야 합니다. 검사 배터리는 묶음이나 세트와 같
은 개념으로 개별적인 검사들이 모여 구성되는데요. 각 검사는 각
기 다른 영역을 측정합니다.

🐻 지능검사는 지능 수준(지적 능력)을, MMPI는 성격 및 정신병리적
인 측면을, 로르샤흐검사는 원초적이고 무의식적인 측면을, TAT
는 대인관계와 환경에 대한 개인의 성격의 역동성에 대한 정보를
줍니다.

🐶 이렇게 각 검사에 따라 얻어진 자료들은 다른 검사에서 나온 결과
를 보다 풍부하게 해줄 뿐만 아니라, 검사별로 세워진 가설들에 대
한 타당성을 교차검증할 수 있게 된다고 할 수 있습니다.

2장
나는
누구인가

- 나의 해방일지(2022, JTBC)
- 연출: 김석윤 | 극본: 박해영
- 출연: 이민기(염창희 역), 김지원(염미정 역), 손석구(구씨 역) 외

〈나의 해방일지〉는 경기도에 살면서 직장을 다니며 생기는 소소한 일상 등을 통해 진정한 자신을 알아가는 내용을 다룬 드라마다. 드라마의 주인공 염미정이 다니는 회사에는 직원들에게 동호회 가입을 권하지만 사실상 의무적이다. 미정은 집이 멀다는 이유로 동호회 가입을 미루는데, 딱히 가입하고 싶은 것도 없고 사람들이 많은 곳에 참여하는 것 자체가 꺼려진다. 이런저런 이유로 동호회 가입을 하지 않는 사람들이 또 있다. 이들은 동호회를 가입하지 않았다는 이유로 압박받는 과정에서 서로를 알게 되고 자신들만의 동호회를 만들게 된다. 이름하여 '해방클럽!'. 사람들의 호기심과 비웃음 속에서 그들은 진짜 '해방'을 꿈꾸며 일지를 작성하며 자신들의 이야기를 하기 시작한다. 타의 반 자의 반 만들어진 해방클럽에서 자신들의 이야기를 하며 스스로에 대해서 진정한 이해를 하게 되면서 그들은 지금까지 자신들을 옭아매고 있었던 것은 타인이 아닌 자신이었음을 알게 되고 스스로를 해방시키게 된다.

• 더 글로리(2023, 넷플릭스)
• 연출: 안길호 | 극본: 김은숙
• 출연: 송혜교(문동은 역), 이도현(주여정 역), 임지연(박연진 역) 외

드라마 〈더 글로리〉는 고등학교 때 심각한 학교폭력을 당한 주인공이 18년 후 가해자들에게 복수하는 내용을 다루고 있다. 문동은은 고등학교 때 같은 반이었던 박연진과 그의 친구들에 의해 학교폭력에 시달리다 못해 경찰에 신고한다. 하지만 경찰과 깊은 인연이 있는 연진의 어머니와 지역 유지의 자식이었던 연진의 친구들은 훈방 조치되고 이후 동은은 더 혹독한 폭력을 당한다. 온몸이 고데기(열로 데워 머리 모양을 다듬는 기구)로 지져지고 몸과 마음이 지친 동은에게 동은의 부모와 학교마저 등을 돌리자 동은은 자퇴를 하게 된다.

자퇴 후 돌연 박연진을 찾아와 말한다. "앞으로 나의 꿈은 너야!" 이후 동은은 18년 동안 복수를 위해 살아가고 마침내 그 복수를 실행하게 된다.

김쌤 박쌤

🐰 〈나의 해방일지〉라는 드라마의 주인공처럼 많은 사람이 자신이 누구인지 무엇을 좋아하는지 무엇을 하고 싶은지를 모르며 살아갑니다. 때로는 '내가 뭐 이상한 사람인가?' '다른 사람들에 비해 나만 부족하고 문제가 있는 사람인가?' 생각하며 하루하루 힘들게 살아가는 경우가 많은 것 같습니다. 주변의 모든 사람과 소통하며 살아가는 그 모든 것이 다 노동처럼 느껴지는 이유가 무엇인지, 나는 대체 어떤 사람인지 궁금하기도 하고요.

🐻 저는 20대 때 '나는 누구인가' '나는 어떤 사람인가'가 궁금해서 심리학을 공부하기로 마음을 먹었습니다.

🐰 누구나 자신이 어떤 사람인지, 성격이 좋은지 나쁜지 뭐 이런 것들이 궁금해서 MBTI와 같은 성격검사가 유행하는 것 같습니다.

성격은 무엇일까

성격

- 올포트(Allport)는 1937년 "성격은 환경에 대한 개인의 독특한 적응을 결정하는 개인 내의 정신적·신체적 체계들의 역동적 조직"이라고 주장했다.
- 리버트와 리버트(Liebert&Liebert)는 1998년 "성격은 사회적·물리적 환경에 대한 개인의 행동과 반응에 영향을 주는 개인의 신체적·심리적 특징들의 독특하고 역동적인 조직"이라고 주장했다.
- 성격심리학은 사람들 간에 보이는 개인차에 대한 과학적 규명, 개인의 삶의 질을 개선하고자 하는 목적이 있다.

 흔히 성격이 좋다거나 나쁘다고 이야기하지만, 성격심리학의 공통점은 개인차를 분석하는 것이라 할 수 있습니다.

 종종 화제가 되는 탕수육 먹는 방법에 관한 논쟁을 예로 들어보죠. '찍먹이냐 부먹이냐'를 두고 논쟁을 벌이는 경우가 있는데, 실은 어떻게 먹든 절대적인 방법이 있는 것도 아니고 그 방법에 좋고 나쁘다 평가할 것도 아니잖아요. 그냥 탕수육을 즐기는 선호 방법이 다를 뿐이죠. 성격도 마찬가지입니다. 아무개의 성격이 좋다, 나쁘다

- 현성용·곽금주·김미리혜·성한기 등저, 『현대 심리학의 이해 4판』, 학지사, 2020

비교의 관점에서 볼 것이 아니라 그 사람에 대한 전체적인 이해의 차원에서 성격은 의미가 있습니다. 또한 성격에는 긍정적 특성과 부정적 특성, 즉 장점과 단점을 모두 포함하기 때문에 좋은 성격 또는 나쁜 성격으로 구분하기는 어렵습니다.

 이러한 오해가 생기는 이유는 아무래도 성격과 관련된 용어가 성격과 혼용되어 사용되기 때문인 것 같습니다. 기질 또는 품성을 성격의 전부인 것으로 오해하다 보니 성격이 좋다 혹은 나쁘다, 성격이 변했다 등과 같은 오해가 생긴 것이 아닌가 싶습니다. 기질, 품성, 성격의 정의는 다음과 같습니다.

~~~~~~~~~~~~~~~~~~~~~~~~~~~~~~~~~~~~~

기질, 품성, 성격의 정의

• 기질: 유전적 소인으로 인해 태어날 때부터 가지게 되는 개인 고유의 특성으로 감정적이고 충동적인 기질주도적이며 적극적인 기질과 같은 특징이다.
• 품성: 사회적으로 바람직하게 여겨지는 특성으로 흔히 성격이 좋다, 나쁘다고 사용하는 개념이다.
• 성격: 기질과 품성 모두를 포괄하는 개념으로 태어날 때부터 유전적으로 가지고 있는 긍정적인 특성과 부정적인 특성을 전부 포함해서 어느 한 개인을 다른 사람과 구별해주는 것을 지칭한다.

~~~~~~~~~~~~~~~~~~~~~~~~~~~~~~~~~~~~~

 "사람이 갑자기 변하면 죽을 때가 된 거다."라는 말이 있는데요. 성격은 한 번 형성되면 잘 변하지 않습니다.

"세 살 버릇 여든 간다."라는 속담도 있죠. 제 경험에 비추어 보면요, 고등학교 때 성격이 가장 많이 바뀌었던 것 같은데 그 이후로는 크게 변하진 않은 것 같습니다.

성격은 타고난 기질과 환경이 결합되어 성인기에 이르러 형성됩니다. 20여 년 정도 걸린다고 봐야 하는데, 이렇게 오랜 시간에 걸쳐 형성되기 때문에 이미 형성된 이후에 변화되기는 힘들다고 봐야겠죠.

그래서 선생님 언급하신 대로 사람이 갑자기 변하면 죽을 때가 되었다는 말은 일리가 있습니다. 성격이 잘 변하지 않는다는 것은 일종의 일관성 있는 그 사람의 성향을 보여주는 것이라고도 할 수 있죠.

단순하게 성격을 색에 비유한다면요. 어떤 사람은 파란색, 어떤 사람은 빨간색, 이렇게요. 그런데 매일 색이 바뀐다면 스스로 내가 어떤 사람인지 혼란스러울 것이고 주변의 사람들도 마찬가지일 것입니다. 물론 사람의 성격을 색과 같이 단순하다고 볼 수는 없습니다. 어렸을 때 친구들을 만나면서 각각의 친구마다 대하는 태도가 달라지는 자기 모습과 그런 모습에 대한 친구들의 평가가 엇갈리면서 혼란스러웠던 기억이 나요. 어떤 친구와는 아주 신나게 놀기도 하고 어떤 친구와는 다소 조용하면서도 진지한 이야기를 나누었는데, 그중 어떤 것이 진짜 내 모습인지 말이죠. 한동안 고민을 하다가 내린 결론은 '내 안에 다양한 특성들이 존재하는구나'와 '누구나에게 똑같이 대하고 같은 반응을 기대할 수 없다'라는 것이었습니다.

서로를 이해하기 위한 성격검사, MBTI

🐻 MBTI는 심리검사 중 가장 대중적으로 알려진 검사라고 할 수 있는데, 특히 요즘에는 MBTI를 논하지 않고 대화를 하기가 어려울 정도인 것 같습니다.

🐰 대화를 나누다 보면 많은 사람이, 특히 젊은 층에서 "그런데 너는 MBTI가 뭐야?" 또는 "너는 ~하니까 ~ 유형일 거야."라며 진단까지 하는 경우가 자주 보이더라고요.

🐻 MBTI는 MZ세대 사이에서 가장 흔한 대화 소재 중 하나인데요. MZ세대 중에는 자신의 MBTI를 모르는 사람이 거의 없는 것 같아요. 상대방의 MBTI를 궁금해하며 대화의 물꼬를 트는 것은 물론, 연애하기 전 MBTI 궁합을 맞춰보는 사람도 있고요. 아예 아르바이트생을 뽑을 때나 기업에서 직원을 상대로 MBTI 검사를 실시하기도 하고요. MZ세대가 있는 거의 모든 곳에서 MBTI가 발견된다고 해도 과언이 아닐 정도입니다.

🐰 어떤 책을 보니 "MZ세대가 MBTI를 통해 나와 타인을 이해하고 자신의 삶을 타인과 비교하며 타인의 직업보다 성격에 주목하는 경향 때문"이라고 하던데요. 어쨌든 MBTI는 자신과 타인의 차이를 이해하는 데 매우 유용한 검사임에는 틀림이 없습니다.

🐻 성격검사 중 대표적인 검사로는 MMPI와 MBTI가 있는데요. 먼저 MBTI에 대해서 살펴보기로 하겠습니다.

MBTI(Myers-Briggs Type Indicator)

- MBTI는 성격검사의 가장 대표적인 검사 중 하나로 총 94개의 문항으로 이루어져 있고, 2~3개의 답 중 자신에게 가깝다고 생각되는 문항을 선택하도록 되어 있다.
- 분석심리학자 융의 유형론을 근거로 캐서린 브릭스(Katharine Briggs)와 이사벨 마이어스(Isabel Myers), 피터 마이어스(Peter Myers), 3대에 걸쳐 연구 개발한 성격유형검사다.

 MBTI 문항에는 정답이 존재하는 것이 아니기 때문에 너무 오래 생각하거나 의식적으로 답하는 것보다는 편안하게 자신이 자주 느끼고 행동하는 쪽으로 답하면 됩니다. 채점과정이나 해석의 규준은 구체적으로 명시되어 있습니다.

MBTI 문항의 예

1. 나는 대체로

(A) 수다스러운 편이다.

(B) 조용하고 수줍은 편이다.

 사람들은 저마다 선호하는 경향성을 타고납니다. 왼손을 자주 쓰느

- 박소진, 『사람의 마음을 읽는 법』, 믹스커피, 2023

냐 혹은 오른손을 자주 쓰느냐처럼 너무나 일상화되어서 거의 무의식적·습관적으로 사용하는 것과 같은 것이 선호 경향성이며, MBTI에서는 4가지의 선호지표를 제시하고 있습니다.

개개인에 따라 4가지 중 하나의 선호지표가 있으며 이를 조합하면 16가지의 성격유형이 나오고요. 이 검사를 통해서는 어떤 사람이든 16가지 유형 중 하나에 속하게 됩니다.

그러나 모든 사람이 16가지 유형으로 나뉜다는 것에는 여러 가지 문제가 있을 수 있습니다. 다시 말해 모든 사람은 16가지 유형으로 일률적으로 분류하고 각 유형에 속한 사람들을 동일한 특성을 가진 사람으로 간주한다는 것에 문제가 있을 수 있습니다.

앞으로 나올 표현 중 어느 쪽이 더 자신에게 적합한 것 같은지 선택해보세요. 너무 오래 생각하면 오히려 선택하기가 더 어려울 수 있습니다. 조금이라도 더 끌리는 쪽으로 선택하면 됩니다.

MBTI의 4가지 지표

에너지 방향

a	b
외부에 주의집중 적극적인 외부활동 정열적, 활동적 말로 직접적으로 표현 행동하거나 경험한 후에 이해 쉽게 알려짐	내부에 주의집중 집중력 있는 내부활동 조용하고 신중 글로 간접적으로 표현 이해한 후에 행동하거나 경험 서서히 알려짐

출처: 한국심리검사 연구소 일부 내용 수정(이하 표 동일)

- a는 외향성(Extraversion)에 대한 설명이고 b는 내향성(Introversion)에 대한 설명이다.
- 외향성(E)과 내향성(I)은 에너지의 방향이 어디로 향하는지에 의해 결정된다.
- 외향성은 폭넓은 대인관계를 유지하며 사교적이며 정열적이고 활동적이고, 내향성은 대인관계를 유지하며 조용하고 신중하며 이해한 후 경험하는 것을 더 선호한다.

 외향적인 사람들은 사교적이고 활발하며 나서기를 좋아하는 성격으로 인식되고, 내향적인 사람들은 수줍고 소심하다는 인상을 가지고 있습니다. 그러나 이러한 인상들은 내향성과 외향성의 지엽적인 특징만을 나타낼 뿐이죠. 중요한 것은 외향과 내향의 선호 경향성에 있습니다. 즉 에너지의 방향이 외부에 있는가(외향), 에너지의 방향이 내부에 있는가(내향)에 달려 있으며 관심의 초점이 어디로 향

드라마 〈나의 해방일지〉 스틸: 해방클럽의 첫 모임   출처: JTBC

하는가가 중요한 근거라는 것입니다.

 저도 내향적인 성격으로 주로 혼자서 사색하거나 작업하는 것을 선
호하고, 외적인 활동이 많아지면 쉽게 지칩니다. 그래서 나만의 공
간에서 휴식을 취해야 하죠. 그리고 말로 표현하는 것보다는 글쓰
기를 선호하는데요 직접적인 의사소통보다는 간접적인 소통이 편
하기 때문입니다. 반대로 외향성의 사람들은 친목 도모나 모임 등
을 활발하게 하며, 이런 외부 활동을 통해 에너지를 얻고 직접적인
소통에 불편감을 느끼지 않는 것처럼 보입니다.

 드라마 〈나의 해방일지〉 주인공 염미정이 다니는 회사에서는 동호
회를 가입해야 하는데, 미정을 포함한 세 명이 아직 동호회 가입을
하지 않아서 동호회 가입에 대한 압박을 받습니다. 그중 한 명인 전
략기획실 박 부장이 "관심병사 같은 건가?"라는 말을 해요. 그러면
서 "왜 내향적인 사람은 내향적으로 살게 두면 안 되나?"라며 불평

을 늘어놓는데, 내향적인 사람이 느끼는 바를 매우 정확하게 표현한 것 같다고 생각했습니다. '나는 회사에서 성과도 잘 내고 문제를 일으키지도 않는데 굳이 원하지도 않는 모임이나 활동을 왜 하라는 거지?'라는 말로 들리는데요. 이들이 왜 이렇게 모임에 참여하기를 거부했는지는 차후 해방클럽을 통해서 밝혀지게 됩니다.

 해방클럽 회원들이 처음 모임을 갖는 장면을 보죠. 좀 우습기도 하지만, 마주 보고 앉아서 이야기하는 것조차 불편해하는 내향형 사람들의 심리를 잘 보여준다고 할 수 있습니다. 딱히 할 이야기도 없고 어색하고 그런 시간이나 상황을 꺼리다 보니 점점 인간관계가 어려워지는 악순환이 반복되는 것입니다.

인식기능

a	b
지금 현재에 초점 실제의 경험 정확하고 철저한 일처리 사실적 사건 묘사 나무를 보려는 경향 가꾸고 추수함	미래 가능성에 초점 아이디어 신속 비약적인 일처리 비유적, 암시적 묘사 숲을 보려는 경향 씨 뿌림

- a는 감각형(Sensing)으로 오감에 의존하며 실제의 경험을 중시하며 지금, 현재에 초점을 맞추고 정확하고 철저하게 일을 처리하는 경향이 있다.
- b는 직관형(iNtuitive)으로 육감이나 영감에 의존하며 미래지향적이고 가능성과 의미를 추구하며 신속, 비약적으로 일을 처리하는 경향이 있다.
- 감각형(S)과 직관형(N)은 무엇을 인식하는지를 보는지에 따라 구분한다.

• 직관형은 알파벳 I로 시작하는데도 약자 'N'으로 표기하는데, 내향의 'I'와 구분하기 위한 것이다.

감각과 직관은 인식기능에 따라 분류됩니다. 감각은 시각·청각·후각·미각·촉각 등 5가지의 감각을 통해 들어온 정보를 바탕으로 인식하기 때문에 매우 구체적이고 현실적인 특징을 가집니다. 반대로 직관은 육감 또는 영감에 의존하기 때문에 추상적이고 모호한 특성을 가집니다. 직관은 눈에 보이지 않고 그 개념을 설명하기도 어렵지만 분명 우리가 알고 인식하고 있는 그 무엇(?)이라고 할 수 있죠. 통찰이나 깨달음 이런 것과도 관련이 있습니다.

〈나의 해방일지〉에서 카드회사 계약직 디자이너인 미정은 디자인 시안 중에서 하나가 선택받는 과정에서 팀장 한 명에 의해 선택된다는 것을 알게 된 후 "난, 처음부터 이 디자인이 될 걸 알았는데, 그래도 디자인 부서들은 뭔가 다른 게 있는 줄 알았지."라고 말합니다. 뭔가 구체적이고 합리적인 근거에 의한 선택, 예를 들어 디자인 부서의 사람들 다수의 의견이라든가 하는 방식을 통해서가 아니라 디자인팀장 한 사람의 의견으로, 뚜렷한 이유 없이 "이게 좋겠다!"라는 느낌적인 느낌(!)에 의해서 결정되었다는 것에 허무해합니다. 그러나 미정조차도 "처음부터 난 알고 있었어."와 같은 그런 느낌이나 영감이 바로 '직관'의 영역이라고 할 수 있겠죠.

극 중 미정이 오빠 창희는 할머니, 엄마 외 다양한 사람의 임종을 우연히 지키게 되죠. '이상하게 그날 특별한 일도 없었는데', '집에 가고 싶어서 갔더니'처럼 뚜렷한 이유는 없고 말로는 설명하기 어렵지만 그에게 특별한 영감이나 직감이 발달되어 있다는 것이 드라마의 말미에 드러납니다.

판단기능

a	b
진실, 사실에 관심 원리와 원칙 논리적, 분석적 맞다, 틀리다 규범, 기준 중시 지적 논평	사람, 관계에 관심 의미와 영향 상황적, 포괄적 좋다, 나쁘다 나에게 주는 의미 중시 우호적 협조

- a는 사고형(Thinking)으로 진실과 사실에 관심을 갖고 논리적이고 분석적이며 객관적 판단을 선호한다.
- b는 감정형(Feeling)으로 사람과 관계에 관심을 갖고, 상황적이며 정상을 참작해 설명하는 유형이다.
- 사고형(T)과 감정형(F)은 어떻게 결정하는지와 관련된다.

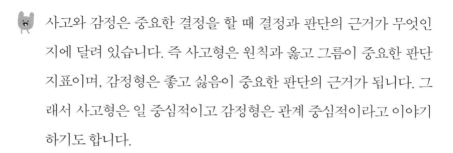 사고와 감정은 중요한 결정을 할 때 결정과 판단의 근거가 무엇인지에 달려 있습니다. 즉 사고형은 원칙과 옳고 그름이 중요한 판단 지표이며, 감정형은 좋고 싫음이 중요한 판단의 근거가 됩니다. 그래서 사고형은 일 중심적이고 감정형은 관계 중심적이라고 이야기하기도 합니다.

〈나의 해방일지〉의 구씨는 미정의 아버지의 일을 돕고 있습니다. 미정의 아버지가 일을 해주고 돈을 받지 못하고 쩔쩔매거나 미정 또한 남친에게 돈을 빌려주고 받지 못하는 모습을 보고 답답해합니다. 그러면서 "받아줄까?"라고 묻는데 미정은 자신이 사람에게 싫은 소리를 해가며 스스로 망가지는 것이 싫다고 거절합니다. 미정은 싫은 소리를 하지 못하고 오히려 자신에게 화를 내는 남자친구에게 상처를 받는데, 그런 그녀의 태도는 회사 동료에게도 그대로 드러납니다.

생활양식

a	b
정리정돈과 계획	상황에 맞추는 개방성
의지적 추진	이해로 수용
신속한 결론	유유자적하는 과정
통제와 조정	융통과 적응
분명한 목적의식과 방향감각	목적·방향은 변화할 수 있는 개방성

- a는 판단형(Judging)으로 분명한 목적과 방향이 있고 기한을 엄수하고 철저히 사전 계획하고 체계적인 유형이다.
- b는 인식형(Perceiving)은 목적과 방향은 변화 가능하고 상황에 따라 일정이 달라지며 자율적이고 융통성이 있다.
- 판단형(J)과 인식형(P)은 어떤 생활양식을 선택하는가에 달려 있다.

마지막으로 판단과 인식은 생활양식의 여부에 따라 분류될 수 있습니다. 판단형은 계획적이고 체계적인 특징을 가진 반면, 인식형은 자율적이고 적응력이 뛰어난 특징이 있습니다. 판단형은 주로 은행원이나 회계사처럼 계획적이고 반복적인 일에 대해 내성이 강하지만 변화에 취약한 면이 있고, 인식형은 변화를 즐기며 무계획적이고 체계적이지 못하며 반복되는 일을 무척이나 싫어합니다. 주로 예술가적 특징을 가지는 사람들이 이런 성향을 보이죠.

드라마 〈더 글로리〉의 주인공 이야기를 잠깐 살펴보겠습니다. 18년 동안 동은은 자신을 괴롭힌 가해자를 집요하게 관찰하며 약점을 찾고 가해자들이 서로를 옭아맬 수 있는 치밀한 계획을 세웁니다. 이 과정에서 남편을 죽이고 싶어 하는 현남을 만나게 됩니다. 훌륭한 조력자로서 현남은 임기응변과 적응력, 정보 수집에서 발군의 능력을 보여준 인물이었죠.

현남은 시키지도 않은 일을 해서 동은에게 의심을 사기도 하지만, 드라마 속 그녀의 행동은 그녀가 가진 특유의 변화를 좋아하고 적응을 잘하는 경향성을 보여준다고 할 수 있습니다. 반면 동은은 이런 현남에게 거리를 두면서도 그녀가 어떤 일을 해야 하는지에 대해 계획적이고 체계적으로 설명하죠. 두 사람의 이런 상반된 능력은 시너지를 발휘하며 두 사람의 계획은 잘 진행됩니다.

동은은 판단형(J), 동은을 뒷받침해주는 현남은 인식형(P)일 것으로 추측되는데요. 현실적으로 두 사람이 이렇게 호흡을 잘 맞추려면 서로의 장점과 한계를 인식하고 인정해주는 과정이 필요합니다. 그

• MBTI 4가지 선호지표

외향(E) **외부에 관심**	에너지의 방향은 어느 쪽인가? [주의초점]	내향(I) **내부에 관심**
감각(S) **나무[세부]를 보는 경향**	무엇을 인식하는가? [인식기능]	직관(N) **숲[전체]을 보는 경향**
사고(T) **옳고 그름, 일 중심적**	어떻게 결정하는가? [판단기능]	감정(F) **좋고 싫음, 관계 중심적**
판단(J) **계획과 통제**	채택하는 생활양식은 무엇인가? [생활양식]	인식(P) **적응과 융통성**

렇지 않으면 시시콜콜 잔소리하는 시어머니나 상사와 같은 판단형
과 반항하는 청소년기의 아이 같은 인식형처럼 갈등을 빚을 소지가
크죠. 외견상 선생님처럼 지시하는 동은을 따뜻하게 품어주는 현남
이 있었고 한편 아이 같은 현남을 따뜻하게 배려하는 동은이 있었
기에 이런 환상의 조합이 가능했었으리라 생각합니다.

지금까지 4가지 선호지표에 대해서 알아보았습니다. 내향과 외향
부터 판단과 인식 등 각자 선호하는 선호지표는 다를지라도 두 가
지의 다른 선호지표는 동시에 같이 존재합니다. 다만 어느 지표가

더 우세하냐일 뿐입니다. 예를 들어 무대에서 엄청난 퍼포먼스로 유명한 가수가 있는데 알고 보면 매우 조용하고 친구도 별로 없다는 이야기를 종종 듣습니다. 내향적인 사람도 가끔 사람들이 많은 곳에 가고 싶을 수 있듯이 외향적인 사람도 때로는 혼자 있고 싶을 수 있다는 것입니다.

주기능과 부기능, 열등기능

분석 심리학자 칼 융에 따르면 우리의 마음속에는 사고(T)와 감정(F)의 두 요소가 다 어느 정도씩 내재되어 있습니다. 다만 그 심리기능 중 어떤 것이 모두 영향력이 있는가가 다릅니다. 사고형인 사람이라고 해서 감정이 전혀 없다거나 감정형인 사람이 사고기능을 사용하지 않는다는 것이 아니라 사고를 70 사용하면 감정이 30 정도, 혹은 60 대 40 정도 식으로 어떤 기능을 좀 더 쓰고 어떤 기능은 덜 쓴다는 의미입니다.

칼 융은 인간의 심리가 감각인 S, 직관인 N, 사고인 T, 감정인 F 이 4가지 기능이 상호작용하는 역동에 의해서 구분된다고 보았습니다. 이것을 '심리유형의 역동(Type Dynamics)'이라고 하는데, 네 가지 기능 중 가장 큰 영향을 미치는 심리기능이 있고 가장 영향을 덜 미치는 기능이 있습니다. 칼 융이 말한 유형 역동의 표현 방식이 다소 어려운 측면이 있어서 마이어스와 브릭스가 지금의 실용화된 형태로 정리했습니다.

 S, N, T, F 각각의 요인이 작용하는 그 역동의 원리라고 할 수 있습니다. '상보성의 원리'라고도 할 수 있는데요. 상보성의 원리는 MBTI를 이해하는 데 매우 중요합니다.

• 상보성의 원리

 상보성의 원리에서 세로축의 사고(T)와 감정(F)은 '판단기능'입니다. 판단기능은 말 그대로 '맞다, 틀리다' '싫다, 좋다' 하는 식의 판단을 내리는 기능을 의미합니다. 가로축의 감각(S)과 직관(N)은 '인식기능'으로 인식기능은 판단은 하지 않고 무언가를 인식하는 기능을 말합니다. 이런 판단기능과 인식기능이 서로 보완하면서 상호작용하는 가운데 성격이 형성된다고 할 수 있습니다.

 4가지 심리 기능은 순위가 있는데요. 마음 안에 첫 번째 기능을 '주

기능', 두 번째를 '부기능', 세 번째를 '3차기능', 네 번째를 '열등기
능'이라고 합니다. 주기능과 부기능은 장점이나 강점에 해당하고,
3차기능과 열등기능은 약점이라고 할 수 있습니다.

• 4가지 심리 기능

유형	1위	2위	3위	4위	유형	1위	2위	3위	4위
ISTJ	S(i)	T(e)	F	N(e)	ISFJ	S(i)	F(e)	T	N(e)
ESTP	S(e)	T(i)	F	N(i)	ESFP	S(e)	F(i)	T	N(i)
INFJ	N(i)	F(e)	T	S(e)	INTJ	N(i)	T(e)	F	S(e)
ENFP	N(e)	F(i)	T	S(i)	ENTP	N(e)	T(i)	F	S(i)
ISTP	T(i)	S(e)	N	F(e)	INTP	T(i)	N(e)	S	F(e)
ESTJ	T(e)	S(i)	N	F(i)	ENTJ	T(e)	N(i)	S	F(i)
ISFP	F(i)	S(e)	N	T(e)	INFP	F(i)	N(e)	S	T(e)
ESFJ	F(e)	S(i)	N	T(i)	ENFJ	F(e)	N(i)	S	T(i)

 주기능(Dominant Function)은 마음속에 가장 우세하고 지배적인 역
할을 하면서 성격의 전체적인 방향을 결정합니다. 핵심 역할을 하
며, 가장 신뢰하고 가치를 두는 기능이기도 하죠. 세상을 감지하고
이해하는 방식이 주기능에 의해 나타나고요. 표에 제시된 것을 보
면, 제 경우에는 INTP인데요. 주기능은 T(i)가 됩니다.

🐻 저는 INTJ이니까 주기능이 N(i)이네요.

🐻 괄호 안의 (i)는 에너지의 방향입니다. T(i)면 내향적 사고형이고, N(e)이면 외향형 직관형인데요. 주기능의 에너지 방향이 내향성이면 2차기능, 즉 부기능은 외향적 특성을 갖게 됩니다. 저의 경우 부기능은 N(e)이 되는데요. 주기능이 판단기능의 T(i)이었으니 부기능은 인식기능인 N(e)이 되어 균형을 이루려고 하는 거죠.

🐻 두 번째 기능인 부기능을 뜻하는 영단어 Auxiliary의 의미인 '보조의'처럼 주기능을 보조하고 균형을 맞추는 심리 기능을 말합니다.

🐻 부기능은 주기능을 돕는 역할을 하지만 주기능과 부기능 사이에 갈등이 있는 경우 일반적으로 주기능이 우세합니다.

🐻 3차기능과 열등기능은 약점에 해당할 수 있는데요. 먼저 Tertiary, '제3의'라는 뜻을 갖고 3차기능은 유능함보다는 취약성에 가까운데요. 3차기능은 덜 발달하고, 미숙하고 서툰 기능입니다.

🐻 마지막으로 열등기능은 가장 덜 발달된 심리 기능이라고 할 수 있는데요. 가장 무의식적이며 사용하기 어려운 측면과 연결되어 있습니다. '수치심의 원천', '수치스러운 나'로 표현되곤 하죠. 무의식에 있는 '숨겨진 나'라고 할 수 있는데요. 저의 열등기능은 F(e)입니다.

• 고영재, 『당신이 알던 MBTI는 진짜 MBTI가 아니다』, 인스피레이션, 2022

3장

빨간 사과와 파란 사과를
좋아하는 이유가 있다?

김쌤　박쌤

🟣 '좋고 싫은데 무슨 이유가 있냐'라고 말하는 사람들이 많은데요. 정확히 말하면, 이유가 없는 게 아니고 정확한 이유를 모른다는 것이 맞을 것 같습니다. 드라마 〈나의 해방일지〉에서 염미정이 다니는 회사에서는 동호회에 가입해야 하는데요. 미정을 포함한 세 명만 미가입 상태로 나옵니다. 그런데 이들이 단지 내향적이라서 동호회 가입을 하지 않은 것일까요? 그렇지 않죠.

🟣 실제로 이들이 왜 이렇게 모임에 참여하기를 거부했는지는 차후 해방클럽을 통해서 밝혀지게 되는데, "난 한 번도 채워진 적이 없다." "모든 인간관계가 노동"이라는 미정의 말에서 그녀의 심리상태를 조금은 알 수 있었습니다.

🟣 미정은 경기도에서 서울까지 먼 거리를 통근하면서 영혼 없이 직장생활을 하는 것으로 그려집니다. 자신의 감정과 생각을 솔직히 털어놓지도 못한 채 살아가고 있는 것으로 보이는데, 그녀가 우울한 상태가 아닌가 추측됩니다. 그러니까 타고난 성향이라기보다는 삶

이 버겁고 대인관계로 인한 갈등과 상처로 인해 사회적으로 철수되어 버린 것이 근본적인 이유가 아닌가 하는 생각이 들죠.

앞서 이야기한 MBTI가 '빨간 사과를 좋아한다.' '미정은 내향성이다.'와 같이 각자의 선호 경향성을 보여준다면 이번에 이야기할 MMPI는 그보다 더 심층적인 설명을 해준다고 할 수 있습니다.

MBTI는 정신병리, 인지적 능력이나 특성, 무의식적인 측면 등을 알려줄 수는 없기에 측정할 수 있는 것의 한계를 분명히 할 필요가 있을 거 같습니다.

MBTI와 함께 전 세계적으로 널리 알려진 성격검사로 MMPI가 있는데요.

MMPI는 원래 정신과적 진단 분류를 위해 사용되었으나, 일반인 대상으로 성격 특성에 대한 측정도 가능합니다. 임상 현장에서는 MMPI와 SCT(Sentence Completion Test, 문장완성검사)를 묶어서 사용하는 경우가 많습니다.

MMPI를 통해 드러난 특성과 SCT에 표현된 내용들을 비교하면 보다 구체적인 정보를 얻을 수 있기 때문입니다. 문장완성검사는 미완의 문장이 주어지고 그 나머지를 완성하도록 하는 검사인데요. 예를 들어 '우리 부모님은 ~다'라는 문장이 있다면 그 안에 내용을 채우도록 되어 있는데요. 만약 MMPI 검사에서 우울이 높게 나왔는데, SCT에서 '내가 생각하는 나는 (~)'의 괄호 안에 '무능력하고 바보 같다.'라고 적었다면 자존감이나 자신감이 부족한 것이 원인일 수 있다고 볼 수 있습니다.

MMPI 성격검사

- 임상 장면에서 가장 널리 사용되고 있는 대표적인 성격검사인 MMPI는 1943년 해서웨이(Hathaway) 박사와 맥킨리(McKinley) 박사가 개발했다.
- 원판 MMPI는 4개의 타당도척도와 10개의 임상척도로 구성, 이후 성적인 문항, 특정 종교 편향, 시대에 맞지 않는 내용 등을 개선하고 자살, 약물, 부부 문제 등을 추가해 1989년 개정된 MMPI-2를 만들었다.

MMPI의 타당도척도와 임상척도[**]

 먼저 MMPI 설명 중 타당도척도와 임상척도에 대해서 알아보겠습니다.

 이 검사를 취업하려고 하는 사람들에게 실시하기도 하는데요, 이럴 경우 좋게 보이려고 반응을 조작할 수도 있습니다. 또는 검사에 비협조적인 태도를 보이며 사실과 다르게 반응하는 경우도 있고요. 이 타당도척도를 통해서 이런 의도가 어느 정도는 파악될 수 있습

- John R. Graham 저 / 이훈진·문혜신·박현진·유성진·김지영 공역, 『MMPI-2 성격 및 정신병리 평가』, 시그마프레스, 2007
- [**] 타당도척도와 임상척도에 대한 설명은 다음의 책을 참고해 정리했다. 박소진, 『사람의 마음을 읽는 법』, 믹스커피, 2023

니다.

 MMPI - 2에서는 원판에서 사용하던 무응답(?), 부인(L), 비전형(F),
교정(K) 척도에 새로운 척도를 더 추가했습니다.

타당도척도

- MMPI에서 타당도는 피검자의 수검 태도를 탐지하기 위한 것으로 피검자가 문항을
얼마나 주의 깊게 자세히 읽고 솔직하고 일관성 있게 응답했는지를 보기 위한 목적
이다. 실제로는 '신뢰도'의 개념과 유사하다.
- 검사 이외의 외적인 행동이나 성격, 정신병리에 대한 정보도 얻을 수 있다.
- 피검자가 문항을 주의 깊게 읽고 내용을 이해한 뒤 솔직하고 성실하게 응답했는지
여부에 따라 그 결과를 신뢰할 수 있고 타당한 해석을 할 수 있는지 검사 해석에서
유의해야 할지 결정된다.

- 타당도척도

구분	척도명	측정 내용
성실성	? (무응답) VRIN (무선반응 비일관성) TRIN (고정반응 비일관성)	빠짐없이 문항에 응답했는지, 문항을 잘 읽고 응답했는지에 대한 정보 제공

비전형성	F(비전형)	일반인들이 일반적으로 반응하지 않는 방식으로 응답했는지에 대한 정보 제공	
	F(B)(비전형-후반부)		
	F(P)(비전형-정신병리)		
방어성	L(부인)	자기 모습을 긍정적으로 제시하고자 했는지에 대한 정보 제공	
	K(교정)		
	S(과장된 자기제시)		

※ 초록색 글씨는 MMPI-1의 타당도척도이며, 나머지는 MMPI-2에 추가된 타당도척도임

• 임상척도

임상척도	신경증 척도	1(Hs)	건강염려증(hypochondriasis)
		2(D)	우울증(depression)
		3(Hy)	히스테리(hysteria)
		4(Pd)	반사회성(psychopathic)
		5(Mf)	남성성-여성성 특성 (masculinity-famininity)
	정신 병리 척도	6(Pa)	편집증(paranoia)
		7(Pt)	강박증(psychastheina)
		8(Sc)	정신분열증(schizophrenia)
		9(Ma)	경조증(hypomania)
		0(Si)	내향성(social introversion)

※ 9, 4, 8(6)척도는 활동성·행동화와 관련된 요소이며, 2, 7, 0 척도는 억제와 관련된 요소임

• MMPI-2 결과표 예

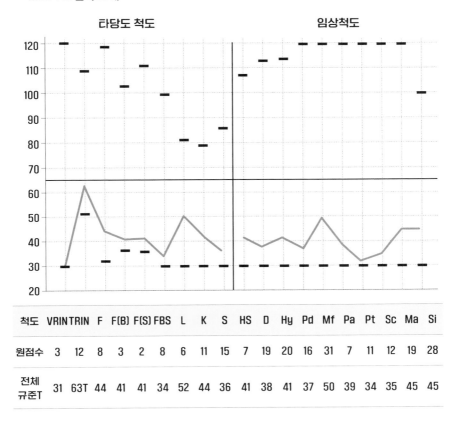

타당도 척도　　　　　　　　　임상척도

척도	VRIN	TRIN	F	F(B)	F(S)	FBS	L	K	S	HS	D	Hy	Pd	Mf	Pa	Pt	Sc	Ma	Si
원점수	3	12	8	3	2	8	6	11	15	7	19	20	16	31	7	11	12	19	28
전체 규준T	31	63T	44	41	41	34	52	44	36	41	38	41	37	50	39	34	35	45	45

 10가지 임상척도에 대해서도 이야기해보죠.

 10가지 임상척도도 표로 정리했습니다. 1번척도는 건강염려증, 2번은 우울, 3번은 히스테리, 4번은 반사회성, 5번은 남성성-여성

• 위 프로파일은 참고삼아 안내하기 위해 수정된 것으로 실제 프로파일과 다르다.

성, 6번은 편집증, 7번은 강박증, 8번은 정신분열, 9번은 경조증, 10번은 내향성입니다. 차근차근 알아보겠습니다.

척도 1: 건강염려증(Hs)

- 가볍게 상승된 경우 양심적이고 조심스럽고 자신의 신체 변화나 환경적 변화에 민감하다.
- 건강염려증(Hypochondriasis)은 신체 증상이나 기능에 대한 잘못된 해석을 근거로 자신이 심각한 질병에 걸렸다는 두려움이나 생각에 집착하는 것이다.
- DSM-5(정신질환 진단 및 통계편람-5)에서는 '질병불안장애(Illness anxiety disorder)'로 명칭이 변경되었다.

 건강염려증 척도는 흔히 척도 3(히스테리)과 동반 상승되는 경우가 많습니다. 신경증 척도에 해당하는 건강염려증, 우울증, 히스테리, 즉 척도 1~3이 동반 상승할 경우 자신의 심리적 고통을 사회적으로 수용될 만한 신체적인 문제로 바꾸는 전환 증상이 나타날 수 있습니다.

건강염려증 문항의 예

- 속이 메스껍고 구토로 고생한다. (예/아니오)
- 소화불량 등으로 고생한다. (예/아니오)

척도 2: 우울증(D)

- 반응성, 혹은 외인성 우울을 측정하는 척도로 '옳고 그름을 가려내는 특성'이다.
- 우울증 척도의 경미한 상승은 현실적·객관적이며 사려 깊은 성향을 의미한다.
- 이 척도가 높으면 자신에 대해 비판적이며 죄책감에 빠져 있는 경우가 많다.

🐶 검사 당시의 그 사람이 느끼는 슬픔의 정도를 보여주는데요. 우울감, 의기소침, 자존심 저하, 흥미 범위 축소, 주의집중 곤란, 불면, 소화기 이상과 같은 신체적 기능 이상, 사회적 관계의 회피, 불안과 위축을 동반할 수 있습니다.

🐷 척도 2(우울증)와 척도 4(반사회성), 척도 9(경조증)가 상승되어 있는 경우는 갈등상황에 있거나 스트레스 상황에 있는 경우입니다. 척도 2와 척도 4, 또는 척도 8(정신분열), 척도 9가 동반 상승되어 있는 경우 자살 위험이 있습니다.

우울증 문항의 예

- 남들처럼 행복해지고 싶다. (예/아니오)

- 식욕이 좋다. (예/아니오)

🐷 우울증 척도만으로 우울증 여부를 단정해서는 안 되고, 다른 검사 결과들을 비교해봐야 합니다. 우울증 척도 점수가 높지 않아도 경

조증 척도(9번)가 낮으면 우울한 상태로 해석할 수도 있습니다. 경조증은 '활력이나 에너지 수준'을 보여주는 것이기 때문에 이 점수가 낮으면 활력이 없고 무기력한 상태라고 할 수 있습니다.

드라마 〈나의 해방일지〉의 염미정과 구씨의 예를 들어보죠. 염미정은 경기도에 살면서 서울로 직장을 다니며 하루하루를 힘들게 살아가고 있습니다. 출퇴근을 할 때 직장에서 또는 회식 자리에서 모두 무표정하고 무기력한 모습입니다.

아마도 만성적인 우울상태(지속성 우울증, 과거 기분부전증)로 보이는데요. 아버지 일을 돕는 구씨의 경우도 무기력해 보이기는 마찬가지입니다. 나중에 구씨의 여자친구가 자살한 것으로 밝혀지는데, 사랑하는 사람의 상실로 인한 애도 기간 중 느끼는 우울상태가 아닌가 생각됩니다. 다시 말하면 선천적으로 내향적인 경향성(I)이 높은 것으로 보이지만, 우울상태로 인해서 더 내향적이 되었을 수 있다는 것입니다.

척도 3: 히스테리(Hy)

- 경미한 상승일 경우 감정이 풍부하고 예민하고 정이 많고 낙천적·우호적이며 자신의 감정을 솔직하게 표현하며 좋고 싫음이 분명한 경우를 의미한다.
- 스트레스를 받으면 '신체화'나 '부인 방어'로 나타날 수 있다.

신체화는 신체증상으로 나타내는 것을 말하고 부인 방어는 외적인 위협을 없는 것처럼 부정하는 것을 말합니다. 히스테리성 성격 특성을 가진 사람들은 타인에 대한 관심과 애정을 받고자 하는 욕구가 매우 강합니다. 어려서 이런 욕구가 충분히 채워지지 않은 것이 원인일 것으로 보입니다.

 이 점수가 높으면 미성숙하고 자기중심적인 경향, 감정 변화가 심합니다. 타인의 관심과 애정에 민감하고, 이것이 충분히 채워지지 않으면 쉽게 기분이 상하지만 이를 직접적으로 표현하지는 않습니다. 반면 대인관계가 피상적인 경향이 있습니다.

히스테리 문항의 예

- 내 행동은 주위 사람들의 행동에 의해 좌우된다. (예/아니오)

- 나는 쉽게 화내고 쉽게 풀어진다. (예/아니오)

 이 척도가 높은 사람들은 외향적(E)이면서 감정형(F)일 가능성이 높아 보이는데요. 그렇다고 해서 이 성향을 가진 사람들이 부정적인 면만 있는 것이 아닙니다. 이 척도가 가볍게 상승된 사람들은 분위기 메이커 역할을 하기 때문에 주변에 즐거움을 주는 긍정적인 측면도 있습니다.

척도 4: 반사회성(Dd)

- 가정과 사회에서 권위적 대상에 대한 불만, 사회와의 괴리 등을 측정한다.
- '무엇인가와 싸우고 있는 것'을 의미한다.
- 경미한 상승은 자기주장적, 솔직하고 모험적·진취적, 사교적인 특성이다.
- 직장상사, 권위자 등과 갈등상황이거나 사회생활에 부적응적이고 불만이 많은 경우 상승한다.

~~~~~~

 이 척도가 높으면 충동적이고 욕구 좌절에 대한 인내심이 부족하고 경험을 통해 배우지 못하고 심리치료에 대한 예후가 좋지 않을 수 있는데요. 특히 척도 2가 낮을 때 더 예후가 좋지 않은 것으로 알려져 있습니다. 그렇다고 단순히 4번 척도가 높다고 해서 무조건 반사회성 성격장애라고 생각해서는 안 됩니다. 이들은 주로 사회적이 규범이나 권위자들에 대해 불만이 있으면서 갈등을 빚는 사람들인 경우가 많습니다. '무엇인가와 혹은 누군가와 싸우고 있는' 상태라는 게 정확한 표현입니다.

 예후가 좋지 않은 이유는 옳고 그름을 판단하는 사려 깊음, 심사숙고하는 능력이 부족하기 때문이죠. 척도 8(정신분열증), 척도 9(경조증)와 함께 상승될 경우 비행률이 높고, 척도 1(건강염려증), 척도 2(우울증), 척도 7(강박증)이 상승하면 비행률이 저하될 수 있습니다. 척도 8과 9의 상승은 비행률 상승과 관계가 있습니다. 아무래도 기이한 특성과 조증상태에 있다 보면 행동으로 옮길 가능성이 높아지고 반대로 우울이나 불안, 건강염려 등이 있는 사람은 일을 저지르는 게 힘드니까 비행률은 줄어들죠.

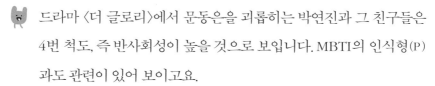

드라마 〈더 글로리〉에서 문동은을 괴롭히는 박연진과 그 친구들은 4번 척도, 즉 반사회성이 높을 것으로 보입니다. MBTI의 인식형(P)과도 관련이 있어 보이고요.

인식형의 경우 독립적이며 변화를 추구하고 유연하며 적응을 잘한다는 장점이 있지만 조직적이지 못하고 정해진 규칙이나 질서를 지키며 반복되는 것을 매우 싫어합니다. 그래서 다소 반항적이고 도전적인 성향으로 비춰질 수 있고 이로 인해 사회생활에서 갈등을 겪을 소지가 있을 거 같아요. 저는 인식형(P)이면서 4번 척도가 살짝 상승했는데요. 학교 다닐 때 '왜 정해진 시간에 학교를 가야 하지?'라고 생각했던 기억이 납니다. 그래서 지각도 자주 했죠. 물론 MMPI의 4번 척도가 높은 것과 인식형과 반드시 관련성이 높다고 할 수는 없습니다.

척도 5: 남성성-여성성(Mf)

- 남성성 또는 여성성 척도는 역할 유연성과 관련된 특성을 측정한다.
- 남성성·여성성과 양성성을 반영한 척도다.
- 이 점수가 높은 남성은 여성성이 높은 것이고 반대로 이 점수가 높은 여성은 남성성이 높은 것이다.

🐰 이 척도가 적당히 높은 남자의 경우 남성적인 취미뿐 아니라 광범위하고 다양한 취미생활을 즐기며 유머 감각이 있고 대화를 즐기며, 참을성이 많고 통찰력이 높고요. 반대로 이 점수가 높은 여자의 경우에는 전통적인 여성의 역할에 관심이 없고, 자기주장이 강하고 경쟁적이기도 합니다.

🐱 이 척도가 낮은 사람들은 전통적 성역할과 자신을 동일시하는 경우가 많은데요. 이 점수가 낮은 남자의 경우 남성적 특징을 강박적으로 강조하고, 공격적·모험적이고 부주의, 행동화하는 경향이 있고 여성의 경우는 수동적·복종적·의존적이고, 위축되어 있고 자기연민이 높습니다.

남성성-여성성 문항의 예

- 연애 소설을 좋아한다. (예/아니오)
- 꽃가게를 운영하고 싶다. (예/아니오)

🐰 대개 여성성이란 부드러움, 수용성 등을 의미하고 남성성은 독립성, 지배성 등을 의미합니다. 그래서 여성성은 관계지향성인 감정형(F)과 관련성이 높고 남성성은 일중심성, 즉 사고형(T)과 관련성이 높다고 하죠. 중요한 것은 남성과 여성 모두 남성성과 여성성을 동시에 가지고 있고 남녀가 조화를 이루듯 내적인 측면에서 남성성과 여성성의 조화를 이루는 것입니다.

- 대인관계에서의 예민성과 의심성과 관련된 특성을 측정하는 척도다.
- 약간의 상승은 호기심이 많고 탐구적일 수 있고 진취적이며 흥미 범위도 높은 경향성이 있다.
- 스트레스를 받게 되면 의심과 과민성을 보일 수 있다.

 이 척도가 높은 사람들은 적대적이고 경계심이 많고 민감하며 남탓을 잘합니다. 공격적으로 언쟁을 벌이기도 하고 지나치게 도덕적입니다.

 지나치게 도덕적일 경우 융통성이 없고 경직되어 있다는 의미라고 생각해야 할 거 같습니다. 이들은 피해의식이 높은데요. 욕구의 좌절이나 실패의 원인을 외부로 돌리는 것으로 자신의 부정적 감정을 투사합니다.

편집증 문항의 예

- 가족들은 필요 이상으로 나의 결점을 찾아낸다. (예/아니오)
- 여러 사람과 있을 때 적절한 화젯거리를 찾기 어렵다. (예/아니오)

 이들은 겉으로는 공정함과 정당성을 주장하면서 분노를 표출하지만 실은 누군가가 자신을 박해한다는 피해의식에서 비롯되는 경우가 많습니다. 이 유형의 사람들은 다른 사람들을 약을 올려서 상대가 공격하게 만드는데요. 약을 올려놓고 상대가 화를 내면 "내가 이럴 줄 알았어!"라는 식으로요. 이들은 과도하게 요구와 애정에 대한 욕구를 보여서 결과적으로 사람들을 쫓아버리게 됩니다.

척도 3이 함께 상승되어 있는 경우 사교적으로 보이지만 피상적이고 다른 사람을 조정하려고 하고 자신의 감정을 억압하는 경향이 두드러집니다. 주변에도 이런 경우가 종종 있는데 피해자 코스프레를 하면서 주변 사람들을 부추기기도 해요. 그러면 저같이 성질 급한 사람들이 나서서 도와주게 만들거든요. 나중에 자초지종을 알게 된 후 "내가 또 당했구나…" 하며 현타가 올 때가 있었습니다.

〈나의 해방일지〉에서 염미정은 아마도 척도 5가 낮아 여성성이 높기 때문에 수동적이고 자기연민적인 태도를 보일 수 있는데, 한편으로는 척도 4(반사회성)가 높아서 불만이 많고 척도 6(편집성)까지 높다면 뒤에서 남자를 조정하면서 자신의 분노를 다른 사람을 통해서 표출하는 방식을 택했을 것입니다. 다행히도 염미정은 척도 6은 높지 않은 것 같고, 자신의 문제를 스스로 통찰하고 해방하는 건강한 방식을 선택합니다.

• '현실 자각 타임'을 줄여 이르는 말로, 헛된 꿈이나 망상 따위에 빠져 있다가 자기가 처한 실제 상황을 깨닫게 되는 시간(출처: 우리말샘)

척도 7: 강박증(Pt)

- 정상일 때는 시간을 엄수하고 질서정연하게 일을 처리하는 능력이다.
- 스트레스 상태에서는 지나치게 걱정, 우유부단함, 사소한 일에 집착 행동을 보일 수 있다.

 이 척도가 높은 경우 강박적인 행동, 비정상적인 공포, 자기비판, 주의집중 곤란, 과도한 예민성, 죄책감, 자신감 부족, 자의식이 강하고 완벽주의적 성향을 갖고 있습니다. 척도 2가 동반 상승할 경우 우울감과 우유부단한 행동이 두드러지고, 척도 8이 동반 상승할 경우 혼란과 사고장애가 나타날 수 있습니다.

 자의식은 자신을 많이 의식하는 것이고 자신감은 부족하기 때문에 불안이 높아질 수밖에 없습니다. 예를 들어 누군가가 자신을 감시하고 있는데, 일 처리를 잘할 자신이 없을 때를 생각해보세요. MBTI의 판단형(J) 중 강박증적 성향이 높은 사람들이 있을 수 있습니다. 대학원 동기 중에 강박증적 성향이 높은 친구가 있었는데요. 뭐든 통제하려고 해서 갈등이 있었어요. 같이 쓰는 연구실이 자기 것도 아닌데 자기가 통제해야 편하다고 하면서 제 책상을 치우라고 화를 내더라고요.

 판단형(J)이 다 그렇다는 것은 아니고요. 일부 효율성을 상실한 '완벽주의'나 '강박'에 빠져서 자신과 주변 사람들을 힘들게 하는 경우가 있을 수 있다는 이야기네요.

척도 8: 정신분열증(Sc)

- 심리적 혼란이나 분열, 기이한 측면을 측정하는 척도다.
- 경미한 상승은 자발적이고 창조적이며 상상력이 풍부한 측면과 관련 있다.
- 상황에서는 비현실적이고 기태적인(기이하고 이상한) 행동으로 변모될 수 있다.

~~~~~~~~~~~~~~~~~~~~~~~~~~~~~~~~

 이 척도만으로 정신분열이라고는 진단할 수 없습니다. 점수가 지나치게 낮은 사람은 순응적이고 권위에 대해 수용적인 현실주의자로, 규칙적이고 짜여 있는 것을 좋아하는 경향성이 높습니다.

 경미한 상승의 경우 창조적이고 상상력이 풍부하다는 면에서 직관형(N)과 유사한 측면이 있는 거 같네요. 점수가 낮은 사람들은 감각형과 판단형과 유사하고요.

 반드시 그렇다고 할 순 없어도 직관형인 저는 8번 척도가 약간 상승했거든요.

정신분열증 문항의 예

- 확실히 내 팔자는 사납다. (예/아니오)

- 아무도 나를 위해 주지 않는 것 같다. (예/아니오)

척도 9: 경조증(Ma)

- 정신적 에너지를 측정하는 척도다.
- 경미한 상승은 정열적, 활기찬 특성, 과잉 활동적이고 불안정하며, 산만하고 자기를 과대평가하기도 한다.
- 정서적으로 흥분을 잘하며 사고의 비약이 나타나기도 하고, 경쟁적이며 말이 많다.

~~~~~~~~~~~~~~~~~~~~~~~~~~~

 자아도취적이며 피상적 사회관계를 맺는 경향성이 있고 화를 잘 내고, 기분이 불안정한 면이 있는데 외향성(E)과 관련성이 있어 보이네요.

 외향적인 사람이 정열적이고 활기차고 활동적으로 보이는 부분과 비슷하죠. 척도 2가 높지 않더라도 40 이하로 너무 낮은 경우는 우울증을 고려해야 하며, 척도 4~9 또는 9~4의 상승은 비행률 상승으로 이어지기도 합니다.

경조증 문항의 예

- 울적할 때 뭔가 신나는 일이 생기면 기분이 훨씬 나아진다. (예/아니오)

- 나는 중요한 사람이다. (예/아니오)

척도 0: 내향성(Si)

- 내향성 척도는 혼자 있는 것을 좋아하는지 아닌지를 측정한다.
- 경미한 상승은 독립적인 특성을 의미한다.

 이 척도가 높은 사람들은 사회적 불편감이 높고 대인관계를 원하지 않고 재미나 흥미를 느끼지 못합니다. 예민하고 수줍어하며, 쉽게 당황하는 경향이 있고, 자기억제가 심하고 감정표현을 잘 못 하는 편입니다. 사회적 활동에 참여하는 것을 싫어하고 관계 형성도 어렵습니다. 마음을 알기가 어려워 차갑게 보일 수 있습니다

 드라마 〈나의 해방일지〉의 주인공과 해방클럽의 일원들이 내향성이 높은 사람일 가능성이 높습니다. 이들은 자신들만의 동호회를 만들게 되고 모임을 합니다. 각자 테이블이 있는 장소에서 따로 앉아서 대화를 나누는 장면이 있는데요. 내향성이 강하고 사회적으로 철수된 사람들은 서로 마주 보고 대화하는 것조차 힘들 수 있습니다. 이들 중 미정과 조태호는 MMPI 검사에서 2번 척도(우울)가 상승하고 9번 척도(경조증)는 하강되어 있고 10번 척도(내향)는 상승되어 있을 가능성이 있습니다.

내향성 문항의 예

- 수줍음을 탄다는 것을 드러내지 않으려고 노력한다. (예/아니오)

- 처음 만나는 사람과 대화하기가 어렵다. (예/아니오)

MBTI 검사가 누구나 부담 없이 할 수 있으면서도 각자의 선호 경향성이 무엇인지를 알아보고 서로의 차이를 이해할 수 있도록 해준다면, MMPI 성격검사는 다양한 척도와 척도 간의 관계를 통해 성격의 역동성에 대해 알 수 있습니다. 나를 되돌아보고 나를 이해하는 데 유용한 검사도구라고 생각합니다. 기회가 되어 MMPI나 SCT 검사를 받아본다면, 자신을 좀 더 깊이 이해하는 데 도움을 받을 수 있을 겁니다.

4장

MBTI 성격유형과
특성 알아보기

김쌤 박쌤

이사벨 마이어는 자신의 책 『Gifts Differing(성격의 재발견)』(1995) 에서 "우리와 접촉하는 많은 다른 사람들은 우리 마음이 가는 곳에 마음이 가지 않기도 하며, 가치를 두는 곳에 가치를 두지 않을 수도 있고, 흥미로워하는 것에 흥미를 두지 않을 수도 있다."라고 했습니다. 이 말은 우리가 서로 다른 관점과 성향을 가진 것이 갈등의 요소 이기보다는 다양성의 측면에서 보면 훨씬 더 가치가 있다는 의미인 것 같습니다.

같은 부모에서 태어나 같은 환경에서 자라는데도 형제 사이에서도 이런 차이가 나는 것이 신기할 때가 많습니다.

스위스 심리학자인 칼 융은 우리의 심리 기능에는 무언가를 얻고 결정을 내려야 하는 상황에서 사용하는 다양한 정반대의 쌍이 있는 데, 이 대극의 쌍이 뇌 구조의 생물학적인 차이에 영향을 받으며 그 대극 쌍 중에서 사람들의 선호성에 의해 다양한 차이점이 나타난다 고 보았습니다.

이러한 차이점을 '심리유형(Psychological Types)'이라 부르는데요 (Jung 1976). 즉 이런 선호성, 4가지 선호지표의 각 대극 쌍을 조합하면 총 16개의 성격유형이 만들어집니다.

 지금부터 16가지 성격유형 가운데 가장 상반되면서 보완적인 유형의 특징들을 비교해보려고 합니다.

ISTJ vs. ENFP

ISTJ	ENFP
사실적인	창의적인
체계적인	열성적인
신뢰하는	자발적인
확고한	표현적인
조직화된	우호적인
성실한	활동적인

출처: 한국심리검사연구소(이하 표 동일)

ISTJ(현실주의자)

 'ISTJ'는 한마디로 표현하자면 '현실주의자'라고 할 수 있는데요. '정확하고 체계적이고 신중하고 책임감'이 강합니다. 반복되는 일에 대한 인내력이 강하고 동시에 조직적이고 정확성을 발휘하는 분야에 잘 어울립니다.

 회계, 법률, 생산, 건축, 의료 분야나 관리직, 사무직에 적합한 유형으로 알려져 있습니다.

제가 경험한 바로 이런 유형에 속하는 사람들은 매우 정확하고 철저하고 성실해서 어디를 가든 사람들이 일을 믿고 맡기는 편입니다. 주어진 일을 마다하지 않아서 본의 아니게 일이 과중해지는 경향도 있는 거 같고요. 이런 분들은 '완벽주의'에 가까워서 다른 사람에게 일을 못 맡기는 것일 수도 있고 팀워크가 필요한 일은 안 맞을 수 있습니다.

내향형이면서 사고형이라서 혼자 일하거나 마음이 통하는 소규모의 사람들과 일하는 게 편하고요. 그리고 자신과 타인의 감정과 기분을 배려하고 전체적이고 타협적인 방안을 고려하는 데는 어려움이 있습니다. 또한 미래를 내다보는 능력이나 새로운 변화에 적응하기에 어려움이 있습니다. 변화를 싫어하죠.

피겨 여왕 김연아가 ISTJ라고 하더라고요. 다른 건 몰라도 운동선수들이야말로 매일 일정 시간 반복적으로 운동을 해야 하고 감각적으로도 발달되어 있어야 할 것 같습니다. 매일 반복되는 고된 훈련에 대한 인내심과 성실성이 기본이고 얼음 위에서 연기를 해야 하기 때문에 매우 섬세하고 정교한 능력도 필요합니다.

대중 앞에서 뭔가를 한다는 게 내향적인 성향이라면 다소 힘들지 않을까 싶긴 합니다. 그런데 제가 알기로 ISTJ가 우리나라 사람들이 가장 많이 속하는 유형인데요. 예전에는 20% 정도가 이 유형에 속한다고 했는데 최근 연구에서 보면 13% 정도라고 합니다.

ENFP(활동가)

🐰 ISTJ의 정반대 유형인 ENFP는 '활동가'에 비유할 수 있는데요. '온정적이고 창의적이고 새로운 가능성을 찾고 시도'하는 경향이 있습니다. 문제해결이 빠르면서 관심이 있는 일이라면 무엇이든지 수행해내는 능력과 열성을 지니고 있는 것으로 알려져 있습니다. 외향형이기 때문에 기본적으로 주변 상황에 관심이 많고 다른 사람도 관심이 많습니다. 사람을 만나는 것을 좋아하고 뛰어난 통찰력(N)의 소유자입니다.

👹 제 주변에도 이런 분들 계세요. 늘 사람들과 잘 어울리면서 활달하고, 에너지가 어마어마해요. 이런 분들은 상담, 교육, 과학, 저널리스트, 광고, 판매, 성직자나 작가 등의 업무에 적합한 것으로 알려져 있습니다.

🐰 반복적이고 일상적인 일을 싫어합니다. 지루해한다고 해야 할까요. 금세 흥미를 잃어버리기도 하고 한 가지 일을 끝내기도 전에 몇 가지 다른 일을 벌이는 경향성이 있습니다. 주변에서 동시다발적으로 일을 벌이는 사람이 있다면 ENFP 유형일 가능성이 높습니다. 영화배우 로빈 윌리엄스, 영화감독 쿠엔틴 타란티노, 가수 RM(BTS 김남준) 등이 이 유형에 속한다고 합니다.

👹 모 방송 프로그램의 진행자 조세호 씨도 ENFP라고 하는데요. 좋게 말하면 '분위기 메이커'이고 나쁘게 말하면 '설치는 스타일'이라고 프로그램에서 우스갯소리로 말하더군요. 진행자 유재석 씨와도 호흡이 잘 맞는데, 조세호 씨가 까불까불하면서 엉뚱한 이야길 하거

나 옆길로 새는 것 같으면 유재석 씨가 제재하는 모습을 자주 보여요. 천상 개그맨이라는 생각이 들면서 저걸 못하면 아마 병 나겠다 싶더라고요.

INTJ vs. ESFP

INTJ	ESFP
독립적인	열정적인
논리적인	융통성
비판적인	쾌활한
독창적인	명랑한
체계적인	사교적인
확고한	협동적인
이론적인	개방적인
객관적인	낙천적인

INTJ(전략가·건축가)

 INTJ 유형은 '전략가' 혹은 '건축가'라는 키워드가 잘 어울리는 성격 유형입니다. 행동과 사고가 독창적이고 강한 직관력을 가지고 있다고 합니다. 목표 지향적이고 결단력 있고 의지와 인내심이 강합니다. 목적달성을 위해 많은 시간과 노력을 기울이는데요. 목표를 실현하기 위해 치밀하게 계획하고 계획을 세우면 그것을 어떻게든 엄수하려고 합니다.

저도 그런 편인데, 목표를 달성해야 한다는 생각 때문인지 목표가 실현되지 않을 것 같다는 생각이 들면 스트레스를 많이 받습니다.

INTJ 유형에 어울리는 직업은 직관력과 통찰력이 필요한 과학, 공학기술(Engineering), 정치, 철학과 같은 분야인데요. 다만 있는 사실 그대로 보려고 노력해야 하고 타인의 감정을 고려하고 타인의 관점에서 바라보려는 노력 또한 필요합니다. 잘 알려진 인물로는 철학자 프리드리히 니체와 영화 〈인터스텔라〉로 잘 알려진 크리스토퍼 놀란 감독 등이 이 유형에 속한다고 합니다.

크리스토퍼 놀란 감독의 영화를 좋아하는데, 다소 어려울 수 있는 주제들을 논리적이고 체계적으로 재미있게 풀어가는 능력이 있는 거 같아요.

ESFP(연예인)

ESFP의 키워드는 '연예인'입니다. 잘 적응하며 수용력(P)이 강하고 사교적인(E) 편입니다. 주변 상황이나 사람에 대해 관심이 많고 (E) 현실적인 경험을 통한(S) 즐거움을 추구하는데, 예를 들어 주변에 보면 맛집을 돌아다니며 음식 맛을 즐기고 이를 사람들과 메신저 등을 통해 공유하는 것을 좋아하는 사람들이 이 유형에 속할 가능성이 높습니다.

이런 분들 참 부지런하고 대단하다는 생각이 듭니다. 이 유형들은 일반 지식뿐 아니라 실제 상황에서의 요구되는 능력이 필요한 의료, 판매, 교통, 유흥, 간호, 비서, 사무, 감독, 기계를 다루는 일을 선호하는 경향이 있습니다.

 다소 수다스럽고 깊이가 없고 마무리를 잘 하지 못하는 경향이 있다는 약점이 있습니다. 반면 주변에서는 분위기 메이커 역할을 잘한다는 평을 잘 듣습니다. 유명한 사람으로는 가수 비(정지훈)와 제니퍼 로페즈 등이 있다고 합니다. 실제로 모 방송에서 가수 비는 검사를 하고 나서 자기한테 잘 맞는다고 하면서 좋아하더라고요.

INFJ vs. ESTP

INFJ	ESTP
헌신적인	행동지향적
충실한	융통성
창의적인	열정적인
열정적인	낙천적인
개념적인	민첩한
전체적인	자발적인
이상적인	실용적인
신비로운	설득적인

INFJ(상담가)

 INFJ 유형의 키워드는 '상담가'입니다. 이 유형은 말없이 조용히 타인에게 영향을 주기도 하는데요. 강한 내적 독립심과 확고한 신념(I), 열정(F)으로 자신의 영감(N)을 구현(J)시키는 데 탁월하다고 합니다.

🐻 '상담'은 어려운 문제를 해결하기 위해 전문가와 논의하고 상의하는 것을 의미하고, 특히 심리상담에서는 사람을 중요하게 생각하는데요. 상담자는 내담자의 입장에서 내담자 중심으로 상담을 이끌어가야 합니다. 이 유형은 성직, 심리학, 예술과 문학 분야, 순수과학, 연구개발 등의 분야에도 적합한 유형이라고 볼 수 있습니다.

🐻 그런데 이런 유형의 사람들은 말수가 적고 그 속내를 알기가 좀 어려운 것 같아요. 아무래도 관념적이다 보니 한곳에 몰두하다 보면 의도치 않게 다른 것들을 경시하기 쉽고요. 생각이 많다 보니 내적으로 복잡해서 내적 갈등이 많을 수 있습니다. 이렇게 혼자만의 생각에 빠져서 자신의 내면을 타인과 공유하기 어려운 것이라고 보입니다.

🐻 우리나라에서는 3% 미만으로 가장 드문 유형으로 조사된 바 있습니다. 마틴 루터 킹, 넬슨 만델라, 마더 테레사 등과 같은 인물이 이 유형에 속한다고 합니다. 이름만 들어도 설명이 필요 없는 사람들이죠?

ESTP(지지자·후원자)

🐻 어디 가나 성격 좋은 사람으로 통하는 유형 같은데요. ESTP 유형은 사실적(S)이고 관대하고, 개방적이고 선입관이 별로 없는 것이 특징입니다. 선입관 혹은 선입견이 없다는 것은 세상을 편견 없이 수용하고 한편으로 세상에 대한 폭넓은 관심과 열린 시선을 가져야만

가능한데(E), 더불어 적응적이고 유연한(P) 성향까지 있으니까 그럴 수 있다고 생각됩니다. 그러면서 현실감각(S)을 토대로 타협책을 모색하고 문제를 해결하는 능력(T)이 뛰어납니다. 친한 친구뿐만 아니라 사람을 만나는 것 자체를 좋아하는 것 같습니다.

🐻 단점이라면 이 유형은 복잡하고 긴 설명을 싫어해요. 뭐 심각한 이야기 좀 하려고 하면 골치 아파한다고 해야 할까요? 운동, 음식, 감각적으로 보고 듣고 만질 수 있는 생활의 모든 것을 즐기고 순발력이 뛰어나고 많은 것을 잘 기억하고 예술적인 감각을 지니고 있으며 연장이나 재료들을 능숙하게 다룬다고 합니다.

🐻 야외 활동에서의 에너지가 없는 사람은 함께 다니면 좀 피곤할 수도 있을 것 같은데요. 논리적, 분석적이기는 하지만 추상적인 아이디어나 개념에 대해 별로 흥미가 없어서 이런 이야기를 하면 겉도는 느낌이 들 수도 있지만, 가끔 만나면 재미있는 친구가 될 수 있을 거 같습니다.

🐻 영화배우 잭 니콜슨, 가수 에디 머피, 마돈나 등이 이 유형이라는 이야기가 있습니다.

ISTP vs. ENFJ

ISTP	ENFJ
객관적인	이상적인
현실적인	언어적인
사실적인	책임감 있는
응용적인	표현적인
독립적인	열성적인
모험적인	염려하는
자발적인	지지적인

ISTP(장인)

ISTP 유형은 '장인'이라는 표현이 잘 어울리는 것 같습니다. 일과 관계되지 않으면 어떤 상황이나 인간관계에 관여하려 하지 않고 가능한 에너지 소비하지 않으려고 합니다. 사람에 따라 사실적인 자료를 정리하고, 조직하길 좋아하며 어떤 행위와 결과에 대한 인과관계나 사물의 기본이 되거나 인식이나 행위의 근거가 되는 객관적 원리에 관심이 많다고 합니다(T). 연장, 도구, 기계를 다루는 데 뛰어납니다(S).

장인이라는 표현에 어울리는 직업으로 농부나 군인이 딱 어울리는 거 같습니다.

농사라는 것이 계획대로 딱딱 떨어지지는 않잖아요. 날씨가 좀 변덕스럽습니까? 그 변화에 유연하게 대처하면서도 묵묵히 한 길을 가는 농부가 이 유형을 잘 설명해주는 것 같습니다.

그 외에도 법률, 경제, 마케팅, 판매, 통계 분야에 적합한데요. 감정이나 마음을 표현하기 어려워하는 편입니다. 유명인으로 마이클 조던이 있고요. 지금은 배우보다 감독으로 더 유명한 클린트 이스트우드, 톰 크루즈와 같은 영화배우가 ISTP에 속한다고 합니다.

클린트 이스트우드나 톰 크루즈는 정말 장인정신을 가지고 임하는 대표적인 배우죠.

ENFJ(선도자)

ENFJ 유형은 '선도자(선구자)'라는 키워드가 적합한 것 같습니다. 타인의 생각이나 의견을 존중하고(F) 미래의 가능성을 추구하며(N) 편안하고 능숙하게 계획을 제시(J)하면서 집단을 끌어가는 능력이 있습니다(E).

성직자 이미지와 많이 겹치는 것 같습니다. ENFJ 유형은 교직, 성직, 심리, 상담, 예술, 문학, 외교, 판매 등의 분야에 적합하다는 평을 자주 듣습니다.

약점으로는 타인의 장점을 지나치게 이상화해 맹목적이 될 수 있고 자신과 타인의 차이점을 인식하지 못할 수 있습니다.

2015년 최연소로 노벨평화상을 수상한 파키스탄의 여성 시민운동가인 말랄라 유사프자이, 진행자 겸 프로듀서 오프라 윈프리가 이 유형에 속한다고 합니다.

오프라 윈프리는 무려 20년 동안 자신의 이름을 딴 TV 토크쇼를 진행했죠. 진행자로서 탁월성을 인정받은 그녀는 타인의 생각이나

의견을 존중하면서도 편안하고 능숙하게 쇼를 이끌어간다는 점
에서 이 유형에 적합하다는 생각이 듭니다.

INTP vs. ESFJ

INTP	ESFJ
논리적인	성실한
회의적인	사교적인
인지적인	조화로운
정확한	협동적인
독립적인	재치있는
사색적인	철저한
독창적인	전통적인
자율적인	인정적인

INTP(설계자·논리학자)

 INTP 성격유형은 논리적 사고가 가장 대표적인 특징인데요. 그래
서 키워드 또한 설계자, 논리학자입니다. 조용하고 과묵하지만(I)
관심이 있는 분야에 대해서는 말을 잘하는 편입니다. 지적 호기심
이 강하고 이해력이 빠르며 직관력과 통찰력이 뛰어나고(N) 분석적
이고 논리적이며 객관적인 비평도 잘합니다(P).

 INTP 유형의 단점이라면 어떤 아이디어에 한번 몰입하게 되면 주
변에서 무슨 일이 벌어지고 있는지를 모를 때가 있다는 것을 들 수

있습니다. 지나치게 추상적이고 비현실적인 경향도 있고요. 사교성도 부족한데 그러면서 한편으로는 자신의 지적 능력을 은근히 과시하는 경향이 있다고 합니다.

🐺 제가 이 유형인데요. 주변 상황에 별로 관심이 없어요. 혼자 집에 있으면서 뒹굴뒹굴하면서 이 생각 저 생각하다 보면 하루가 금방가요. 생각에 빠져 있다 보니 옆에서 누가 숨넘어가도 모를 때가 있어서 가끔 주변인들로부터 무심하다 소리를 듣기도 해요. 주변 상황이나 사람에 관심이 별로 없다 보니 당연히 사회성도 떨어질 수밖에 없는 거 같습니다.

🐰 저명한 철학자, 논리학자들이 이 유형에 속하는 경우가 많더라고요. 빌 게이츠, 알버트 아인슈타인, 아이작 뉴턴, 르네 데카르트 등이 이 유형에 속한다고 합니다.

ESFJ(부양자)

🐺 INTP 유형과 대조적인 성격유형으로 ESFJ는 '부양자'라는 키워드가 어울립니다. 부양이 누군가를 돌본다는 의미인데, 이들은 타고난 협력가로 친절하고 타인을 잘 돕는 능동적인 사람들입니다. 말로 표현하는 것을 좋아하고 정리정돈을 잘하고 참을성도 많다고 합니다.

🐰 이 사람들은 교직, 성직, 판매, 간호나 의료 분야에 적절한 유형이라고 볼 수 있습니다. 단점이라면 냉정한 입장을 취하는 것이 어렵고 쉽게 상처받기도 합니다. 가수 제이홉(BTS), 연예인 박보검, 혜리 등

이 이 유형에 속한다고 합니다. 박보검과 혜리는 드라마 〈응답하라 1988〉에서 같이 연기를 했었는데, 실제 성격은 모르겠지만 적어도 드라마 속 인물의 성격유형은 여기에 부합하는 것 같습니다.

🐱 줄여서 '응팔'이라고 했던 드라마 주인공 성덕선(혜리 분)은 넉살 좋아서 어디에서나 잘 어울리는 성격이었던 것 같습니다. 그리고 가수 존 박이 미국에서 푸드트럭을 몰고 다니며 한국 음식을 파는 티비 프로그램에 출연했었는데요. 주로 손님을 응대하고 서빙을 담당하는 일을 했는데, 차후 설문 조사에서 5점 만점에 5점을 받아서 사람들을 놀라게 했어요. 한국어와 영어가 모두 능숙한데다가 친절하면서도 정갈하고 능동적으로 일을 처리하는 모습이 매우 인상적이었습니다. 이 유형에 부합하지 않을까 추측되더라고요.

INFP vs. ESTJ

INFP	ESTJ
부드러운	논리적인
융통적인	체계적인
헌신적인	효율적인
모험적인	실제적인
창의적인	조직화된
깊이 있는	성실한
공감하는	통솔력 있는

INFP(몽상가·치유자)

🐻 INFP 성격유형에 대한 적합한 키워드는 '몽상가' 또는 '치유자'입니다. 이해심이 많고 관대하며 자신의 이상에 대해 정열적인 신념을 가지고 있는 경우가 많습니다. '노동의 대가를 넘어서는 가치와 일에 흥미를 갖는 경향'이 있고요. 인간을 이해하고 기여할 수 있는 일에 흥미를 갖고 있습니다.

🐻 노동의 대가를 뛰어넘는 가치와 일에 대한 흥미라는 게 말은 참 좋은데, 결국 실속이 없다는, 소위 말하는 '호구'라는 이야기 아닌가 싶네요.

🐻 이런 분들이 실리적인 이익이 얼마냐 이런 걸 잘 따지지 못하고 그런 개념도 없는 거 같습니다. 어떤 면에선 손해가 막심하죠. 그래도 자신이 가치 있다고 여기면 다른 건 이차적이라고 보는 입장인 거 같습니다.

🐻 이 성격유형에 적합한 직업 분야로는 언어, 문학, 상담, 심리학, 과학, 예술 등이 있습니다. INFP 성격유형은 자신의 이상과 현실 간의 괴리를 고려하는 능력이 필요한데요. 몽상가라는 점에서 이상만을 좇을 수 있습니다.

🐻 영국의 시인이자 극작가인 윌리엄 셰익스피어, 영국의 시인인 윌리엄 워즈워스도 이 유형에 해당한다고 하고요. 배우 조승우도 이 유형이라고 하더라고요.

🐻 드라마 〈이태원 클라쓰〉의 주인공 역을 맡았던 박서준도 이 유형이라고 합니다. 그가 출연한 예능프로그램(서진이네)에서 보이는 모습

에서 성격유형이 예상되더라고요. 묵묵히 자신의 자리를 지키면서도 주변 사람들 배려하면서 "자신이 요즘 인생의 2막을 생각 중이다."라는 말에서 '이 배우는 내향형이고 직관형이구나.' 하는 생각이 들었습니다.

ESTJ(사업가)

ESTJ 유형은 '사업가' 키워드가 어울리는데요. 기계와 관련된 분야나 행정 분야에 적합하고 사업체나 조직체를 체계적으로 경영하는 능력이 뛰어나고 일의 목표를 설정하고 지시하고 결정하고 이행하는 데 타고난 지도자들이라고 할 수 있습니다.

INFP는 이상주의에 빠져서 자신은 가치 있는 일을 한다고 보람을 느끼지만 실리는 취하지 못하는 유형인 데 반해, 이 유형은 현실적이고 실리적이면서 리더십도 있고 의사결정도 매우 빠른 편입니다. 결과를 눈으로 확인할 수 있는 일, 즉 사업, 행정관리 생산, 건축 등의 분야에서 능력을 발휘하곤 하는데요. 속전속결하는 경향이 지나치고 업무 위주로 사람을 대하다 보니 다른 사람의 감정을 충분히 고려하지 못하는 것처럼 보일 수 있고, 현실적이고 실용적 측면을 강조하다 보니 상대적으로 미래의 가능성을 간과하기 쉽습니다.

ESTJ형의 부모가 INFP형의 자녀를 두고 있다면 어떨까요? 순수 예술을 하겠다는 자식에게 "너 뭐 먹고 살려고 그러냐." 하며 갈등이 심할 것 같습니다. 직장상사와 부하직원 관계여도 그렇고요.

반대로 서로의 차이를 인정하고 받아들이고 장점을 강조하고 단점을 보완하면서 협력한다면 이상적일 것 같습니다. 미국의 기업가로 석유왕이라고 불리기도 한 존 록펠러 외 다수의 경영인이 ESTJ 유형에 속한다고 알려져 있습니다.

박서준과 함께 〈서진이네〉에 나오는 이서진은 '수익이 왕이다'라며 정확한 목표치를 정하고 같이 출연한 후배들에게 지시하면서 진두지휘하는 모습인데요. 에둘러 말하지 않고 간결하고 직설적으로 표현하는 모습을 보고 담당피디가 "형은 슈퍼 파워 'T'일 거야."라며 웃는 장면이 있습니다. 아마도 현실적이고 원리원칙을 따지면서 깔끔한 일 처리 등을 볼 때 ESTJ일 가능성이 높다고 생각됩니다.

ISFP vs. ENTJ

ISFP	ENTJ
돌보는	논리적인
부드러운	결정적인
융통성	계획적인
민감한	전략적인
협동적인	비판적인
신뢰하는	도전적인
자발적인	직선적인
이해하는	원리원칙

ISFP (성인군자)

🐻 ISFP 성격유형은 속마음은 따뜻하고 친절하지만 이런 성향을 잘 드러내지 않습니다. 모든 성격유형 중 가장 겸손한 유형에 속한다고 하는데요. 그래서 어울리는 키워드는 '성인군자'입니다. 자신의 의견이나 가치를 강요하지 않으며 반대 의견을 잘 수렴하면서 충돌을 피하려고 하고요. 무엇보다 인화를 중요하게 생각한다고 합니다.

🐻 ISFP 성격유형은 인간과 관계되는 일을 할 때 다른 사람의 감정에 지나치게 민감해서 때로는 빠른 결정력과 추진력이 요구될 수 있습니다. 영화배우 케빈 코스트너, 가수 마이클 잭슨과 BTS의 정국, 그리고 국민 MC 유재석이 여기에 해당한다고 합니다.

🐻 진행자는 게스트들을 두루두루 잘 배려하고 자신은 드러나지 않게 하면서도 순간순간 순발력 있게 대처해야 하는 능력도 필요합니다, 유재석 씨는 인간성 좋기로 정평이 나 있는 분 아닙니까?

🐻 성인군자라면 왠지 거리감이 느껴질 수 있는데, 유재석 씨처럼 유머러스하면서도 사람을 존중하고 겸손한 사람이 있다면 금상첨화가 아닐까 싶기도 합니다.

ENTJ (사령관)

🐻 ENTJ의 키워드는 '사령관'입니다. 솔직하면서 통솔력과 결정력이 있으며 높은 지적 욕구가 있고 지적 자극을 주는 새로운 아이디어 (N)에 관심이 많습니다. 그러면서도 일을 철저하게 처리하는 것으로 알려져 있습니다.

🐾 단점으로는 자기 생각을 확신하는 경향성 때문에 다른 사람에게 강압적이고 독단적인 인상을 줄 수 있고요. 다른 사람의 말을 듣지 않는 외골수처럼 보일 수 있습니다. 또한 상대에게 직설적인 피드백을 해서 상처를 줄 수 있습니다. 이 유형은 상사라고 할지라도 자신이 해야 할 말은 하는 유형이라고 합니다.

🐾 우리에게 잘 알려진 사람으로 애플의 창업가 스티브 잡스, 영국 수상이었던 마가렛 대처, 미국 대통령이었던 프랭클린 루스벨트 등이 있습니다.

🐾 그중에서도 마가렛 대처는 '철의 여인'이라 불릴 정도로 강단이 있는 정치인이었고 공과가 확실히 갈리는 평을 받기도 했습니다.

ISFJ vs. ENTP

ISFJ	ENTP
상세한	진취적인
성실한	독립적인
전통적인	솔직한
충실한	전략적인
조직화된	창의적인
헌신적인	융통성
보호하는	도전적인
섬세한	분석적인
책임감 강한	자원이 풍부한
인정적인	이론적인

ISFJ(보호자·이타주의자)

🐻 ISFP는 책임감이 강하고 온정적이고 헌신적이며 인내력도 강해서 어울리는 키워드는 '보호자 또는 이타주의자'입니다. 자기 생각이나 신념을 어떠한 난관이 있더라도 끝까지 밀고 나가는 경향이 있습니다.

🐻 뭔가 뚝심이 있는 사람에 가깝기도 하면서 헌신적인 느낌도 들고 하는데요. 드라마였던 〈이상한 변호사 우영우〉에서 정명석(강기영 분) 변호사가 이 유형에 해당한다고 할 수 있습니다.

🐻 개인적으로 드라마를 보면서 조금 답답한 느낌이 들기도 했었는데요. 이 유형은 때로는 의존적일 수도 있고 독창성이 부족한 면이 있고요. 다른 사람에게 자신을 명확하게 표현하는 데 어려움이 있습니다.

🐻 자신의 의견을 강하게 피력하지 못하고 명령이나 지시하는 것을 불편해하고 책임감이 강해서 많은 일을 하면서도 도움을 요청하지 못하고, 억울한 일이 있더라도 한참 가슴앓이를 하다가 뒤늦게 말을 하기 때문에 속병이 들기 쉬운 타입이라고 할 수 있죠.

🐻 실제로 드라마 속 정명석 변호사도 병에 걸린 것으로 나왔는데, 성격적으로 할 말을 못하고 끙끙 앓다가 그렇게 된 것일 수도 있겠다는 생각이 듭니다.

ENTP(발명가·토론자)

🐻 ENTP 유형은 '발명가'라는 키워드가 어울립니다. 독창적, 창의적

이고, 넓은 안목을 갖고 있으며 다재다능한 경우가 많습니다. 새롭고 복잡한 문제를 해결하는 능력이 뛰어나지만, 반면에 일상적이고 세부적인 일은 경시하고 태만한 경향이 있고 새롭거나 도전이 없는 일에는 흥미를 쉽게 잃어버리고 관심 있는 일에는 수행능력이 우수한 특징이 있습니다.

발명가, 과학자, 저널리스트, 마케팅, 컴퓨터 분석 등에 적합합니다. 그런데 때로는 경쟁적이기도 하고요. 현실보다 이론에 더 밝은 편입니다. 미국 소설가 마크 트웨인, 발명가 토머스 에디슨, 그리고 가상의 인물이지만 영화 〈캐리비안의 해적〉의 캡틴 잭 스패로우가 ENTP 유형에 해당한다고합니다.

보통은 어렵고 복잡한 문제를 싫어하는데, 이런 문제 푸는 것을 좋아하는 사람들이 있습니다. 예를 들어 지능검사를 할 때 단순하고 쉬운 문제는 '뭐 이런 시시한 걸… 나를 뭐로 보고…' 이런 태도를 보이면서 대충하다가 어려운 문제가 제시되면 갑자기 눈을 번뜩이면서 집중하는 사람들이 있습니다.

병아리를 부화시키려고 알을 품었다는 에디슨의 유명한 일화가 있죠. 퇴학까지 당하지만 자신이 궁금한 것은 끝까지 알아내려고 하는 집념이 매우 강했다고 하는데 그런 면에서 일치하는 것 같습니다.

서로 대조되는 성격유형을 비교해보면서 각 유형별 주요 특징과 약점을 중심으로 성격유형에 따라 어울리는 직업 분야에 대해도 살펴봤습니다. 여러분의 이해를 돕기 위해서 유명인들의 예를 들었는데요. 접근할 수 있는 정보의 한계 등으로 인해 정확하지 않을 수 있다는 점 양해 부탁드립니다. 다음은 MBTI 16개 유형에 적합한 키워드입니다. MBTI 성격유형을 이해하는 데 도움이 되리라 믿습니다.

• MBTI 16가지 유형별 키워드

ISTJ	ISFJ	INFJ	INTJ
(현실주의자)	(보호자·이타주의자)	(상담가)	(전략가·건축가)
ISTP	ISFP	INFP	INTP
(장인)	(성인군자)	(몽상가·치유자)	(설계자·논리학자)
ESTP	ESFP	ENFP	ENTP
(지지자·후원자)	(연예인)	(활동가)	(발명가·토론자)
ESTJ	ESFJ	ENFJ	ENTJ
(사업가)	(부양자)	(선도자)	(사령관)

5장

드라마 인물을 통해
성격유형 이해하기

김쌤　박쌤

🐻 이번에는 드라마 〈나의 해방일지〉와 〈더 글로리〉의 주인공들과 주변 인물들을 통해서 성격유형을 보다 심도 있게 이해하는 시간을 가져보겠습니다.

🐻 둘 다 웰메이드 드라마라는 수식이 아깝지 않은데, 특히 〈더 글로리〉는 국내외에서 모두 호평을 받았습니다. 이 드라마에서는 학교폭력을 학창 시절 철없는 행동으로 보지 않고 이것을 어른들의 사회에서 보이는 '돈과 권력 관계'에 따른 구조적인 문제로 봤다는 것입니다. 드라마 속 가해자 연진이 피해자 동은에게 '사회적 약자'라며 가스라이팅*하는 장면이 나오는데, 아직 어린 청소년들이 이런 언행을 한다는 것이 어른의 입장에서 충격적이도 하고 안타깝기도

• 가스라이팅(Gaslighting): 정신분석가이자 심리치료사인 로빈 스턴(Robin Stern)이 처음으로 규정했는데, 친밀한 관계에서 일어나는 정서적 학대를 의미하는 심리용어.

했습니다.

🐾 연기자들의 신들린 듯한 연기력에 대한 평가도 있었습니다. 캐스팅도 흠잡을 데 없이 완벽했다지만 그런 캐스팅 이전에 하나하나의 캐릭터가 잘 살아 있기 때문이고, 그건 그만큼 캐릭터 분석이 잘되어 있다는 이야기가 되겠죠.

🐾 작가가 심리학을 공부하기라도 한 것처럼 인물들의 성격이 잘 드러나고 있고 그래서 그 인물들 간의 역동적인 케미가 잘 살아났다고 생각해요.

🐾 작가들은 심리학을 따로 공부하지 않더라도 인간의 심리를 잘 통찰하는 능력(N)과 분석 능력(T)이 탁월한 사람들 같습니다.

〈나의 해방일지〉 등장인물의 성격유형

🐾 먼저 드라마 〈해방일지〉의 인물들을 중심으로 살펴보겠습니다.

🐾 '구씨 열풍'을 일으켰던 드라마인데, 성격유형 분석을 하면서 다시 보니 더 재미있었습니다.

🐾 구씨 역할의 배우 손석구가 이 드라마로 일약 스타덤에 오르기도 했어요. 이 배우가 아니었으면 이 정도의 열풍을 일으킬 수 있었을까 싶습니다.

🐾 손 배우도 이 드라마를 '인생드라마'라고 했다고 하더군요.

🐾 드라마 등장인물의 관계도를 보죠. 염재호와 곽혜숙이라는 인물이

• 〈나의 해방일지〉의 인물 관계도

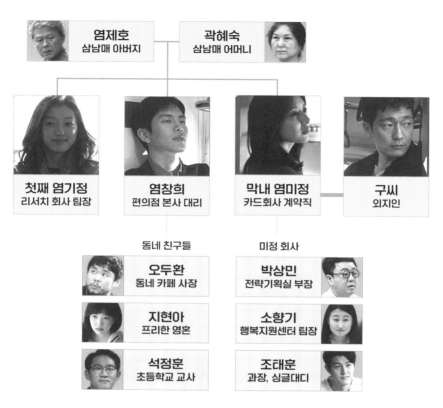

출처: JTBC

부부, 이들의 자녀 중 염기정이 첫째, 염창희가 둘째, 염미정이 셋째
이고, 오른쪽의 인물들이 미정의 회사 사람들, 왼쪽은 동네 친구들
입니다.

 드라마 〈나의 해방일지〉는 경기도에 사는 삼남매가 서울로 직장을
다니면서 겪는 일상과 갈등을 다룬 드라마입니다. 이 드라마는 주

인공 염미정의 성격처럼 아주 조용하고 덤덤하게 시작됩니다. 처음엔 너무 무겁게 천천히 진행되는 거 같아서 끝까지 볼 수 있을까 싶었는데, 시간이 갈수록 서서히 고조되면서 인물들의 성격유형이 하나하나 드러나는 것 같았어요.

🐻 삼남매 중 막내인 주인공 염미정과 그의 주변 인물들이 보이는 행동과 태도, 언어 등을 토대로 그들의 성격유형이 무엇일지 한번 '추론 혹은 추정'해보는 시간을 갖고자 합니다. 여기서 추론 혹은 추정이라고 하는 것은 실존하는 인물을 대상으로 면담이나 검사 등을 통해서 분석한 것이 아닌 데서 오는 한계가 있을 수 있기 때문입니다.

🐻 또한 실제 인물이 존재한다고 하더라도 보이는 측면만을 보고 어떤 유형인지 예상을 할 수는 있겠지만 실제로 검사를 해보면 다르게 나올 수도 있습니다.

🐻 먼저 주인공 염미정에 대해 살펴보겠습니다.

삼남매 중 막내 염미정 : INFJ

🐻 염미정이라는 인물은 조용하고 생각이 많은 타입으로 사람들과 어울리는 것이 불편하지만 겉으로 내색을 하지 않습니다. 속내를 쉽게 드러내지 않고 자신의 감정을 드러내는 것에 불편해하고요. 직관적이고 창의력도 있어 디자이너로서 능력도 갖추고 있지만 상사로부터 인정을 받지 못하고 있습니다.

🐻 직장생활을 하다 보면 이런 유형의 사람들을 종종 보는데 속을 알

수가 없어요. 표현을 안 하니까요. 물어봐도 그냥 조용히 웃기만 하죠. 그래서 상사들이 극 중에서처럼 만만하게 보고 괴롭히는 경우가 있는 것 같습니다.

그러던 어느 날 염미정은 아버지의 일을 도우며 집에서 같이 식사도 하는 구씨에게 관심을 갖게 되는데요. 매일같이 술을 마시는 구씨를 찾아가 다짜고짜 "나를 추앙하라."라고 말합니다.

솔직히 이 장면 보고 '뭐지? 너무 훅 들어오는데?' 싶었거든요.

저도 약간 충격을 받았어요. '가학 피학적인 관계인가?' 그런데 다행히도 그런 병적인 관계로 진행되지는 않습니다. 재미있는 것은 이 뜬금포 같은 그녀의 주문이 구씨에게 이상하게 먹힙니다. 어쩌면 구씨에게 미정은 '메시아' 같은 존재처럼 보이기도 합니다.

두 사람의 관계는 단순히 남녀관계 이상의 무엇이 있는 것으로 보입니다. 누구의 눈치도 안 보는 구씨가 유일하게 미정에게는 '무섭다'고 합니다. 구씨의 심리가 미정에게 읽히기 때문이죠. 미정이 직관형이기 때문에 사물이나 사람을 꿰뚫어 보는 능력이 있다고 할 수 있을 거 같아요.

그녀는 직관적으로 그가 어떤 사람인지를 통찰하고 파악하고 있었던 것으로 보입니다.

그런데 '추앙'이나 '환대' 같은 말은 평상시에 잘 안 쓰는 단어라 좀 어색하게 들립니다.

'추앙'은 드라마적 레토릭(수사)으로 거창하게 표현되었지만, 미정이 다분히 관념적인 사람이라 이렇게 표현한 것 같습니다. 미정이 실제로 생각하는 추앙은 '지지하고 격려해주는 것'이란 의미를 담고 있는 것으로 보이는데, 그 이유는 드라마를 보면 이해될 것 같습니다. 누군가를 지지하고 격려하는 것은 심리상담(이하 '상담')에서도 매우 중요한 요소이기도 하고요. 환대도 비슷한 맥락에서 상대를 수용하고 이해해준다는 정도의 의미일 거라고 생각됩니다.

🐻 방금 상담에서 매우 중요한 요소라고 하셨는데요. MBTI 16개 유형 중에서 INFJ가 상담가라는 키워드를 갖고 있는 것처럼, 염미정이 이 유형에 해당하는 것으로 보이는 점이 많습니다.

🐻 상담은 상대를 비난하지도 않고 판단하지 않고 함부로 충고하지 않으면서 그 사람을 있는 그대로 인정하고 수용해주는 것인데요. 미정은 누가 가르쳐준 것도 아닌데, 타고난 상담가 자질을 가지고 있는 것으로 보입니다. 그리고 구씨가 미정을 추앙하고 환대함으로써 미정은 자신감을 얻게 되고, 미정이 자신감을 얻을수록 구씨도 조금씩 달라지는 모습을 보입니다. 누군가의 성장을 도움으로써 스스로 돕게 되는 것이죠. 상담이 누군가의 성장을 돕기도 하지만, 그러면서 상담가도 같이 성장하거든요.

🐻 마지막 장면에 구씨는 편의점에 들러 습관적으로 술을 사지만, 그 술을 노숙자가 있는 자리에 두고 누군가를 만나러 가는 장면이 인상적이었는데요. 미정은 구씨에게 술을 마시지 말라고 하지 않았지만, 구씨가 자발적인 동기로 술을 마시지 않기로 결정한 것이죠. 있는 그대로를 인정하고 수용해준 효과라고 볼 수 있을 것 같습니다.

구씨(구자경): ISFJ 혹은 ISTJ

🐻 드라마 인물을 MBTI 성격유형의 관점에서 살펴보니 색다른 느낌이 드는데요. 드라마에서는 도통 속을 알 수 없는 미스터리한 인물로 묘사된 구씨는 과연 어떤 유형일지 잘 가늠이 안 되네요.

🐻 구씨는 어느 날 도망치듯 염미정의 집으로 들어옵니다. 드라마 초반에는 그가 어디서 무엇을 하던 사람인지에 대한 정보는 전혀 없습니다. 말없이 미정의 아버지의 일을 돕는 사람으로 나오죠. 마치 오래전부터 알고 지낸 사람처럼 묻지도 따지지도 않아도 서로를 이해하는 듯 말입니다. 손발도 척척 맞고요. 미정의 엄마 이야기로는 시키지 않아도 먼저 알아서 척척 알아서 하는 것이 신기하기만 하다고 하고요.

🐻 미정의 아버지는 구씨를 친아들보다 더 신뢰하고요. 가족이랑 같이 식사하면서도 유일하게 구씨에게만 술을 따라주는 모습을 보면 확실히 그렇다고 할 수 있죠. 아마도 자신의 마음을 그렇게 전달하는 듯합니다. 한때 '구씨 앓이'라는 말이 있을 정도로 이 캐릭터와 이 역할을 연기한 손석구 씨가 엄청 인기를 얻었죠.

🐻 사실 남자들이 표현을 잘 안 하기도 하고 못 하기도 하니까 이런 캐릭터를 여자들은 약간 신비주의에 휩싸여서 보기도 하지만, 사실 별거 없는 경우가 많습니다. 시간이 흐를수록 구씨가 누구인지 밝혀지기 시작하는데, 처음엔 운동선수인가 싶었어요.

🐻 멀리뛰기 장면 말이죠. 진짜 신선했어요! 마치 새가 날 듯 휙~ 하고 뛰어넘는데 이상하게 카타르시스를 느꼈습니다. 그러나 드라마 말

미에 그가 조직폭력배와 관련된 일을 하고 있다는 것이 드러납니다. 일 처리가 깔끔해서 어둠의 세계에서도 구씨를 놓아주려고 하지 않았지만 정작 구씨는 좋아서 하는 일처럼 보이진 않았습니다.

구씨가 술을 매일 마시는 것을 보면 사는 게 즐겁지 않다는 방증일 수 있습니다. 자신이 하는 일이 자기한테 잘 안 맞는 것이 그 이유 중 하나라고 보입니다. 한편으로 그는 말수가 적고 무뚝뚝하고 때론 거칠고 늘 분노에 차 있는 것 같지만, 내면은 매우 섬세한 사람이 아닌가 생각됩니다. 미정의 엄마 말대로 아버지가 말을 안 해도 미리 알아서 일 처리를 한다는 이야기를 통해서도 그가 매우 상대방에게 민감하게 반응한다는 것을 알 수 있죠. 그리고 여자친구의 죽음에 괴로워하고 자신과 관계된 사람들, 심지어 죽은 사람들이 떠올라 자신을 괴롭히고 하루 종일 마음속으로 욕을 한다고 미정에게 말합니다. 겉으로는 강한 척하지만 이로 인해 마음속의 상처와 분노가 괴롭히니까 이를 잊기 위해 술에 의존함으로써 하루하루 버티는 거죠. 그가 미정에게 "난 인간이 싫다, 어느 누구와도 뭔가를 같이 하고 싶지 않다."라고 하는데 그만큼 마음의 상처가 깊다는 의미로 들립니다.

누구보다 일 처리는 잘한다는 데는 긍정적 평을 할 수 있겠지만 앞으로 무얼 어떻게 하면서 살아가야 할지 비전도 없고 미래가 불안해 보이는 인물이기도 합니다. 구씨가 술을 마시는 이유는 늘 긴장 속에서 살기 때문이죠. 편안해지기 위해서 술을 마심으로써 긴장을 푸는 것으로 보이는데 점점 알코올중독이 되어가는 문제가 생

겁니다.

🟫 그러던 중 만난 미정은 그에게 한 줄기 빛과도 같은 존재가 아니었을까 생각됩니다. 사실 극 중 전철에서 그에게 "내려!"라고 하는 말을 듣고 따라 내리게 된 것도 알고 보니 미정이었고, 그가 술을 마시고 있을 때 자신을 추앙하라며 그에게 할 일을 주거나, 그가 위험에 처했을 때 나타나 구해준 것도 바로 미정이었습니다. 그에게 미정은 구세주나 다름없는 존재죠.

🐰 나이는 구씨가 훨씬 더 많은데, 마치 중2병 걸린 남학생과 선생님 같은 느낌이 드네요. 저는 구씨가 ISTJ인가 싶었는데, 듣고 보니 ISFJ일 수도 있겠다는 생각이 듭니다.

🟫 극 중에서도 구씨가 어렸을 때 어떻게 살았는지 가족관계는 어떤지 전혀 소개가 없어서 판단하기 좀 애매하지만요.

삼남매의 아버지 염재호: ISTP

🟫 다음에 살펴볼 인물은 아버지 염재호입니다.

🐰 굉장히 고집 세면서도 과묵한 스타일로 전 기억하는데요. 염재호는 ISTP에 해당하는 것으로 보입니다.

🟫 ISTP 유형은 겉으로 참 정확하게 드러나는 유형 중 하나인 것 같습니다. ISTP 유형은 말이 없고 객관적으로 인생을 관찰하며 일과 관계되지 않으면 어떤 상황이나 인간관계에 관여하려 하지 않고 가능한 에너지 소비하지 않으려고 하며 연장, 도구, 기계를 다루는 데 뛰어나며 사실들을 조직화하는 일에 적합한 유형이라고 했는데, 가장

부합하는 직업으로 농부와 군인입니다. 농부와 군인들이야말로 이런 능력이 필요한 직업이라고 할 수 있습니다.

염재호는 정말 아침부터 늦은 저녁까지 묵묵히 일만 하죠. 마치 일을 하기 위해서 태어난 사람 같다고 할까요. 자신의 감정을 표현하는 일이 거의 없고 표현하는 것이 매우 어색해 보이고 싱크대 공장에서 직원(구씨)과 호흡을 맞춰 일을 하고 주말이면 삼남매와 함께 온 가족이 밭일을 하는 것이 삶의 전부로 보입니다. 드라마에서 가족이 함께 식사하는 장면이 몇 차례 나오는데 아버지가 참 말이 없더라고요. 아들과 다툴 때나 대화가 좀 오가는 것 같고요.

가족들과 구씨가 함께 식사할 때도 말을 하는 사람이 하나도 없습니다. 뭐랄까. 잔정이 없다고 해야 하나. 사고형(T)들은 대개 친절함과는 거리가 멉니다. 말없이 구씨에게만 술 한잔 따라주고요. 아들 창희에게는 가끔 화를 내기도 하지만 구씨에게는 살갑게 대합니다. 마치 두 사람이 원래부터 알던 사이처럼 깊은 대화를 나누지 않았지만 서로 뭔가 통하는 것처럼 보입니다.

이런 성격 때문에 가족들은 답답하기만 하고요. 또 다른 한편으로 고집불통 아버지로 인해 자신들이 많은 불편을 감수하고 있다고 생각하지만 그래도 이에 순응하며 하루하루 살아가는 모습이 그려집니다.

농부가 하늘을 탓하지 않는 것처럼 세상을 객관적으로 관조하는 태도로 주어진 일을 성실히 해내는 것으로 보입니다.

삼남매 중 둘째 염창희: ENFJ

🐻 둘째 아들 염창희는 사교성도 좋고 말도 많고 가끔 '자뻑'에 빠지기도 하는 재미있는 캐릭터입니다. 아버지에게 인정받는 아들은 아니지만 나름 사교적(E)이고 인정 많고 인화를 중시(F)하고 참을성 많고 일도 꼼꼼히 잘 처리해서(J) 사회생활도 잘하고 인정도 받고 친구들과도 관계가 돈독한 편이죠. 단점이라면 말이 너무 많다는 것, 자신도 이 사실을 잘 알고 있는 것으로 보입니다.

🐶 처음에는 생각 없이 행동하고 단순한 성격으로 보이더라고요. 하지만 드라마 후반부에 들어서면서 그의 진지하고 책임감이 강한 면모가 드러납니다. 이상하게도 그만 가족 중 유일하게 할머니와 엄마의 임종을 지키게 되고 이후에도 타인의 임종을 지키는 일이 반복됩니다. 그러면서 그에게 남다른 능력이 있음이 드러나게 되는데요. 우연히 '장례지도사'라는 수업을 듣게 되면서 그는 운명적으로 자신이 해야 할 일이라는 것을 직감하게 됩니다.

🐻 누군가의 죽음을 미리 예감하는 능력은 직감이나 영감과 같은 능력(N)이 필요합니다. 죽은 사람과 유족들의 마음을 살피고 마지막을 정리해주는 일은 쉽지 않지만, 창희는 그 일이 자신이 해야 할 일이라고 직관적으로 알게 된 것이죠. 창희가 ENFJ 유형이라고 가정한다면 잘 어울릴 것이라는 생각이 듭니다.

🐶 지금까지 〈나의 해방일지〉의 가족들을 중심으로 그들의 성격유형을 살펴보았는데요. 다른 형제들에 비해 미정이 유독 인간관계를 힘들어하는 것 같아요. 아버지가 좀 무뚝뚝하고 엄마도 너무 바빠

서 정신이 없긴 하지만, 아주 화목한 가족이라고 할 순 없어도 그렇다고 특별한 문제가 있는 것 같지도 않은데요.

네, 특별히 문제가 있는 가족이라고 하기는 어렵고요. 가족 간의 역동을 살펴볼 필요는 있을 것 같습니다. 이를 통해 인물들 성격을 이해하는 데 도움이 될 듯합니다. 무뚝뚝하고 일 중독자에 가까운 아버지를 도와 하루 종일 안팎을 오가며 일을 하는 엄마는 ESFJ일 가능성이 높습니다. 사실 남자들이 주로 힘을 많이 쓰는 일을 하는 반면, 여성들은 뒷마무리 등을 하면서 조력하는 경우가 많은데, 남자들은 모르는 잔일이 너무 많죠. 엄마의 말대로 하루 종일 안팎을 오가며 일을 하고도 집에 오면 또 집안일을 해야 하고 치다꺼리하는 것이 보통 일이 아닙니다.

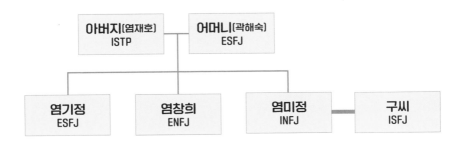

젊어서 자기 눈도 못 쳐다보고 수줍어하는 모습에 반해서 결혼하고 후회했다는 그녀의 말에서 추론해볼 때, 그녀는 정도 많고 다른 사람에게 관심 많고 인화를 중시하고 말하기 좋아하고 부지런하고 정

리정돈을 잘하는 성격으로 보입니다.

🐻 그런 성격을 가장 많이 닮은 자식이 큰딸인 염기정으로 보이고 그녀 또한 사람 좋아하고 잘 어울리며 말하기 좋아하는 성격으로 묘사되고 있습니다. 항상 사람들과 어울려 술을 마시고 있는데, 구씨처럼 술에 의존한다기보다는 사람이 좋아서 술이 필요한 경우입니다. '목이 잘리는 남편의 목을 받아 내는 여인'의 예를 들어가며 누군가와 사랑에 빠질 것을 예고한 후 아버지와 비슷한 남성에게 끌리는 측면을 통해서 자신의 어머니와 비슷한 성격유형임을 암시한다고 할 수 있습니다.

🐶 염창희는 누나 기정하고 티키타카 하면서도 남매로서의 끈끈한 정을 이어가는데, 사람 좋아하고 말 많은 것 등은 누나와 비슷해 보입니다. 미정하고도 비슷한 측면이 있지만, 내향적이고 생각이 많은 미정과 깊이 있는 소통을 하는 것으로 보이지 않고요. 게다가 미정과 기정은 자매이지만 너무 다른 성격 때문에 같은 공간에 있지만 다른 차원의 사람 같다는 느낌입니다.

🐻 미정은 아버지와 비슷한 듯하면서도 한편으로 미정은 아버지와 달리 현실에서의 만족도가 없다는 점에서 다릅니다. 아버지는 힘들기는 해도 자신의 성향에 맞게 살아가고 있지만, 미정은 뭔가 채워지지 않는다는 느낌을 받고 있고 가족 중 어느 누구와도 소통하지 못하고 있는 것으로 보입니다. 관념적인 그녀의 성향과 맞는 사람이 별로 없기 때문입니다. 이런 이유로 본의 아니게 미정은 가족으로부터 소외되고 이런 연장선에서 사회생활에서도 적응하지

못하는 것으로 보입니다. 그러던 중 구씨를 만나게 되고 구씨를 통해 자신을 통찰하게 되고 서로가 서로를 구원하는 형태로 관계를 맺게 됩니다.

성격이 기질과 환경이 만난 형성된다는 점에서 가족 간의 역동이 어떻게 작동하는지 이해하는 데 도움이 될 것 같습니다.

〈더 글로리〉등장인물의 성격유형

드라마 〈더 글로리〉는 학교폭력이라는 민감한 주제를 다루며 피해자가 가해자에게 복수하는 내용을 다루고 있습니다. '왼손이 한 것을 오른손이 모르게'라고 할 정도로 문동은이 짜 놓은 판에서 가해

• 〈더 글로리〉의 인물 관계도

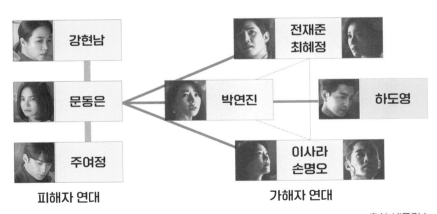

출처: 넷플릭스

자들이 스스로 공격하며 파멸하는 과정을 그리고 있습니다. 오랜 시간 치밀하게 공들여 이런 복수의 판을 설계한 문동은의 성격유형은 무엇일까요?

문동은: INTJ

🐻 주인공 문동은에 관한 이야기를 잠깐만 들어도 오로지 복수를 위해서만 살아온 복수의 화신 같다는 느낌이 드네요.

🐻 고등학교 시절 지독한 학교폭력으로 몸과 마음이 망가진 동은은 18년이란 긴 세월을 오로지 복수만을 위해 하루하루 버티며 살아가는 인물입니다. 치밀한 계획을 세워 자신의 손에는 피 한 방울 묻히지 않고 가해자들이 서로를 배신하도록 만들어 최악의 완벽한 불행을 선사합니다.

🐻 학교폭력도 일어나서는 안 되는 일이고 복수 또한 미화해서는 결코 안 되겠지만 조용하고 맹렬하게 서서히 상대를 파괴시키는 방법은 상당히 신선하게 다가왔습니다.

🐻 총이나 칼과 같은 방식으로 문제를 해결하려고 하지 않았다는 점에서 다른 나라의 시청자들은 놀라워했다는 이야기도 들었어요. 드라마에서 보여주는 동은의 행동이나 사고방식, 태도 등을 종합해보면 INTJ에 가까울 것 같습니다. 18년이란 긴 세월 동안 하나의 목표에 집중하며(I) 장기간의 비전과 지략(T)을 가지고 있지 않았다면 그녀의 복수는 실행되지 못했을 것입니다. 목적달성을 위해 자신의 모든 것을 걸고 집요하게 자신을 가해했던 목표물, 연진 패거리를 하

나하나 제거해갑니다(J). 피해자의 연대를 통해 가해자의 연대를 깨고 가해자가 서로를 파멸시키도록 만들기 위해서는 전체적인 판을 읽는 능력이 필요하겠죠(N).

🐻 극 중에서 경찰이 "이 모든 것의 설계자가 당신입니까?"라고 질문하는 장면이 나오는데요. 경찰의 이 질문이 그녀의 성향을 잘 설명해주는 것 같습니다. 공교롭게도 동은의 MBTI 성격유형이 저랑 같지만 저는 저렇게 하지 못할 것 같습니다.

🐵 같은 유형이라고 해서 모두 동은처럼 할 수는 없습니다. 동은은 낮에는 공장에서 일하고 밤에는 검정고시 준비를 해서 대학을 가고 선생님까지 된 능력자입니다. 게다가 거의 트라우마(외상)에 가까운 충격적인 학교폭력을 당하고도 당당히 살아남아서 복수를 완성한다? 이런 복수를 감행하고 성공해내는 것을 볼 때 분명 평범한 인물은 아닙니다. 드라마 중 동은의 직장 동료가 폭력배를 동원해 폭력으로 복수하라고 조언하지만 그렇게 하지 않죠. 지우려 해도 지워지지 않는 몸과 마음의 상처가 그녀를 극단적으로 몰고 갔겠지만 그럼에도 자신의 성향에 맞는 복수법을 선택했다는 것이 중요하다고 봅니다.

🐻 그래서 INTJ를 전략가라고 하는 거겠죠. 혹시 작가가 이런 성격유형을 알고 캐릭터를 만들었나 싶을 정도로 이 캐릭터와 잘 부합한다는 생각이 듭니다.

주여정: ISFJ

 주여정은 병원장의 아들로 태어나 의대에 진학했고 그러던 어느 날 우연히 동은을 만나게 되죠. 그리고는 동은의 복수를 위해 '칼춤 추는 망나니'가 되어주기로 합니다. 처음에는 단순히 동은을 좋아하기 때문인 건가 싶었으나, 그에게도 말하지 못한 속사정이 있습니다. 여정은 갑작스럽게 아버지가 살해당하고 이 사건으로 엄청난 충격을 받는데요. 아버지를 죽인 범인은 다름 아닌 아버지에게 수술을 받은 흉악범이었습니다. 아버지가 무엇을 잘못한 것인지, 범인은 왜 아버지를 죽인 것인지 이해할 수 없어 범인을 찾아가지만 어떻게 복수를 해야 할지 막막해하죠.

 기본적으로 여정은 온정적이고 섬세하고 타인을 배려하는 성격으로 보입니다. ISFJ는 책임감이 강하고 온정적이고 헌신적이며 침착하면서도 인내력이 강해서 '보호자 또는 이타주의자'라고 표현되는데요. 여정이 단순히 동은을 좋아해서만이 아니라 동은을 어떻게 해서라도 도와주려고 안달인 모습은 그가 의사로서 환자를 돌보는 장면에서도 쉽게 확인할 수 있죠. 의사가 천직인 것으로 보입니다.

 겉으로 보면 동은이 여정을 필요로 한 면도 있지만 심리적으로 보면 오히려 여정이 동은에게 의존하고 매달리는 것처럼 보입니다. 그는 어디론가 달려가야 하지만 어디로 가야 할지 모르고 있었고 반대로 목표를 향해 충실히 달려가는 동은을 보며 한편으로 의지하면서 동은을 통해 자신이 갈 길이 어딘지를 알고 싶어 한 게 아닌가 합니다.

하도영: ESTJ

🐻 또 다른 남성으로 동은이 가장 죽이고 싶은 가해자 연진의 남편 하도영도 미스터리한 인물 같습니다.

🐶 하도영은 건설회사의 대표로 그의 인생에 실패란 존재하지 않는 것처럼 완벽한 인물로 그려집니다. 연진 패거리 중 하나이자 내연남인 재준이 하도영이 어떤 사람인지 묻자, 연진의 친구 혜정이 "나이스한 개××"라고 하죠. 정말 인상적이었습니다.

🐻 '나이스'와 '개××'라는 상반된 단어의 조합이 이 인물을 잘 설명해 주는 것 같습니다.

🐶 장단점이 극명하고 확연히 보이기 때문이 아닐까 생각해요. 그가 평소 보이는 모습은 매우 신사적이고 매너 있고 지적이고 깔끔합니다. 그러나 사람을 대할 때를 보면 인간미가 없어 보일 때가 많아요. 예를 들면 이런 식이죠. 연진이 왜 자신을 선택했냐는 질문에 "옷을 가장 적게 입었는데, 그게 다 디올이어서."라고 답하기도 하고 연진이 "나하고 헤어지고 싶어?"라고 묻자 "주가 떨어지면 방어가 어렵다. 헤어지는 것은 나중 일"이라며 매우 현실적이고 계산적인 답을 합니다.

🐻 "삼각김밥이 탄수화물이어서 안 먹는다."라는 말을 할 때도 좀 웃겼어요. 이 사람 상당히 보이는 것에 충실하구나, 자기 관리도 철저하고.

🐶 결과를 눈으로 확인할 수 있고 성과를 낼 수 있는 건설업체의 대표야말로 그에게 최적의 일이 아닐까 싶습니다. MBTI 유형으로 따진

다면 ESTJ에 가까울 것으로 판단됩니다. 그러나 연진이라는 캐릭터를 겉만 보고, 그 화려함만을 보고 선택함으로써 자기 발등을 찍는 실수를 한 거죠.

🐻 그래서 연진의 악행을 알고 나서도 매우 현실적인 반응을 하는데요. 그가 연진의 악행을 다 알고 나서도 동은에게 헤어질 생각이 없다며 그 이유를 지금 안 사실이기 때문이라고 말하는 장면이 있습니다. 그에게는 헤어질 만한 현실적인 이유가 없다는 이야기로 들리는데요. 연진과 헤어질 결심을 하게 된 시점은 그녀가 살인을 했다는 결정적인 증거가 나온 이후입니다.

강현남: ESFP

🐻 동은이 복수에 성공하는 데는 조력자들의 도움도 큰데요. 특히 강현남이라는 인물이 그렇습니다.

🐻 현남은 가정폭력에서 벗어나기 위해 동은의 조력자가 되는 인물입니다. 자신을 "매 맞지만 명랑한 년"이라고 소개하는 말로 동은을 웃게 만들기도 합니다.

🐻 가정폭력을 당하고 사는 사람이 스스로 '명랑하다'는 말을 하는 것을 보고 웃프면서도 자신을 정확하게 알고 있다는 생각이 들었습니다.

🐻 '명랑'이라는 단어는 그녀를 잘 설명해준다고 볼 수 있어요. 비록 폭력적인 남편으로 인해 억눌린 채 살아가지만, 기본적으로는 쾌활하고 낙천적인 성격의 소유자죠. 폭력적인 남편으로 인해 억눌

려 살던 그녀는 동은을 만나면서 자신의 실제 모습을 찾으며 즐거
워합니다.

🐻 새로운 도전을 두려워하지 않고 적응을 잘하는 모습을 보여주는데
스스로 자기 능력을 '타고난' 것 같다고 말하는 장면이 있어요. 자기
다움을 찾아가는 것으로 볼 수 있겠습니다.

🐻 마치 연기자가 된 듯이 상황에 맞게 적응하는 모습을 보면 ESFP가
가장 맞는 유형으로 보입니다. 동은이 복수를 위해 연진 등의 페이
스북과 인스타그램를 검색하면서 "뭘 이렇게 자꾸 배워야 할 줄 몰
랐다."라고 말하는 장면이 있습니다. 동은은 판단형(J)이라서 변화
를 별로 좋아하지 않는 것으로 보이죠. 이에 반해 현남은 반복되는
일을 싫어하고 새로운 일, 변화를 즐기는 것 같습니다.

🐻 동은이 복수를 위해 치밀한 계획을 세우고 하나하나 실행해나가면
서도 새로운 환경에 적응하는 것을 어려워하는 특성이 판단형의 특
성을 잘 보여준다고 할 수 있습니다. 반면에 현남은 새로운 도전을
즐기는 모습을 보여주고 연진과 그 외 인물들의 뒷조사를 하면서
벌어지는 예기치 못한 상황에 다른 사람인 척하거나 자는 척하거나
하는 등등 임기응변식의 대처를 능숙하게 보여주었죠.

🐻 이는 현남이 인식형(P)이라 가능한 대응이라고 할 수 있습니다. 이
런 유연한 대처는 장점일 수도 있지만, 심사숙고를 해야 하는 상황
임에도 그때그때 위기만 모면하면 된다는 식으로만 대응하다 보면
문제가 생길 수도 있습니다. 변화에 잘 적응하는 것은 분명 능력이
지만 '돌아서면 바로 드러날 거짓말을 하는 것'과 같이 그 상황만 모

면하는 식으로 대응하면 '신뢰를 잃어버리게 되는' 결과를 낳을 수 있다는 것이죠.

박연진 등 그 외 인물

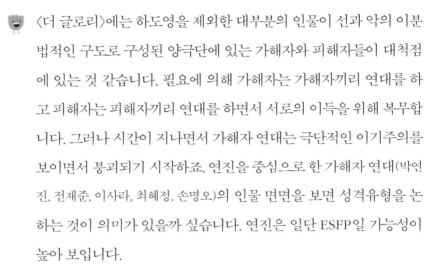

〈더 글로리〉에는 하도영을 제외한 대부분의 인물이 선과 악의 이분법적인 구도로 구성된 양극단에 있는 가해자와 피해자들이 대척점에 있는 것 같습니다. 필요에 의해 가해자는 가해자끼리 연대를 하고 피해자는 피해자끼리 연대를 하면서 서로의 이득을 위해 복무합니다. 그러나 시간이 지나면서 가해자 연대는 극단적인 이기주의를 보이면서 붕괴되기 시작하죠. 연진을 중심으로 한 가해자 연대(박연진, 전재준, 이사라, 최혜정, 손명오)의 인물 면면을 보면 성격유형을 논하는 것이 의미가 있을까 싶습니다. 연진은 일단 ESFP일 가능성이 높아 보입니다.

ESFP는 현남과 같은 유형이지만, 연진과 현남은 마치 완벽하게 다른 유형 같아 보입니다. 사람들 앞에 나서는 것을 좋아하고(E), 현재를 중시하고요(S), '옳다, 그르다'보다는 '좋고, 싫음'으로 판단하고요(F). 계획적이고 정리정돈을 잘하기보다는 즉흥적이고 적응력이 좋은(P) 편으로 보입니다.

현남이 ESFP의 장점을 주로 보여준다면, 연진은 단점, 그러니까 깊이가 결여되어 있고 즉흥적이고 충동적인 측면, 의존적이고 나태하고 무책임한 면 등을 주로 보여줍니다.

연진이라는 인물은 MBTI 유형만으로 설명하기에는 많은 한계가 있습니다. 사실 연진이 어떤 유형이냐보다는 그냥 소시오패스가 아닌가 생각됩니다.

성격장애(인격장애)의 특성을 보이기 때문에 자기애성 혹은 연극성(히스테리성) 성격장애와 반사회성 성격장애가 의심됩니다. MBTI 성격유형별 특성만으로는 설명하기 애매한 부분이 바로 연진의 이런 성격장애적 특성이라고 생각되는데요. 어려서 연진이 보이는 각종 일탈행위와 가학적이고 폭력적인 행위는 품행장애가 의심됩니다. 품행장애는 아직 성격이 형성되기 이전인 아동·청소년기에 해당되는 장애이고, 이 시기에 적절한 개입이나 치료를 받지 못한 채 성인이 되면 반사회성 성격장애가 될 수 있습니다. 참고로 성격이 성인기에 이르러서야 형성되기 때문에 미성년자인 아동·청소년기에는 성격장애로 진단되지는 않습니다.

연진의 어머니는 부정한 방법으로 돈과 권력을 얻은 것을 보이며 이기적이고 냉정한 인물입니다. 자신의 안위를 위해 기꺼이 딸을 버리죠. 이런 엄마로부터 제대로 된 사랑을 받았을 리 없고 사랑과 애정에 대한 욕구 좌절은 분노감을 양산합니다. 이 분노감을 자신의 엄마에게 직접적으로 표현하면 엄마에게 버림을 받을 수 있기 때문에 상대적으로 덜 위험한 다른 대상에게 전위되어 표출되기 쉽습니다. 학교폭력을 일삼는 아이 중 부모에 대한 적개심을 약한

• 전위(displacement): 위험한 욕구나 충동을 다른 대상으로 자리를 바꾸어 표현을 하는 것. '종로에서 뺨맞고 한강에서 눈흘긴다'

친구들에게 표출하고 해소하는 경우가 많아요.

그러면서 한편으로는 자신의 꿈은 '현모양처'라며 오랫동안 관계를 맺었던 재준이 아닌 재평건설 대표와 결혼합니다. 아버지의 정을 모르는 연진은 자신을 보호해줄 든든한 재력의 소유자인 하도영을 선택한 것으로 보이는데요. 위기상황에 직면했을 때 연진과 연진의 엄마가 점집을 찾아가 몸을 숨기는 것을 보면 이 모녀의 심리상태가 매우 취약하다고 생각됩니다.

극 중 인물을 통해 MBTI 유형별 특징을 살펴보았습니다. 드라마라는 특성상 등장인물의 성격은 극적이면서도 정형화되어 있어 현실의 우리와는 다소 거리가 있을 수 있습니다. 환경에 적응하고 주변 사람과 원만한 관계를 유지하기 위해서 자신의 심리 선호만을 고집할 수는 없을 테니까요.

그래도 자신의 성격유형을 알고 상대방의 성격유형을 아는 것은 서로 조화를 이루며 살아가는 데 도움이 되리라 생각합니다. 자신이 MBTI 유형에 따라 조금 더 자기다운 모습을 찾아가는 데 도움이 되는 수단으로서 잘 활용되면 좋겠습니다.

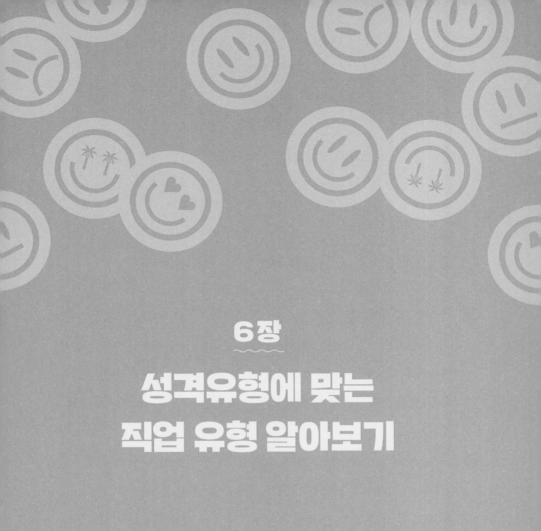

6장

성격유형에 맞는
직업 유형 알아보기

김쌤 박쌤

우리 모두에게는 장점과 단점이 동시에 존재하기 때문에 자기 성향의 강점을 잘 알고 이를 적극적으로 살리며 단점을 보완하는 것이 중요합니다. 예를 들어 부모가 왼손잡이가 두뇌 발달에 좋다는 이유로 오른손잡이를 왼손잡이로 만들려고 한다면 이 아이는 왼손과 오른손 둘 다 어눌하게 사용하게 될 겁니다.

또는 자신의 단점에만 초점을 맞추게 되면 자신이 편안하게 잘 사용하는 기능이나 능력을 제대로 발현하지 못하게 될 수 있습니다. 우리가 가지고 있는 잠재력이나 능력을 충분히 발휘할 수 있느냐는 직업의 영역에서도 중요하다는 것은 두말할 필요가 없잖아요.

맞습니다. 내향적 에너지가 강한 사람이 대면 서비스업에 종사할 때 외향적인 사람보다 상대적으로 에너지를 더 써야 하기 때문에 더 힘들다고 느끼고 만족감도 떨어질 수 있습니다. 내향적인 사람들은 내적 활동에 주로 에너지를 쓰기 때문에 외적인 환경에 자주 노출되면 평소 쓰지 않던 에너지를 추가로 소비해야 하기 때문입니다.

🐻 직업을 선택하는 데는 여러 명분이 있을 수 있겠지만 심리적 성향에 따른 강점과 약점을 고려하는 것도 중요하겠네요.

🐻 그래서 이번에는 MBTI 성격유형에 따라 어떤 직업이 더 적절한지 알아보려고 합니다.

성격유형에 맞는 직업

🐻 성격유형에 맞는 직업을 알아보려고 하는데요. 이러한 정보가 절대적인 것은 아닙니다. 타고난 심리적 선호 경향과는 다소 거리가 있는 직업에서도 능력을 인정받으며 생활하거나 적절한 스트레스 관리를 통해 잘 적응하며 살아가는 분들을 주변에서 얼마든지 볼 수 있습니다.

🐻 MBTI 성격유형에 따른 강점과 단점을 직업 탐색의 측면에서 살펴보고 이왕이면 자신에게 더 맞는 직업을 찾아본다거나 현재 몸담은 직장에서 조금 더 잘 적응할 방법을 모색하는 것도 좋습니다. 그런 면에서 직업을 선택하는 데 있어서 성격유형을 고려하면서 직업을 탐색하는 것은 의미가 있겠습니다.

🐻 앞서 4가지 선호지표를 이야기했는데, '에너지 방향' '인식기능' '판단기능' '생활양식'을 기준으로 직업과 관련해서 먼저 이야기하고자 합니다(2장 및 42쪽 표 참고). 먼저 내향과 외향은 에너지의 방향

인데요. 내향형은 높은 집중력을 필요로 하면서 개인적으로 일하는 분야가, 외향형은 다양한 관심사를 가지고 타인과 소통하는 분야에서 능력을 발휘하기 좋습니다.

감각과 직관에서는 감각형은 과거의 사실적 데이터를 다루며 현재를 분석하고 실제적인 일은 하는 분야에서, 직관형은 창의적이고 독창적인 아이디어로 새로운 가능성을 다루는 분야에서 일하는 것이 더 좋습니다.

사고와 감정에서도 사고형은 논리적 분석이나 체계적인 일들에서, 감정형은 공감과 배려 또는 이상적인 가치와 신념이 요구되는 분야가 적절할 수 있습니다. 예전에 대학생을 상대로 유형검사를 실시하고 상담을 해보면, 감각형은 현실적이고 구체적인 직업군을 이미 정해놓고서 확인하기 위해 검사를 하는 경우가 많고, 직관형은 졸업반이 되어도 뭘 해야 하는지 모르겠다며 애매하고 이상적이거나 추상적인 이야기만 늘어놓는 경우가 많더라고요. 현실감 없이 이상만 높은… 제가 그랬거든요.

사고와 감정에서도 사고형은 논리적 분석이나 체계적인 일들에서, 감정형은 공감과 배려 또는 이상적인 가치와 신념이 요구되는 분야가 적절할 수 있습니다.

저는 공감보다는 분석을 주로 하는 사고형이다 보니, '친절하지 않다, 딱딱하다'는 컴플레인을 받을 때가 종종 있어요. 그런데 간혹 이런 냉철한 분석을 좋아하는 분들도 있더라고요. 아무튼 노력한다고 해도 사고형들은 친절함과는 거리가 멀어요. 눈빛이나 말투에서부터 다른 것 같습니다.

🐻 끝으로 인식과 판단에서 인식형은 임기응변과 유연한 대응이 필요한 분야에서, 판단형은 상대적으로 변화가 적고 계획적인 업무 처리에서 강점을 발휘할 수 있겠네요.

🐻 저는 인식형이다 보니 자유분방하고 변화를 추구하는 편이라 아무래도 조직생활은 잘 안 맞더라고요. 그래서 사회생활을 하면서 욕을 많이 먹었습니다.

🐻 전 판단형이라서 새롭게 뭔가를 하는 것이 좀 부담스럽습니다.

🐻 이렇게 4가지 선호지표에 대한 이해를 직업과 관련해서 살펴봤는데요. 지금부터는 각 유형을 중심으로 구체적인 사례를 통해 알아보겠습니다. 유형별 키워드가 기억나지 않는다면 90쪽을 참고해주세요.

🐻 각 유형에 따른 선호, 비선호 직업의 목록을 함께 소개하겠습니다.

• 각 유형에서 선택할 비율이 높은 순서대로 제시된 것으로서 이러한 직업목록은 미국 CAPT(Centerfor aplications of Psychological Type)의 컴퓨터 채점을 실행하는 MBTI^R 자료은행으로부터 수집된 정보로 일부 내용을 인용했다.

ISTJ: 절차에 따라 임무를 완수하는 현실주의자

높은 집중력(I)과 현재와 사실 중심(S), 논리적이고 분석적(T), 조직화(J) 능력이 필요한 직업

🐻 기술적, 생산지향적, 과업지향적, 기존의 사실적 데이터를 기반으로 체계적이고 조직적으로 처리하는 일에 적합합니다. 정부나 공기업 관련 공공서비스, 개인사업 분야의 관리직이 이 유형에 잘 맞는다고 볼 수 있습니다.

🐻 관리자로서 효율성을 발휘하며, 신뢰감을 줄 수 있고요. 조용하고 침착하고 완벽주의적인 성향으로 주변 사람들의 신임을 받는 경우가 많습니다. 그러다 보면 과중한 업무에 시달릴 가능성도 크고요. 업무환경이나 시스템이 자신의 생각과 다르더라도 그 절차를 수용하고 임무를 완수할 수 있는 유형입니다.

🐻 현실적, 구체적, 기술적이고 세밀한 지식, 실제적이고 수작업과 관련된 직업이나 구조적이고 요구와 보상이 명확하고 책임, 지위와 안전이 보장되는 직업이나 분야에 적합하다고 할 수 있습니다.

🐻 내향형이다 보니 혼자 일하는 것을 좋아하고 여럿이 함께 일한다고 하더라도 소집단이 좋습니다. 그리고 미리미리 준비하는 편이고 분명한 결과가 도출되도록 완벽하고 효율적으로 일할 수 있는 여건도 중요합니다.

🐻 소위 FM 같다는 느낌도 살짝 들기도 하는데요. 직업과 관련 ISTJ의 약점은 융통성이 부족하다거나 계획이나 일정에 집착해 고수하려

• ISTJ 유형의 선호 직업과 비선호 직업

선호 직업	비선호 직업
① 도시개발기술자	① 치위생사
② 철강노동자	② 순수 예술가
③ 경찰: 관리자	③ 상담가: 가출 청소년 담당
④ 관리자: 시, 도, 정부, 중소기업, 공익사업, 회사 중역	④ 성직자
⑤ 교정직 종사자	⑤ 음악가, 작곡가
⑥ 회계사	
⑦ 학교장, 교사(수학, 무역, 산업, 기술)	
⑧ 컴퓨터 전문가	
⑨ 치과의사	
⑩ 회계 감사원	

고 한다거나 세부사항에만 집중해 전체를 보지 못하는 것, 그리고 업무 중심적이고 규칙에 얽매이는 편입니다. 미래의 가능성을 보고 도전하고 위험을 감수해야 한다거나 창의성이 필요로 하는 일에는 적합하지 않을 수 있습니다.

선호 직업과 비선호 직업에서 재미있는 건 선호 직업에는 치과의사가 있고 비선호 직업에는 치위생사가 있다는 점이에요. 같은 분야임에도 하는 일에 있어서 의사는 정확하고 명확하고 세밀하고 기술적인 측면이 강한 데 반해 치위생사는 보다 인간적이고 서비스적인 측면이 필요해서 그런 거 같다는 생각이 듭니다.

참고로 ISTJ는 우리나라 사람들이 가장 많이 속하는 유형인데요. 근면 성실한 측면에서 부합하는 면이 있죠. 단정적으로 말할 수는 없지만 지나친 주입식 교육, 창의적이고 독창적이고 활발한 의사소통을 하지 못하는 사회적 분위기 등의 영향을 받는 것으로 보이는데요. 최근에는 상대적으로 이 유형의 비율이 줄어들고 있다는 것이 사회적 분위기를 반영하는 것이라고도 볼 수 있겠습니다.

ISFJ: 세심하고 책임감 있게 누군가를 돌보는 보호자·이타주의자

높은 집중력(I), 사실에 대한 확신(S), 따뜻함과 공감력(F), 조직화 능력(J)과 관련된 직업

 조용하면서 따뜻하고 예민한 감각으로 한번 일에 몰두하면 끝까지 완수하려고 합니다. 구조적, 조직적인 것을 선호하며 타인을 돕고

• ISFJ 유형의 선호 직업과 비선호 직업

선호 직업	비선호 직업
① 간호사	① 마케팅 전문가
② 관리자: 사무	② 관리자: 회사의 중역
③ 교사	③ 컨설턴트, 경영
④ 의사	④ 배우
⑤ 교사: 유치원	⑤ 사이코드라마 치료사
⑥ 행정가: 사회봉사	
⑦ 언어 병리학자, 치료사	
⑧ 성직자	
⑨ 요식업 종사자	
⑩ 목사	

가시적인 결과를 볼 수 있는 일에 적합하고 세밀한 것에 집중하고 계획적이고 사람에게 주의를 집중하는 분야도 어울립니다. 안정적인 환경과 혼자 일할 수 있는 장소니 공간을 선호합니다.

이 유형의 사람들은 거절에 대해 민감한 편이고 스트레스 상황에서는 비관적이 되거나 평소와는 달리 충동적이 될 수 있습니다.

이 유형에 잘 부합하는 직업은 의사나 간호사와 같은 직업군으로 정리될 수 있을 것 같은데요. 드라마 〈더 글로리〉에서 주여정이 동은의 얼굴에 난 상처를 보고 안쓰러워하자, 동은이 "치료해주고 싶어서 어떻게 참았대?"라며 농담하는 장면이 평소 여정의 성향을 잘 보여주는 것 같습니다.

INFJ: 인간중심적으로 타인의 역량을 끌어내는 상담가

높은 집중력(I), 가능성 파악(N), 따뜻함과 공감력(F), 조직화 능력(J)을 활용하는 직업

대표적인 직업으로 상담을 들 수 있는데요. 여기서 말하는 상담은 상담가로서의 성향을 필요로 하는 일을 포괄적으로 생각하는 것이 맞을 듯합니다. 그래서 인간중심 지향적이면서 사물의 속성과 인간의 본성을 꿰뚫는 통찰, 풍부한 상상력 등을 통해 타인의 가능성을 이끌어내는 직업이 적합하다고 생각됩니다.

공감력과 통찰력, 타인과 조화로운 관계를 맺는 능력, 글쓰기와 화술 등으로 타인의 개발을 돕거나 타인의 신체적, 정서적, 영적 욕구를 돌보거나 위로를 주는 직업 중에서 찾아보는 것도 좋습니다. 예

술적 표현이 필요하고 창의적이고 혁신적이고 독립적이고 자발성
이 요구되는 직업도 괜찮습니다.

🐻 도전적이고 이상주의적이고, 내적 세계에 집중하기 위해 혼자만의
시간이 필요합니다.

🐶 마음이 참 따뜻한 유형인 것 같은데요. 다만 현실적이지 못하고 세
부적인 면을 고려하지 못하고요. 자신의 관심사에만 빠져 주변상
황에 민감하지 못하고 융통성도 부족하고 생각이나 구상을 복잡하
고 비유적으로 표현하는 경향이 있습니다. 또한 경쟁적이거나 긴
장이 높은 환경에 적응하지 못하고 직접적으로 표현하는 데 어려움
이 있습니다.

🐻 드라마 〈나의 해방일지〉의 염미정이 계약직 디자이너를 그만두고

• INFJ 유형의 선호 직업과 비선호 직업

선호 직업	비선호 직업
① 순수 예술가	① 공장 또는 현장 감독관
② 수도승, 승려	② 조사 연구원
③ 교육 분야 컨설턴트	③ 아동 보육사
④ 사이코드라마 치료사	④ 전기·전자 기술자
⑤ 목사, 성직자	⑤ 소방 관리직
⑥ 의사(병리학)	
⑦ 건축가	
⑧ 위기상담자	
⑨ 미술, 드라마, 음악 교사	
⑩ 정신의학 의사	

직장을 옮기죠. 이때 관리직으로 업무가 바뀌면서 편안한 모습을 보여주는데요. 자신의 전공이나 경력과 맞지 않아도 INFJ인 미정이 사람들과 경쟁적이지 않고 갈등이 없는 환경에 만족하는 것으로 생각됩니다.

INTJ: 추상적인 이론을 개념화하고 어려운 문제를 해결하는 전략가
높은 집중력(I), 가능성 파악(N), 논리와 분석(T), 조직화 능력(J)을 활용하는 직업

 오랜 시간 집중하면서 분석을 해야 하는 학술, 과학, 이론, 공학과 같은 분야나 과업지향적이고 추상적인 능력과 인내심이 필요한, 그러면서 창의적으로 생각하고 자발성이 필요한 분야가 적절합니다. 경

• INTJ 유형의 선호 직업과 비선호 직업

선호 직업	비선호 직업
① 건축가	① 요식업 서비스
② 변호사	② 세탁 서비스업자
③ 컴퓨터 전문가	③ 가게주인, 점원
④ 관리자: 행정부	④ 회계사
⑤ 경영 컨설턴트	⑤ 보조교사
⑥ 인력자원 관리자	
⑦ 과학자: 화학, 생명공학, 물리학	
⑧ 엔지니어: 전기, 전자	
⑨ 교수: 대학	
⑩ 심리학자	

영이나 관리직에 종사할 경우에도 개인적인 성향이 드러날 수 있습니다. 성취중심적이고 목표지향적, 도전적, 창의적, 직관적 통찰이 필요한 직업이 좋습니다.

🐻 창의력을 필요로 하는 예술 분야, 기술적 지식과 철학적이고 미래를 계획하고 설계하는 직종이나 직장을 다니면서도 학습의 기회를 모색하고 혼자 일하는 것을 선호합니다. INTJ의 약점이라면 자신뿐 아니라 타인에 대해서도 높은 기준을 요구하고 협업을 해야 하는 상황에서도 독립적으로 일을 하려고 한다는 점입니다. 사교적으로 의사소통을 하지 못하고 지나치게 이론적이고, 현실적이지 못하거나 융통성 없이 자신의 아이디어만 고집하는 경향이 강합니다. 세세한 일상에 대한 무관심하고 일에만 몰두하는 경향도 약점입니다.

🐻 〈더 글로리〉의 동은은 원래 건축가를 꿈꿨는데요. 복수를 위해 자신의 꿈을 접고 교사가 되기로 결심합니다. 오랜 시간 홀로 고민하며 연진을 철저하게 무너뜨릴 수 있는 직업으로 선택한 것인데, 이 또한 동은의 성향이나 적성과 아주 동떨어진 것이 아니었기에 가능한 선택이었다고 생각됩니다.

ISTP: 논리적 분석과 현실적 접근으로 문제해결하는 장인
높은 집중력(I), 사실에 대한 확신(S), 논리와 분석력(T), 적응력(P)이 활용되는 직업

🐻 조용하고 차분하게 현실에 근거해서 비판적으로 분석하며 실용적 접근을 하는데요. 예리한 관찰력을 소유자로 감각적 경험에 대한

욕구가 높고 수작업에 뛰어나고 도구나 기구들을 사용하는 데 탁월합니다. 논리적 분석력과 현실적 접근이 요구되는 분야, 그러니까 건설, 생산, 기술 지향적 서비스를 직접적으로 제공하는 직업이 어울립니다.

🐻 장인정신이 필요한 분야나 과학 분야라면 이론보다는 응용 분야에 적합합니다. 기계를 다루는 직종이나 사실과 실제적 문제들을 논리적·분석적으로 이해할 수 있는 분야가 좋습니다.

🐻 혼자서 독립적으로 일하는 것을 선호하고 순간의 위기에 잘 대처하고 적응력을 발휘할 수 있는 직업이 좋겠습니다.

🐻 약점으로는 장기적 계획보다 현재에 초점을 두는 경향이 있어 미래의 가능성이나 예측에 어려움이 있고, 추상적이고 복잡한 이론 습

• ISTP 유형의 선호 직업과 비선호 직업

선호 직업	비선호 직업
① 농부	① 형사
② 장교, 사병	② 종교교육 지도자
③ 엔지니어: 전기·전자 공학 기술자	③ 행정가: 학생 지도
④ 광부	④ 언론인
⑤ 운송기사	⑤ 교육 컨설턴트
⑥ 치위생사	
⑦ 건물, 창고, 현장 감독관 또는 노동자	
⑧ 기계공	
⑨ 법률 비서, 서기	
⑩ 청소 서비스업	

득을 어려워합니다. 독립적인 성향이 강해 규율이나 계층적인 조직이나 세부사항이나 절차를 싫어한다거나 다른 사람의 요구와 감정에 둔감하고 의사소통을 하고자 하는 욕구가 별로 없다는 점도 고려하면 좋을 것 같습니다.

 드라마 〈나의 해방일지〉의 염재호는 싱크대 공장을 운영하면서 농사를 짓죠. 도구나 기계를 다루는 일에 능하고 농사와 같이 기후나 환경에 따라 변화가 많은 일에 잘 적응하지만 정말 과묵한 사람으로 나오는데요. 타인의 감정에 둔감할 뿐 아니라, 의사소통을 하는데도 욕구가 없는 것처럼 보입니다.

ISFP: 따뜻함과 겸손함을 겸비한 성인군자

집중력(I), 사실에 대한 신뢰(S), 따뜻함과 인정(F), 적응력(P)이 필요한 직업

 현실에 기반을 두고 깊이 있는 감정을 느끼면서 실질적으로 타인을 돕고 도움이 필요한 대상(아이, 동물)을 돕는 일에 적합합니다. 사람에게 직접적이고 실제적인 도움이 필요하고 섬세함이 필요한 직업에 적합하죠. 자연과 함께 하는 것을 선호하고 조용히 적응하면서도 섬세하고 높은 예민성을 보여줍니다. 또한 아름다움에 대한 안목과 감각을 요하는 일을 잘 수행할 수 있습니다. 한편으로 일을 하는 데 있어서 어느 정도의 자유가 보장될 필요가 있습니다. 이론보다는 실제적인 것을 다루는 것에 능하기 때문에 누군가를 돌보고 경쟁적이지 않으면서 실제적인 행동기술을 적용할 수 있는 직업,

지지적이고 독립적이면서도 인간관계를 유지할 수 있는 직업을 추천할 수 있을 것 같습니다.

 ISFP 유형은 이면의 깊은 의미나 가능성, 대안을 보지 못하고 복잡한 업무를 처리하기 힘들어하며 장기적인 목표를 세우고 계획적으로 준비하지 못한다는 약점이 있고 부정적인 피드백을 개인적으로 받아들이거나 갈등상황을 회피해 반대에 부딪히면 쉽게 의견을 접는 경향이 있습니다.

국민 MC라고 불리는 유재석의 경우 인간성 좋기로 정평이 나 있죠. MC라는 직업이 프로그램을 잘 이끌어나가면서도 순간순간 즉흥적이고 융통성을 발휘해야 하고 한편으로 게스트를 잘 배려해야 하는 직업입니다. 게스트 중 어느 한 사람도 소외되지 않게 세심하게 신

• ISFP 유형의 선호 직업과 비선호 직업

선호 직업	비선호 직업
① 가게주인, 점원	① 학생지도 관리자
② 조사 연구원	② 엔지니어: 화학, 항공
③ 사무관리자	③ 과학자: 생물학
④ 치과보조사	④ 치위생사
⑤ 경리직원	⑤ 의사: 병리학
⑥ 기계조작원	
⑦ 청소서비스 종사자	
⑧ 형사	
⑨ 목수	
⑩ 간호사	

경 쓰고 매끄럽게 진행하는 능력이 필요하다는 면에서 ISFP 유형에 적합한 것으로 보입니다.

INFP: 이상적 가치와 신념을 가진 몽상가·치유자

집중력(I), 가능성 포착(N), 따뜻함과 공감력(F)을 발휘하는, 적응적(P)인 직업

 창의적이고 의사소통 능력이 우수하며 타인에 대한 민감성으로 타인을 조력하는 일이 적합하고 사람에 대한 민감성이 높고 이면을 보려는 경향으로 성장과 발전을 촉진하는 직업이 어울립니다. 작문이나 화술에 능하고 언어와 예술에 관심이 많습니다. 프라이빗해서 혼자만의 시간을 필요로 하면서 타인과의 관계를 증진시키고 창의

• INFP 유형의 선호 직업과 비선호 직업

선호 직업	비선호 직업
① 순수예술가	① 형사
② 정신과의사	② 관리자: 소방
③ 상담가	③ 컴퓨터오퍼레이터, 시스템연구원, 분석가
④ 건축가	④ 경영컨설턴트
⑤ 편집자	⑤ 구매담당자
⑥ 연구보조원	
⑦ 언론인	
⑧ 심리학자	
⑨ 종교교육자: 모든 종파	
⑩ 작가	

적이면서 타인을 돕는 직업을 추천해볼 수 있겠습니다.

🐻 INFP 유형의 약점은 일을 조직화하지 못하거나 체계적이지 못하고요. 틀에 박힌 방식이나 경쟁적이고 경직된 구조에서 일하는 것을 힘들어합니다. 특히 남을 비판하는 것도 비난을 받는 것도 힘들어합니다.

🐻 INFP 유형의 비선호 직업 중에 가장 높은 비율을 차지한 직업 중 하나가 '형사'라는 것을 보면 역으로 INFP 유형이 어떤 직업에 적합할지 감이 오리라고 생각됩니다.

INTP: 추상적이고 복잡한 문제를 해결하는 논리학자
높은 집중력(I), 가능성 포착(N), 논리와 분석(T), 적응력(P)을 요하는 직업

🐻 하나의 아이디어에 몰입하는 경향성이 있고 객관적인 비평을 잘하고 복잡한 문제나 쟁점, 주제에 대한 탁월한 이해로 문제분석과 창조적인 해결책을 요하는 직업에 적합합니다. 오랫동안 혼자 집중을 하면서 강한 정신력으로 분석을 요하는 학술, 이론, 공학 등 추상적 주제에 대해 깊이 있는 이해가 필요한 분야가 어울립니다. 모순을 찾고 비평하고 해결방법을 제공하는 능력이 좋습니다. 시장분석, 과학, 집필, 편집, 법률 등 다양한 분야에 적합하고 자율성, 다양성에 대한 욕구가 강하고 잘 적응하고 창조적인 생활양식을 선호하는 반면, 구조적이고 규칙이 많은 업무환경은 선호하지 않습니다.

🐻 INTP 유형의 약점이라면 지나치게 논리적, 비판적으로 접근하는

경향이 강하고 타인의 요구와 감정에 둔감하고 다른 사람과 생각을 공유하지 않아서 업무상 문제가 발생하는 경우가 많고 조직적이고 체계적이지 못하고 현실적이고 세부적인 것을 간과한다거나 단순 업무를 싫어하고 프로젝트에 따라 현저한 역량의 차이를 보일 수 있다는 점을 들 수 있습니다.

 말씀해주신 약점이 개인적으로 와 닿습니다. 저는 이야기한다고 한 거 같은데 지나고 나서 생각해보면 혼자만의 생각이었다거나 충분한 소통을 안 해서 오해를 받는 적이 많았거든요. 그리고 조직적이지 못하고 세부적인 것을 잘 놓치는 것 같습니다. 그래서 잘하는 것과 못하는 것의 역량 차이가 너무 커서 의외라는 반응을 보일 때가 많았어요.

• INTP 유형의 선호 직업과 비선호 직업

선호 직업	비선호 직업
① 화학자	① 종교교육 지도자
② 컴퓨터전문가	② 교육컨설턴트
③ 건축가	③ 가정관리자문가 및 가정학자
④ 연구보조원	④ 치위생사
⑤ 순수예술가	⑤ 관리자: 소방
⑥ 컴퓨터프로그래머, 시스템분석사	
⑦ 법률가	
⑧ 사회과학자	
⑨ 작가나 언론인	
⑩ 심리학자	

ESTP: 임기응변이 능하고 실제 문제해결이 뛰어난 지지자·후원자

다양한 관심사(E), 사실에 근거(S), 논리와 분석(T), 적응력(P)을 요하는 직업

 ESTP 유형은 직접적인 경험을 보다 신뢰하기 때문에, 경험을 통해 배우는 걸 좋아하고요. 사교적이고 융통성 있고 관대해 인간상호간의 갈등 조정에 유능한 분쟁해결사라고 할 수 있습니다. 그래서 변화에 적응을 요하는 직업, 도구·기구 사용을 잘하고 모험을 즐기는 직업, 너무 규칙이 많지 않고 사람들과 접촉할 수 있는 직업을 선호합니다. 활동적, 현실적, 실질적인 접근을 요하는 직업이나 무역, 사업, 판매, 기술지향적 직업들이죠.

자유로움을 느낄 수 있거나 변화와 다양성으로 재미를 느낄 수 있

• ESTP 유형의 선호 직업과 비선호 직업

선호 직업	비선호 직업
① 마케팅 전문가	① 종교교육 지도자
② 형사	② 학생지도 관리자
③ 목수	③ 화학기사
④ 중소기업관리자	④ 조사 연구원
⑤ 경찰관	⑤ 교육 컨설턴트
⑥ 회계감사원	
⑦ 기능직 종사자	
⑧ 농부	
⑨ 창고, 화물운송, 공원관리, 기타 노동자	
⑩ 관리자: 소방	

거나, 그리고 예기치 않은 상황에 적응하는 것을 즐깁니다.

 이러한 ESTP 유형에게도 약점은 있는데요. 장기적인 계획보다는 즉각적인 현 상태에만 초점을 두는 경향이 있고요. 일을 끝까지 완수하지 못하고 진지하지 못하거나 신뢰를 주지 못할 수 있고 심사숙고하지 못하고 몰입하지 못하며 절차나 규칙을 따르지 못하고 충동적으로 행동하거나 태만해질 수 있습니다.

ESFP: 융통성, 사교성, 적응력이 뛰어난 연예인 같은 사람
다양한 관심사(E), 사실 중심(S), 따뜻함과 공감력(F), 적응력(P)을 활용하는 직업

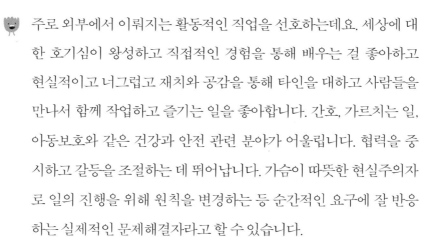 주로 외부에서 이뤄지는 활동적인 직업을 선호하는데요. 세상에 대한 호기심이 왕성하고 직접적인 경험을 통해 배우는 걸 좋아하고 현실적이고 너그럽고 재치와 공감을 통해 타인을 대하고 사람들을 만나서 함께 작업하고 즐기는 일을 좋아합니다. 간호, 가르치는 일, 아동보호와 같은 건강과 안전 관련 분야가 어울립니다. 협력을 중시하고 갈등을 조절하는 데 뛰어납니다. 가슴이 따뜻한 현실주의자로 일의 진행을 위해 원칙을 변경하는 등 순간적인 요구에 잘 반응하는 실제적인 문제해결자라고 할 수 있습니다.

그러면서도 손과 기구를 사용하는 일에도 능숙한데요. 심미적인 감각도 좋아서 디자인, 모형, 조형 등과 관련된 일에도 유능할 수 있습니다. 전반적으로는 자유롭고 다양한 사람들과 상호작용하는 활동이 있는 직업을 선호합니다.

장기적인 관점으로 계획을 세우는 것이 부족하고, 논쟁과 갈등을 회피하며, 혼자 일하는 것을 싫어하고 혼자서 일하거나 몰입하지 못할 수 있고 심사숙고하지 못할 수 있습니다. 규율이나 절차, 규칙을 싫어하고 충동적으로 행동하거나 유혹에 쉽게 넘어가기도 합니다.

〈더 글로리〉의 강현남이 여기에 속한다고 설명한 바 있는데요. 어려운 상황에서도 특유의 '명랑함'을 잃지 않고 동은과도 따뜻한 인간관계를 맺으려고 노력하고 다양한 상황에서 당황하지 않고 적응하면서도 이를 즐기는 듯한 모습이 이 유형을 잘 설명해준다고 생각됩니다.

이런 사람들은 어딜 가든 연예인처럼 인기가 있죠. 사람들에게 유쾌함과 즐거움을 주니까요.

• ESFP 유형의 선호 직업과 비선호 직업

선호 직업	비선호 직업
① 아동 보육사	① 종교교육 지도사
② 운송업 종사자	② 학생지도 관리자
③ 공장 현장 감독관	③ 화학 엔지니어
④ 도서관 직원	④ 정신과 의사
⑤ 디자이너	⑤ 경영 컨설턴트
⑥ 접수계원	
⑦ 레크리에이션	
⑧ 유치원교사	
⑨ 학생지도 교사	
⑩ 요식업 서비스	

ENFP: 따뜻하고 긍정의 에너지를 발산하는 활동가

다양한 관심사(I), 가능성 포착(N), 따스함과 공감력(F), 적응력(P)을 요하는 직업

 ENFP는 영감을 잘 활용하는데요. 다양하고 새로운 활동을 할 수 있도록 하고 문제 해답을 찾는 데 에너지를 줍니다. 사람들의 성장을 촉진하고, 말과 글로 소통, 상상력과 열정, 새로운 프로젝트를 새로운 방식으로 하는 데 유능하죠. 세상일에 적극적으로 참여하길 좋아해서 한자리에 오래 앉아서 하는 일은 어려울 수 있고요. 자발적이고 따뜻하고 낙천적이고 관계에 대해 민감해서 판매, 교육, 상담 관련 분야가 적합합니다.

 적응력이 뛰어나서 타인들과 함께 잘 어울리고 영감을 잘 활용하고

• ENFP 유형의 선호 직업과 비선호 직업

선호 직업	비선호 직업
① 사이코드라마 치료자	① 과학자: 화학
② 언론인	② 농부
③ 상담가	③ 학교버스 기사
④ 교사: 미술, 연극, 음악	④ 관리자: 소매상, 회사 중역
⑤ 학교상담가	⑤ 철강 노동자
⑥ 심리학자	
⑦ 종교교육 지도자	
⑧ 성직자	
⑨ 작가	
⑩ 음악가 혹은 작곡가	

규칙 등이 적은 업무환경을 선호합니다. 변화와 도전이 허용되는 직업, 아이디어를 가지고 계속해서 배울 수 있는 일을 찾거나 세부적이고 마무리하는 일보다 기획하고 추진하는 일을 찾는 것이 좋습니다.

경직된 분위기에서 일하는 것이 힘들 수 있고 현실적인 정보를 간과하거나 조직적이고 체계적이지 못하고 일을 마무리하지 못하고 반복적인 업무를 싫어합니다. 창의성이 필요한 부분이 끝나면 관심과 흥미가 급격히 줄어들어 마무리를 위해서 필요한 세부사항을 놓치거나 딴 길로 새는 경향이 있습니다.

유재석 씨와 콤비로 활동하는 조세호 씨의 경우 이 유형에 해당하는 것으로 나왔는데, 안정적으로 프로그램을 끌고 가는 유재석 씨에 비해 다소 산만하고 천방지축으로 보이는 조세호 씨는 프로그램의 활력을 담당하며 일종의 감초 같은 역할을 톡톡히 하고 있죠. 다양한 사람을 만나서 그들의 성향에 따라 관심사를 공유하고 같이 즐기되 금세 주변의 다른 것으로 관심이 흩어집니다. 지루한 것을 참지 못하는 것처럼 보이기도 하지만, 그런 그의 성향이 안정감을 주는 메인 MC와 묘한 조합을 이루는 양념 같다는 생각이 듭니다.

ENTP: 독창적이고 창조적인 능력으로 새로운 가능성을 여는 개척자

폭넓은 관심사(E), 가능성 포착(N), 논리와 분석(T), 적응력(P)을 발휘할 수 있는 직업

이들은 새로운 프로젝트를 시작하고 새로운 일 처리 방법을 고안하

며 복잡하지만 새로운 문제를 처리하는 능력이 좋습니다. 혁신적이고 분석적 사고를 활용하고, 추상적이고 창조적으로 문제를 해결하죠. 분석하고 논쟁하고 즉각적으로 해결에 성공함으로써 자신의 능력을 검증할 수 있는 직업, 외부 활동이 많고 분석적이며 타인에 대한 예민한 지각으로 사람에 대한 객관적인 접근을 해야 하는 법률, 홍보, 마케팅 같은 분야에 적합할 수 있습니다. 또한 다양성, 창조성, 혁신적인 아이디어를 필요로 하는 직업이 좋습니다.

 직업과 관련된 ENTP의 약점이라면 현실적인 정보를 간과하거나 세부사항을 놓칠 수 있다는 점, 조직적이고 체계적이지 못하고 일마무리에 취약하다는 점, 그리고 창의적인 문제해결이 어느 정도 끝나면 업무에 대한 관심과 흥미가 뚝 떨어지고 마무리를 잘 못하

• ENTP 유형의 선호 직업과 비선호 직업

선호 직업	비선호 직업
① 마케팅 전문가	① 형사
② 언론인	② 공장 혹은 현장 감독관
③ 배우	③ 가정관리 자문가 혹은 가정학자
④ 컴퓨터 시스템 분석가	④ 교사: 중·고등학교의 외국어 담당
⑤ 신용조사관, 금융중개인	⑤ 순수예술가
⑥ 정신과 의사	
⑦ 엔지니어: 화학, 기계	
⑧ 건축가	
⑨ 홍보 관련직이나 광고작가	
⑩ 경영 컨설턴트	

고 딴 길로 새는 경향이 있다는 점을 들 수 있습니다.

🐻 상상력이 부족한 사람과 일하는 것을 힘들어하며 본의 아니게 직설적인 표현으로 상대방에게 상처를 줄 수 있습니다. 예를 들어 훌륭한 작가가 되고 싶다는 사람에게 "너처럼 상상력이 부족한 사람은 결코 작가가 될 수 없어. 하고 싶은 일이 아니라 잘할 수 있는 일을 찾아봐!" 이렇게 말입니다.

ESTJ: 눈에 보이는 성과를 내는 행정가
폭넓은 관심(E), 사실에 근거(S), 논리와 분석(T), 조직화(J)가 요구되는 직업

🐻 객관적이고 현실적으로 의사결정을 하고 열정적으로 행동하며 능동적이어서 효과적인 조직관리에 적합합니다. 분명한 사실에 근거해서 지금 여기에서 일어나는 것을 조직화하길 좋아하고 실용적이고 사실적이며 과제중심적인 상업이나 관련 분야가 좋습니다. 방침이 분명한 체계적인 업무환경에 적합하고 조직을 관리하고 리더십을 발휘할 수 있고 체계적, 구체적, 뚜렷한 결과물과 객관적인 기준이 있는 것을 선호합니다. 방향성을 제시하는 리더십이 있고 사실적 목표지향적 분석이 필요한 관리나 행정 분야가 어울립니다.

🐰 자신의 성향에 따라 함께 일하는 동료의 성향이 어떤지도 중요한 것 같습니다. ESTJ의 경우에는 성급하고 잘못된 결정을 할 수 있고 대인관계에서 분위기를 파악하지 못할 수 있는 약점이 있습니다. 그리고 검증되지 않은 아이디어나 기존의 틀을 깨는 것을 꺼린다거

나 미래의 가능성을 잘 보지 못하고 장기적인 비전과 전략을 세우지 못한다는 것, 목표지향적이라서 목표 추구과정에서 다른 사람의 입장과 감정을 배려하지 못할 수 있습니다. 절차를 무시하거나 꼼꼼하지 않은 사람들을 직설적으로 비난하는 경우가 종종 있습니다.

 이 유형도 매우 분명하고 극명하게 드러나는 성격유형이죠. 애매한 것을 싫어하고 '눈에 보이는 성과와 결과'에 집중해 그 외의 것들에는 무심한 경향이 있습니다. 이들에게 가장 적합한 용어는 '관리자' 또는 '행정가'일 겁니다. 드라마 〈더 글로리〉의 하도영이 이 유형에 속하는 것으로 보이는데요. 건설은 명확하게 눈에 보이는 성과를 확인할 수 있는 일이고, 일 처리는 매우 깔끔해 일과 관련되어서는 신임을 받을 수 있겠습니다. 그러나 지나친 완벽주의적인 성향

• ESTJ 유형의 선호 직업과 비선호 직업

선호 직업	비선호 직업
① 관리자	① 편집장 혹은 리포터
② 교사: 상업, 산업, 기술	② 순수예술가
③ 경찰관: 관리자	③ 목사
④ 학교장	④ 사이코드라마 치료사
⑤ 공장 혹은 현장 감독관	⑤ 변호사: 관리자, 비-실무
⑥ 관리자: 시, 도, 정부	
⑦ 공공서비스 보조 또는 공중보건 종사자	
⑧ 보험대리인, 중계인, 보험업자	
⑨ 사회복지사	
⑩ 경영컨설턴트	

과 인간에 대한 배려는 부족한 것으로 보입니다.

🐻 지나친 현실주의자로 장기적인 미래를 예견하고 준비하는 능력이 부족해 빠르게 결정하는 경향성으로 일을 그르칠 수도 있는데, 그가 동은에게 바둑을 계속 지는 이유가 전체적인 판을 이해하지 못해 전략 전술을 잘 쓰지 못하기 때문일 수 있겠다는 생각이 드네요.

ESFJ: 사람들과 조화를 이루며 성과를 내는 부양자
폭넓은 관심(E), 사실에 근거(S), 온화와 인정(F), 조직화(J)를 요하는 직업

🐻 ESFJ 유형은 대인 간 조화를 중시하고 타인과 함께 실용적인 방법으로 사람들을 잘 돕습니다. 그리고 자신의 가치에 대한 이상화를 하는 경향이 있고 사람과 조직에 충성한다고 합니다. 인간중심적, 돌보고 배려하고 교육하는 일, 열정과 온화, 인정으로 사람들과 직접 대면하는 분야에 어울리죠. 인간중심적이면서 세밀하고 섬세하게 관심을 기울이는 교직, 건강관리, 봉사활동 등의 분야가 적합할 수 있습니다. 그리고 추상적이고 이론적인 것은 좋아하지 않고 구조화되어 있는 업무환경을 선호하고, 일상적인 것에 잘 적응하고 사람들과 관계를 잘 맺습니다.

🐰 하지만 상황에 대한 평가와 결정이 너무 빨라 오판할 가능성, 장기적인 미래의 가능성을 보지 못한다는 약점이 있습니다. 그리고 혼자 일하는 것을 힘들어하고, 칭찬이나 감사 등의 표현을 원하는 반면 상대방의 거절과 비판에 대해 민감한 편입니다. 기존의 틀을 깨

는 것을 꺼리고 변화에 적응하는 것을 어려워하기도 하고요.

 드라마 〈응답하라 1988〉 성덕선(혜리 분)의 성격이 이 유형에 부합하는 것으로 보입니다. 둘째 딸로 태어나 다른 형제에 비해 상대적으로 관심을 덜 받고 자라지만, 특유의 친화력으로 가족뿐만 아니라 동네 이웃과 친구들과도 가족처럼 지내는 모습을 보여주거든요. 성격 좋기로는 둘째가라면 서럽지만 자신은 꿈이 없다면서 힘들어하는 모습을 보이기도 하는데 미래 비전을 갖고 준비를 하거나 미래의 가능성을 포착하는 능력보다는 사람들과 어울리면서 그들에게 필요한 것을 제공하는 데 탁월함을 보여줍니다.

 덕선이 바둑기사 김택(박보검 분)을 따라가 조력하는 모습에서 이런

• ESFJ 유형의 선호 직업과 비선호 직업

선호 직업	비선호 직업
① 교사: 초·중·고교	① 배우
② 접수계원 혹은 의료 보조원	② 정신과 의사
③ 헤어드레서 혹은 메이크업 아티스트	③ 경영 컨설턴트
④ 레스토랑, 요식업 서비스	④ 건축기사
⑤ 가정관리 감독자 혹은 가정 경제학자	⑤ 컴퓨터 전문가
⑥ 치과보조원	
⑦ 아동 보육 종사자	
⑧ 성직자	
⑨ 보조 교사	
⑩ 종교 지도자	

능력을 확인할 수 있었죠. 이후 덕선은 자신의 장기를 살려 스튜디
어스가 되었습니다.

ENFJ: 인화를 중심으로 한 소통능력으로 성과를 내는 선도자

폭넓은 관심(E), 가능성 포착(N), 온화함과 인정(F), 구조화와 조직화(J)하는 직업

 ENFJ 유형이 인간중심적이고 조화를 중시하고 상상력이 풍부하며,
타인에 대한 이해가 탁월해서 가능한 건데요. 열정, 온화함, 인정으
로 인해 사람들과 교류할 수 있는 어떤 분야든 적합합니다. 동료애
를 중요하게 여기고, 타인의 관점을 이해하려고 하고 다양한 견해
를 수용하는 편입니다. 표현적, 정서적, 지적, 영적 개발에 대한 관심

• ENFJ 유형의 선호 직업과 비선호 직업

선호 직업	비선호 직업
① 목사, 성직자	① 레스토랑 종업원
② 가정관리 감독자 혹은 가정경제 학자	② 공장 혹은 현장 감독관
③ 사이코드라마 치료사, 상담사	③ 컴퓨터 조작, 시스템 연구 혹은 시스템 분석가
④ 배우	④ 농부
⑤ 교사: 미술, 연극, 음악	⑤ 사회복지사
⑥ 자살, 혹은 위기개입 상담자	
⑦ 순수예술가	
⑧ 컨설턴트: 일반	
⑨ 음악가 혹은 작곡가	
⑩ 예술가 혹은 연예인	

이 필요하고 사람에 대한 가능성을 중시하는 성직, 상담, 교직이 어울리죠.

🐻 유창한 언어 구사력을 소유하고 있으며, 타고난 대중연설가로서의 능력을 발휘할 수 있는 일이면 좋습니다. 그리고 열정적이고 창조적이고 설득력 있으며 타인에게 영향력을 미치며 타인의 성장을 돕는 일을 선호하며 아이디어와 호기심이 많고 추상적이고 상징적이고 창조적이며 예술적 직업에 관심이 많습니다.

🐻 ENTJ의 약점은 상황에 대한 평가와 결정이 너무 빠르다거나 세부적인 것에 무관심할 수 있다는 점입니다. 경쟁적이거나 긴장감 높은 환경을 좋아하지 않고 갈등을 회피하는 경향성이 강하고요. 지나친 이상주의로 현실적 문제를 간과할 수 있으며 갈등상황에서 현실적이고 논리적이지 못할 수 있습니다.

🐻 드라마 〈나의 해방일지〉에서 염창희는 평소 말이 많은 캐릭터로 나오는데요. 말 많고 생각 없는 가벼운 성격으로 보이지만, 우리가 주목해서 봐야 할 건 그의 주변에는 항상 사람이 많고 그런 그를 친구들이나 동료들이 싫어하지 않는다는 점입니다. 그가 인화를 중시하고 타인을 배려하기 때문인데, 그래서 그가 편의점 관리 일을 하면서 편의점주들에게 인정과 신뢰를 받을 수 있었던 것이고요.

🐻 편의점주들의 전화를 받아서 성심성의껏 응대해주고 그들의 불편사항도 해결해주기 위해 땀을 흘리는 것에 주저하지 않는 모습이었죠. 가끔 여자친구의 비난에 상처를 받고 아버지와 말다툼을 하긴 하지만 결과적으로는 그들을 배려하는 모습을 보여줍니다. 이런

유형은 말을 많이 하지만 그러면서도 유머코드를 잊지 않고 대화를 이끌어가는 능력을 가지고 있으면서 조화를 이루는 직업을 선택한다면 자신의 능력을 잘 발휘할 수 있을 겁니다.

ENTJ: 논리적이고 전략적으로 성과를 이끌어내는 사령관
폭넓은 관심(E), 가능성 포착(N), 논리와 분석(T), 구조화와 조직화(J)하는 직업

 추진력, 리더십 혁신, 분석이 요구되거나 거시적인 상황파악 능력, 미래지향성, 목표지향성, 성취지향적인 추진력과 결합되어 정책을 기안하고 미래를 계획하고 책임지는 위치에 적합하며 아이디어, 복

• ENTJ 유형의 선호 직업과 비선호 직업

선호 직업	비선호 직업
① 경영 컨설턴트	① 형사
② 변호사: 행정, 비개업	② 종교교육의 지도자
③ 인력자원 관리자	③ 공장 혹은 현장 감독원
④ 컴퓨터 조작, 시스템 분석가, 연구자	④ 사무 관리자
⑤ 판매 관리자	⑤ 세탁 서비스업자
⑥ 관리자: 회사 중역	
⑦ 신용조사관, 금융중개인	
⑧ 마케팅 전문가	
⑨ 인사 혹은 노사 관계 활동가	
⑩ 행정가: 대학 혹은 기술 연구소, 보건	

잡성에 대한 이해, 창조성이 필요한 직업 또는 장기계획을 수립하고 스스로 결정하고 자신의 능력을 보여줄 기회가 있는 직업을 선호합니다.

🐻 설정한 목표를 체계적으로 달성하고 관리할 수 있는 일에 유능하고 명확한 기준을 적용해 분석적이고 사실중심적으로 상황과 사람에 대해 평가할 수 있는 능력이 좋습니다. 상징적, 이론적, 추상적인 것들에 대해 관심이 많고 과학 분야, 사회과학, 물리학 등에 관심이 많습니다. 복잡한 문제를 분석하고 새롭고 창조적인 해결책을 발견하는 도전을 즐기고 사람과 상호작용하고 구조화되고 체계적인 업무환경을 선호하는데, 도전적이고 행동지향적, 리더십을 발휘할 수 있는 일이 적합할 수 있습니다.

🐻 ENTJ 유형은 충분한 정보 없이 너무 빠르게 결정하거나 정서적 분위기, 세부적인 것을 간과하기 쉽습니다.

🐻 이 유형에는 유명한 기업가나 정치인들이 있는데요. 그중 한 명이 바로 마가렛 대처라고 할 수 있습니다. '철의 여인(Iron Lady)'이라는 별명이 있을 정도로 그녀가 단행한 정책과 결정들은 영국의 변화를 이끌었죠. 영국 총리 중 가장 긴 11년의 재임기간을 지낸 최장수 총리이기도 하고 〈철의 여인〉이란 영화가 만들어지기도 했는데요. 전통적으로 여성들은 인화를 중시하고 타인을 조력하는 역할을 맡아 왔지만, 마가렛 대처는 그러한 인식의 변화를 준 인물 중 하나로 공과를 떠나 그녀가 보여준 결단력과 리더십 등은 평가받을 만하다고 생각됩니다.

어떤 회사나 기업체에서 일하든 개인적으로 일하든, 어떤 분야에서 일하든 그 분야에는 다양한 구성원이 서로 조력하면서 일하게 됩니다. 각자의 입장에서 최선을 다하면 우리는 만족스러움을 느낄 것입니다.

이상으로 16가지 유형에 맞는 직업에 대해서 알아보았습니다. 각각의 성격유형은 어느 것도 우열을 가릴 수 없이 각각의 장점을 살리고 유기적이고 역동적으로 상호보완할 때 의미가 있습니다. 유형에 맞는 직업은 절대적인 기준이 아니라는 점을 강조드립니다.

7장

MBTI 선호지표별
의사소통법

김쌤 박쌤

🐻 인간에게 의사소통(Communication)의 영향력은 절대적입니다. 의사소통은 말(Speech)과 언어(Language) 또는 비언어적인 행동이나 태도 등을 포함하며 타인과 소통하기 위한 다양한 방법을 사용합니다.

🐰 그중에서 말을 한다는 것은 의미 있는 소리로 표현하는 것을 말하는데요. 갓난아기가 말을 배우는 걸 보면, 처음에는 옹알이로 시작하다가 어느 날 갑자기 '마' 또는 '빠'와 같은 발음을 하면 대부분 부모는 "나를 보고 엄마라고(아빠라고) 했어! 우리 아이는 천재인가봐."하며 환호하며 좋아하죠.

🐻 엄마, 아빠의 이런 반응들이 아기에게 자극을 주고 아기는 점점 더 엄마나 아빠와 같은 단어와 비슷하게 발음하기 위해 노력하면서 말이 늡니다. 이에 비해 언어는 물리적인 말소리 이외에 문자나 그림 등 다양한 형태가 포함됩니다. 그러나 이런 언어적인 표현만으로는 원활한 소통을 하기가 어렵죠. 문자 그대로 '잘한다'라는 의미는 그

때그때만의 뉘앙스에 따라 두 가지의 상반된 의미로 해석될 수 있는데요. 화자가 웃으면서 손뼉을 치며 "잘한다!"라고 하면 칭찬의 의미이지만, 화자가 소위 '썩소'를 지으며 "자알~한다, 자알~해." 하면 정반대의 의미가 될 수 있습니다.

그때그때의 상황이나 분위기 파악을 못 하면 낭패를 볼 수밖에 없어요. 간혹 문자나 메일을 통해 의사를 전달할 때 의미를 곡해하는 경우가 종종 발생하는 이유도 대면해 소통할 때는 표정, 몸짓이나 태도 등 비언어적인 정보, 때로는 더 결정적일 수도 있는 정보를 얻는데 단순 문자만으로는 이러한 정보를 얻을 수 없기 때문이죠.

드라마 〈나의 해방일지〉의 염창희가 여자친구와 말다툼을 할 때 왜 아무한테나 문자 보내면서 불필요한 이모티콘이나 하트, ㅋㅋㅋ 표

드라마 〈나의 해방일지〉 스틸 　　　　　　　　　　　　　출처: JTBC

시나 친밀함을 암시하는 표시(^^) 같은 걸 보내서 오해를 사게 만드냐고 따지는 장면이 나옵니다.

• 문자 메시지에 이모티콘이 사용된 경우와 그렇지 않은 경우

잘 지내죠.		잘 지내죠~
어제 일 고마워.	vs.	어제 일 고마워.^^
잘 들어갔죠?		잘 들어갔죠? ㅋㅋㅋ
수고했습니다.		수고했습니다. 👍

 저도 이 장면 기억이 나는데요. 그러자 여자친구가 대면하고 말하는 게 아니라서 오해할까 봐 그런다고 항변하죠. 대부분 문자를 보낼 때 "네, 알겠습니다."보다는 "네, 알겠습니다^^"처럼 간단한 기호나 이모티콘을 넣어서 자신의 기분을 상대방에게 전달하려고 노력하는 건 보편적 현상인 것 같기도 한데요. 이렇게까지 여자친구를 몰아붙일 필요가 있을까 하는 생각이 들더라고요.

 사실 이런 소통을 잘못하거나 자기중심적 또는 타인의 정서에 무관심한 사람의 경우 집단으로부터 소외될 수도 있고 지속적으로 소통의 문제가 발생한다면 의사소통 장애를 의심해봐야 할 수도 있습니다.

 지금부터 MBTI 선호지표에 따라 의사소통에서 어떤 특징이 있는지 알아보겠습니다.

외향(E)과 내향(I)

외향(E)	에너지방향 ↔	내향(I)
"우리 함께 터놓고 이야기해 보자"		"혼자 생각할 시간이 필요해"

외향(E)		내향(I)
상호작용과 기분전환 추구 토론에서 자유롭게 생각을 나눔 광범위한 주제에 대해 토론 말을 하면서 생각함 아이디어나 정보를 즉시 공유 듣는 것보다 말하는 것을 선호 궁금한 것들을 즉각적으로 질문	에너지방향 ↔	조용하고 차분하게 생각할 시간 필요 일대일 관계를 선호 주제를 깊이 이해하기를 원함 생각하고 말함 듣는 것을 선호 침묵을 불편해하지 않음 질문은 심사숙고함

출처: 한국MBTI연구소® (이하 선호지표 표 동일)

 드라마 〈나의 해방일지〉 중 주인공 염미정이 직장 동료와 나누는 장면 중 아래와 같은 대화 내용이 있습니다.

#S1. 〈나의 해방일지〉에서 염미정이 직장 동료들과 식사하는 장면

직장 동료1: 나 탱고 동호회 갔다가 기겁한 게… 가까이서 숨소리가 왜 이렇게 크니

모두: 으으~

• Donna Dunning 저 / 한국MBTI 연구소 역, 『성격유형과 커뮤니케이션』, 어세스타, 일부 내용 인용 및 수정함

드라마 〈나의 해방일지〉 스틸

직장 동료 1: (탱고 동작) 부장님이 어깨에 손을 얹는데 손이 후끈후끈하고…

모두: 어흐~

🐻 저도 모임에 나가 종종 대화에 끼지 못하고 어정쩡하게 자리만 차지하고 있던 비슷한 경험이 있어 기억에 생생한 장면인데요. 다들 탱고 동호회 이야기로 화기애애한데 유독 미정만 불편해 보이더라고요. 밥이 입으로 들어가는 건지 동료의 이야기는 그저 소음일 뿐 마지못해 웃는 것으로 보입니다.

👾 밥알을 거의 세듯이 깨작거리며 먹는데, 대화에는 끼지 못하고 불편한 심기를 보여주는 것 같았습니다. 동료들이 왜 동호회 가입을 안 하냐고 묻자, 처음에는 웃다가 작은 소리로 "배우고 싶은 것도 없고…" 하자, 또 다른 동료가 "배우려고 가입하나, 놀려고 그러는 거

지, 연애도 하면 좋고."라고 받아치는 장면이 있어요. 이때 미정은 그저 멋쩍은 웃음만 지을 뿐 자신의 속내를 타인에게 정확하게 피력하지 못하고, 바로 응대하고 응수하기 어려워하는 전형적인 내향형의 모습을 보입니다.

🐻 공감이 가는 대목인데요. 이럴 때 내향형들은 속으로 '아, 진짜 시끄럽다. 조용히 밥이나 먹지….'라고 생각할 것 같습니다.

외향형과 소통하기

👾 외향형과 내향형은 서로 소통하는 방식이 다를 수 있을 텐데요. 외향형과 대화할 때 신경 쓰면 도움이 될 것들이 있을까요?

🐻 아무래도 '반응'이지 않을까 싶습니다. 내가 당신의 이야기를 잘 듣고 있다는 표시 같은 거죠.

👾 말씀하신 대로 리액션(Reaction)이 중요한데요. 상담에서는 이런 반응을 '경청'이라고 합니다. 경청은 잘 듣는다는 의미인데요. 우리가 상대의 말을 집중해서 들을 때 어떻게 하죠?

🐻 눈을 마주치고 몸을 앞쪽으로 기울이면서 듣죠. 고개를 끄덕이거나 하는 비언어적인 반응도 보이고요.

👾 맞습니다. 이야기를 듣고 있다는 것을 알려주기 위해 언어적, 비언어적 반응을 계속해서 보여주는 거죠. 예를 들어 '어우~' '그래?' '진짜?' 이런 반응을 섞어주면서요. 그러면 상대방은 신이 나서 이야기를 더 많이 하게 됩니다. 특히 외향형 사람들은 피드백을 원하고 그러면서 상대방과 더 많은 정보를 공유하려고 하거든요.

🐶 외향형의 대화에서의 특징 중 하나는 말하면서 생각을 정리하는 경향이 있다고 합니다.

👾 스트레스를 수다로 푸는 사람들도 적잖이 있잖아요. 저도 가끔 친구랑 이 말 저 말 하다 보면 스트레스도 풀리고 생각이 정리되는 경험을 한 적이 많습니다.

🐶 물론 수다를 좋아하지 않는 사람들도 많습니다만, 어쨌든 외향형은 대화를 시작하는 것을 주저하지 않기 때문에, 바로바로 응대하면서 문제가 발생하면 그것을 직면하고 설명해주는 편이 좋다고 합니다. 그런데 막상 이런 상황이 되면 내향형은 머리가 하얗게 된다고 해야 할까요?

👾 무엇이든 연습하면 늘어요. 어떤 상황에 놓였을 때 바로바로 응대하기가 처음에는 어려울 수 있습니다. 그럴 경우 친한 친구와 이런 상황에 관해 이야기해보거나 혼자서 여러 상황을 머릿속으로 그려보고 연습해보는 것이 도움이 됩니다. 드라마 〈더 글로리〉에서 동은이 부임한 세명초등학교에는 동은을 싫어하는 남자 선생님이 있는데요. 동은과 이사장의 부적절한 관계를 의심하는 듯한 발언을 하면서 그저 "넝담(농담)~"이라고 하죠. 그때 동은이 "선생님은 여자들하고만 싸우실 것 같은데요…. 저도 '넝담'." 하면서 받아칩니다. 아마도 동은은 복수를 준비하면서 수많은 상황을 상상했을 것이고 그럴 때 자신이 어떻게 하면 좋을지 여러 경우를 머릿속으로 그려봤을 것입니다. 그래서 이런 경우도 당황하지 않고 응수했던 것 같습니다.

🐻 그렇습니다. 동은에게 이 남자 선생님이 "난, 드센 ×들이 싫어."라고 하자 동은이 "취향 존중합니다!"라고 하죠. 보통 이럴 때는 당황하고 화를 내거나 울거나 할 텐데, 웃음기 없이 그런데 무례하지 않게 되돌려주는 용기가 저는 멋져 보였습니다.

🐻 상대가 나를 화나게 했을 때 유연하게 되돌려주는 방법이니까, 상대방도 더 이상 화를 내기가 어렵죠. 전에 누군가가 저 보고 "뒤로 호박씨 까지마!"라고 하길래 "너는 그럼 앞으로 호박씨 까니?"라고 하니까 어이없어서 웃더라고요. 그래서 저도 같이 웃고 말았죠.

🐻 드라마 〈나의 해방일지〉의 염미정도 이런 연습을 좀 한다면, 예를 들어 동호회에 가입해서 연애하고 싶다는 친구에게 웃으면서 "그래서 내가 동호회 가입을 안 하는 거야, 이놈의 인기는 식을 줄 모르거든." 하고 답했다면 어땠을까요. 웃으면서 뺨친다는 말처럼요. 그리고 외향형은 침묵을 잘 견디지 못하는 특징이 있는데요. 그래서 대화가 끊기거나 할 때 그 이유를 설명해줄 필요가 있습니다.

🐻 확실히 외향형은 침묵을 견디지 못하는 것 같습니다. 대화 주제도 다양하지만, 대화가 끊길 것 같으면 어떻게 그렇게 또 다른 이야기를 하는지 가끔 신기하기도 한데요. 침묵은 말하고 싶지 않다거나 할 말이 없다거나 생각할 시간이 필요하다거나 화가 났다거나 다양한 이유가 있는데, 외향형에게는 이러한 침묵을 오해하지 않게 미리 설명해주시면 좋겠습니다.

내향형과 소통하기

🐻 내향형과 대화를 할 때도 무엇보다 적극적으로 경청한다는 느낌을 전달하는 것이 중요합니다. 예를 들어 '그래?' '진짜?'와 같은 추임새를 넣거나 비언어적인 반응을 보이는 건데요. 미리 이런 방법을 알아두면 내향형과의 소통에도 큰 도움이 될 수 있습니다.

🐹 내향형은 사생활을 존중하고 신뢰를 쌓고 비밀을 존중하는 것이 중요한데요. 깊이 있는 대화를 할 때는 조용한 장소와 시간을 선택하는 것이 좋습니다. 내향형은 시끄러운 공간 자체를 별로 좋아하지 않는 것 같습니다. 그리고 다양한 관심사보다는 한 가지 주제를 가지고 대화하되 결정을 강요하는 것은 좋지 않습니다.

🐻 대화 형식에서도 즉각적인 반응이 오지 않더라도 너무 답답해 말고 천천히 기다리고 시간을 줘야 하고요. 특히 침묵을 억지로 깨려고 하지 않는 것도 중요합니다.

🐹 내향형은 말하기 전에 생각하는 스타일이라서요. 말하기 전에 '내가 이 이야기해도 괜찮을까?' '상대가 기분 나빠하지 않을까?' 등등 생각하다 보면 말할 시기를 놓치는 경우가 종종 있습니다.

🐻 저도 가끔 이런 생각 때문에 타이밍을 놓치고 후회할 때가 많은데요. 선생님은 이럴 때 어떻게 하시나요?

🐹 꼭 해야 할 이야기라면 양해를 구하고 맥락 상관없이 질문을 하거나 끝나고 이야기하거나 아니면 문자나 메일로 전달하는 편입니다. 제가 할 말을 참는 편은 아니라서요. 사고형이다 보니 타인의 비난을 크게 신경 쓰지는 않는 것 같습니다. 정리하면 외향형과 내향형

이 대화하면 외향형이 대화를 주로 이끌고 내향형은 묵묵히 이야기를 들어주는 구도가 많습니다. 외향형은 대화가 끊기는 것을 참지 못하고 주변에 두루두루 관심이 많아서 할 이야기도 참 많습니다. 자기가 주도권을 잡아야 마음이 편하기도 한데요. 그런 면에서 자신의 이야기를 잘 들어주는 내향형이 대화의 상대로는 좋을 수 있습니다.

 그러나 겉으로는 외향형이 적극적이고 내향형이 수동적인 것처럼 보여 외향형이 내향형을 무시하거나 자기 뜻대로 이끌려고 하면 관계가 나빠질 수 있습니다. 내향형은 신중한 것이지 의견이 없는 것이 아닙니다. 반대로 말을 많이 하다 보면 실수를 할 수 있고 언행일치가 안 될 수도 있습니다. 내향형은 자신의 속내를 잘 드러내지 않기 때문에 외향형은 답답해하거나 속았다고 느낄 수도 있습니다. 중요한 것은 내향형이든 외향형이든 사람들은 말을 잘하는 사람보다 자신을 존중해주고 배려해주는 사람을 좋아한다는 건데요. 이 점을 꼭 기억하면 좋을 것 같네요.

감각(S)과 직관(N)

감각(S) "나에겐 현실(지금-여기)이 중요해!"	인식기능 →	직관(N) "말하지 않아도 알아요"
사실, 세부사항, 구체적 예를 찾음 단계적이고, 차근차근한 설명 선호 실용적이고 사실적인 언어 선호 지금-현재에 관심		장기적, 전략적인 의사소통 비유나, 은유 상징적 언어 사용 이론, 추상적 언어 사용

🐻 드라마 〈더 글로리〉에서 주인공 문동은이 복수를 위해 여정에게 바둑을 배우며 나누는 장면 중 일부입니다.

#S2. 〈더 글로리〉에서 동은이 복수를 위해 여정에게 바둑을 배우는 장면

여정(S타입으로 추정): 바둑을 한마디로 정의하면 집이 더 많은 사람이 이기는 싸움이에요. 끝에서부터 가운데로 자기 집을 잘 지으면서 남의 집을 부수면서… (동은, 설명을 묵묵히 듣는다) 서서히 조여들어와야 해요. '침묵 속에서 맹렬하게…'

동은(N타입으로 추정): (여정의 설명을 듣던 동은의 입가에 미소가 번지며) 마음에 들어요.

🐰 이 장면에서 바둑에 관한 여정의 설명을 묵묵히 듣던 동은이 입가에 미소가 번지는 모습을 보입니다.

🐻 저는 바둑에 대해 잘 모르는데요. 그럼에도 여정의 설명은 매우 구체적이라고 생각됩니다. 집이 더 많은 사람이 이긴다거나 끝에서

드라마 〈더 글로리〉 스틸   출처: 넷플릭스

가운데로 자기 집을 잘 지으면서 남의 집을 부순다 등은 매우 구체적, 사실적인 표현이죠. 단계적으로 차분하게 설명해주는데요. 이때까지만 해도 아무 반응이 없던 동은이 '침묵 속에서 맹렬하게'라는 설명에서 만족스러워하는 것은 앞의 설명보다 뒤의 비유적 설명이 자신의 성향에 보다 맞았기 때문이라고 생각됩니다.

 실제로도 동은이 복수는 은밀하게 그렇지만 맹렬하게 이루어지죠.

 다른 예를 든다면, 우리가 파란색의 스펙트럼에 대해 표현한다고 할 때 "우리 눈에 들어오는 빛의 파장에 의해 색을 지각하기 때문에 파장을 변화시키면 색을 100만 개 이상 만들 수 있다."라고 표현할 수 있습니다. 그러나 류시화 시인의 시 「파란색 가난」에서 나오는 "파란색 하나만 소유하고 있어도 그 파란색에는 천 개의 파랑이 들어있다."처럼 표현할 수도 있습니다.

🐻 표현의 핵심은 파란색에도 매우 다양한 파란색이 존재한다는 의미지만 표현은 전혀 다른 방식으로 전달하고 있네요.

🐲 그렇습니다. 직관형의 은유적이고, 추상적인 표현, 이론적이거나 독특한 단어 사용을 선호하고 감각형은 정확하고 구체적으로 표현하는 데 익숙한 까닭에 직관형과 감각형 사이의 효과적인 의사소통은 어려울 수 있습니다.

감각형과 소통하기

🐻 감각형과 소통할 때는 실용성 있는 내용을, 현실적으로 표현하는 것이 좋은데요. 세부 사항이나 구체적 사례, 사실과 관찰된 정보를 함께 제시하되, 가능하면 순차적으로 정보를 제시하는 것이 좋습니다. 일과 관련해서는 구체적인 계획과 과정을 제시하고 표현할 때는 실제 생활과 관련된 언어를 사용하는 것이 좋습니다.

직관형과 소통하기

🐲 직관형과 소통할 때는 큰 그림을 제시하면서 장기적이고 미래에 초점을 맞춘 주제와 핵심을 공유한 후에 세부 사항을 추가하는 방식이 좋습니다. 아이디어나 꿈을 표현할 수 있도록 해주고요. 아이디어를 현실과 연관시킬 수 있도록 돕는 것이 효과적일 수 있습니다.

드라마 〈더 글로리〉 스틸   출처: 넷플릭스

#S3. 〈더 글로리〉에서 동은과 하도영이 바둑을 두면 나누는 대화

도영: 여기 오랜만이죠?

동은: 네, 먹고 사느라(도영, 입술을 꽉 문다)

도영: 무슨 일을?

동은: 뭐 순진한 남자 등도 치고…

도영: 바둑은 어디서 배웠어요?

동은: 공원에서요.

도영: 모든 답이 다 의외라.

도영은 동은에게 관심이 많습니다. 동은을 멀리서 본 후, 마음의 동요가 일었고 동은이 상대방과 바둑을 둔 장면을 떠올리며 "분명, 다 끝났는데(승패가 결정되었는데)…, 왜 머뭇거렸을까…" 중얼거리

죠. 현실적인 그가 동은 같은 스타일을 이해하기 어려웠을 것입니다. 그리고 그의 질문은 동은의 선문답 같은 답변에 번번이 막혀버립니다. 동은과 같은 직관형은 눈에 보이지 않는 이면의 의미를 파악하고 이를 표현하는 은유나 상징적인 표현에 능하기 때문이죠. 그래서 전후 상황을 알지 못하면 왜 그런 말을 했는지 이해하기 어려울 수 있습니다. 반대로 구체적이고 사실적인 표현을 어려워합니다.

 이럴 때 만약 감각형이라면 "제가 이해가 잘 안 돼서 그러는데 구체적으로 예를 들어주실 수 있습니까?"라고 질문을 할 수 있고, 먼저 구체적인 예시를 들어줌으로써 상대방에게서 좀 더 상세하고 구체적인 정보를 얻을 수 있습니다. 당신의 꿈이 무엇이냐고 물었을 때, 누군가는 "나는 날고 싶어요."라고 답하고 어떤 사람은 "나는 서울 중심가에 빌딩을 소유한 건물주예요."라고 답한다고 할 때 전자는 꿈(이상)으로 꿈은 꿈일 뿐 이루지 않아도 그 자체만으로도 의미가 있는 것이고, 그에 반해 후자는 목표가 구체적이고 사실적이고 현실적인 것으로서 실현 가능성이 있는 꿈이죠. 중요한 것은 우리가 꿈을 꾸고 이상을 갖는 것은 현실이라는 사막을 건너기 위해서 '오아시스'라는 희망이 필요한 것과 비슷한 것이라고 생각됩니다.

사고(T)와 감정(F)

사고(T)		감정(F)
"이게 논리에 맞는다고 생각해?"	판단기능 ↔	"상처받고 싶지(주고 싶지) 않다"
옳고 그름, 논리에 의한 의사결정 업무와 사적관계 분리 결점에 대한 건설적 피드백을 줌		인간관계를 고려한 의사결정 거절을 잘 못하고 타인의 거절이나 비난에 민감 지지와 격려를 선호

 드라마 〈더 글로리〉 중 주인공 문동은과 강현남과 나누는 대화 중 일부를 보겠습니다.

#S4. 〈더 글로리〉에서 동은과 현남의 대화

현남: 손명오의 행방이 묘연해요.

동은: 죽었다면 모를까…

현남: (놀라며) 죽었다고요? 혹시…

동은: 제가 그랬냐고요?

현남: 저도 알고 있어야 하니까요.

동은: 아니요. 혹시 제가 그랬어도 이모님은 모르셔야 해요. 저는 제가 맡은 일, 이모님은 이모님이 맡은 일만 하면 돼요. 우리 지금 너무 가까워요.

드라마 〈더 글로리〉 스틸   출처: 넷플릭스

🐻 동은은 매정할 정도로 현남에게 선을 긋죠. 현남은 당황하는 표정
으로 동은을 쳐다봅니다. 사고형으로 보이는 동은은 일과 사적인
관계를 분명하게 분리하며 사적인 감정으로 인해 혹시라도 일에 영
향을 줄 것을 우려합니다. 반대로 감정형으로 보이는 현남은 그런
동은의 태도가 서운하면서도 동은의 눈치를 살피죠. 그러다가 "동
은이 아프지 마라, 다치지 마라."라는 말에 감동을 받기도 합니다.

🐻 동은과 같은 사고형은 일에서 맺고 끊음이 분명합니다. 그래서 이
런 표현을 많이 하죠. "아무리 그래도 이건 아니지." "서운해도 할 수
없어." 이렇게 원칙과 논리를 내세우죠.

🐻 원칙과 논리, 맞습니다. 그리고 그런 원칙이 깨지거나 논리가 없는
것을 상당히 참지 못하기도 합니다. 반대로 감정형은 그런 사고형
에게 매정하다며 서운해하고 좋은 게 좋은 거지 어떻게 이럴 수 있

냐고 따지기도 합니다.

저 같은 사고형이 할 말만 하는 "용건만 간단히" 하는 스타일이라면 감정형은 "오늘 뭐 먹었냐, 맛있었냐, 오늘 뭐 했냐, 누구 만났냐" 등 상대에 관한 관심을 표현하는 경우가 많은데요. 대개 사고형은 이런 질문을 귀찮아하면서 "그런 걸 왜 물어보냐?" 이런 식의 반응을 보이고요. 반면에 감정형은 "그럼 물어보지도 못하냐" 이런 식의 반응을 보이는 경우가 많은 것 같습니다.

드라마 〈나의 해방일지〉에서 미정이 남자친구에게 돈을 빌려주고 받지도 못하고 전전긍긍하다가 결국 전화해서 "어떻게 나한테 이래?"라면서 우는 장면이 감정형의 전형적인 모습이라고 할 수 있습니다. 만약 사고형이었다면 '아무리 친구 사이라도 지킬 건 지켜야지!' 이런 식으로 따지겠지만, 감정형은 '내가 지금까지 너한테 얼마나 잘했는데, 나한테 이렇게 할 수 있어!'라며 감정적으로 호소하는 경우가 많은 것 같습니다.

사고형과 소통하기

사고형과 소통을 할 때는 정직하고 솔직한 피드백을 제공하는 것이 좋고요. 논리적이고 합리적으로 그리고 분명하고 간결하게 제시하는 것이 중요합니다. 과도하게 감정적으로 표현하는 건 피하고요. 또 하나, 사고형의 비판적인 피드백을 개인적으로 받아들이지 않는 것이 좋습니다. 개인적인 감정이 있어서 그런 말을 하는 건 아니니까요.

🐶 감정형과 소통을 할 때는 비판과 평가는 가능한 한 삼가는 것이 좋습니다. 피드백을 해야 한다면 직접적으로 관찰 가능한 행동에 대해서만 지적하는 것이 좋습니다. 그리고 긍정적인 분위기에서 친근하게 격려와 지지를 많이 해야 하고요. 경쟁적이지 않은 상황, 즉 상호호혜적인 상황을 만들 것이 중요합니다.

👾 개인적으로 저는 사고형이기 때문에 감정형의 사람들을 만나는 것이 부담스러울 때가 있습니다. 전에 사무실 직원이었던 실장님(감정형으로 추측됨)이 제가 출근을 할 때면 반갑게 맞아주는 것까진 좋은데요. 너무 과하게 칭찬해서 민망할 때가 많았습니다. 그러지 말라고 해도 소용이 없었습니다.

🐶 모르긴 해도 그 실장님은 자신이 한 만큼 상대방인 선생님의 호응을 얻기를 원했을 거 같은데, 별 반응이 없으니 분명 서운해하셨을 것 같은데요.

👾 그래도 이런 부분에 대해 설명해주니 그나마 조금은 이해하는 듯했습니다. 각자 자기만의 스타일이 있는데 무리하게 한쪽에 맞추라는 것은 적절하지 않습니다. 감정형 사람들이 소통과정에서 타인을 배려하고 조화롭고 긍정적인 분위기를 연출한다면, 사고형은 갈등을 기꺼이 감수함으로써 감정형이 논리적으로 따지고 문제를 해결하지 못하는 것을 깔끔하게 해결해주기도 합니다.

판단형(J)과 인식형(P)

판단(J) "계획, 통제되지 않으면 의미가 없다"	생활양식 ↔	인식(P) "계획은 변경되기 위해 있는 것"
조직적, 효율적인 의사전달방식 선호 자유로운 토론을 불편해함 통제되고 제한된 상황 선호 계획된 시간 안에서 다른 사람들 로부터 의견 받기를 선호		유연하고, 즉흥적이고, 비구조적 의사소통 선호 예기치 않은 요구나 기회에 반응 변화가능한 결정을 할 수 있음 질문을 하고 선택권을 제시함 자유로운 토론을 선호

판단형과 소통하기

🐾 판단형과 소통을 할 때는 의사결정을 빨리하는 것이 좋습니다. 중요한 것에 초점을 두고 너무 많은 선택권을 주지 않는 것이 좋고요. 설정된 계획이 있으니 바로 변화를 요구하지 말고 업무와 관련해서는 구조와 분명한 기대사항을 표현해주는 것이 좋습니다. 변화를 좀 불편해하는데요. 업무에 갑작스럽게 선택사항들을 추가하지 않아야 한다는 것도 알아두면 도움이 됩니다.

🐾 저는 판단형에 해당하는데요. 동료와 가끔 이런 대화를 주고받을 때가 있습니다. 제가 "오늘 투고 마감이라고 했지? 다 했어?"라고 물어보면 동료는 여유로운 표정을 지으며 "응, 이제 하려고."라는 말을 해서 깜짝 놀랄 때가 있습니다. 반대로 동료가 "오늘까지 하기로 한 일 있다면서 근데 저녁 약속을 잡아?"라고 저한테 물으면 전

"응, 지난주에 다 끝내놨어. 99% 수준에서, 이따 보내기 전에 오타만 확인하면 돼."라고 말할 때가 많습니다.

인식형과 소통하기

🐻 인식형과 소통을 할 때는 대화 중 뭔가 결정할 일이 있다면 결정하기 전에 탐색할 기회를 줘야 하고요. 평가하지 말고 설명하는 것이 좋습니다. 다양한 선택사항을 고려하고 정보를 모으기 위해 질문을 할 필요가 있습니다. 예기치 않은 의사소통의 기회에 적응하는 열린 태도를 가지는 것도 중요합니다.

👹 개인적으로 전 인식형인데, 학교나 직장을 다닐 때 대인관계보다는 그 안의 체계나 규칙 등을 지키거나 반복되는 일을 하는 것을 힘들어했던 것 같습니다. 통제된 상황이나 어떤 틀 안에 갇히는 것을 무엇보다 싫어하는데요. 이런 성향이 두드러지는 게 여행을 다닐 때 드러나는 거 같아요. 저는 아주 기본적인 예를 들어 숙소나 표 예약 정도만 하면 그 외는 발 닿는 대로 다닌다는 주의입니다.

🐻 그건 좀…. 그래도 맛집이 어디인지, 유적지나 유명한 장소가 있는지 검색도 해보고 그래야, 여행을 다녀왔다는 느낌이 있지 않나요?

👹 누가 알려주면 따라다니기는 하는데요. 너무 무리하게 계획을 짜면 그냥 혼자 다니거나 따로 다니거나 해요. 여행을 와서도 노동하는 것처럼 다니는 걸 아주 싫어하거든요. 전에 직장 동료들과 무박 2일 여행을 다녀온 적이 있는데, 여행 제안을 제가 했거든요. 그런데 사람들이 제가 가이드처럼 안내해줄 거라고 생각했나 봐요. 목적지에

와서 그다음 일정을 묻길래 "왜 그걸 나한테 물어보냐?" 하니까 다들 황당해하면서 "쟤를 믿은 우리가 바보지." 하더니 자기들이 알아서 일정을 짜더라고요. 그때 이후 어떻게 됐을까요?

🐰 사이가 좀 멀어지지 않았을까요? 저 같은 판단형은 많이 황당했을 것 같은데요.

🐱 처음엔 눈으로 막 욕하는 거 같더니, 적응되니까 오히려 재미있어하더라고요. 이렇게 여행하는 것도 재밌다면서 그래서 이후에 이 여행을 '묻지마 여행'으로 명명하고 아직도 만나면 그때 일 이야기하면서 웃어요.

🐰 똑같은 말이라도 누군가에는 활력을 불어넣는 말이 되지만 또 다른 누군가에게는 기운을 뺏거나 피로감을 주는 말이 될 수 있습니다. 대화 과정에서 상대방의 선호지표를 느끼고 이해하려는 노력만으로도 소통의 질과 만족도는 크게 달라질 수 있다고 생각합니다. 소통이 더 잘됐으면 하고 바라는 대상이 있다면 MBTI 4가지 선호지표에 대해 생각해보는 것은 어떨까요?

8장

당신의 대화 기술을 높이는
16가지 유형별 의사소통

김쌤   박쌤

🐻 이번 장에서는 MBTI 16가지 유형별 의사소통의 특징과 효과적인 소통 방법 등에 대해 알아보겠습니다.

🐻 MBTI는 나와 다른 사람에 대해 좀 더 이해하고 그래서 나다움을 찾고 다른 사람을 더 잘 이해할 수 있는 계기가 된다는 점에서 유용하다고 생각합니다. 이런 맥락에서 자신과 정반대 성향을 가진 인물의 소통 특성을 알면 다른 사람과의 소통에서 효과적인 방법을 찾는 데 도움이 될 거 같습니다.

🐻 그런 의미에서 MBTI 16개 성격유형 중 상반된 유형을 비교하면서 보다 효과적인 소통 방법과 유용한 팁에 대해 알아보도록 하겠습니다.

ENTJ(사령관) & ISFP(성인군자)

🐻 ENTJ 유형은 한마디로 결단력 있는 스타일인데요. 도전적이고, 독립적이며, 주도적입니다. 그래서 다른 사람을 격려하거나 동기부여 하기보다는 통제하고 지시하는 성향이 있고요. 경쟁적인 가운데 자신의 지식과 능력을 과시하고 싶어 하기도 합니다.

🐻 이번 장에서는 새로운 드라마를 이야기하려고 합니다. 바로 드라마 〈대행사〉입니다. 주인공 고아인(이보영 분)은 지방대 출신이지만 상위 1%의 능력자입니다. 한번 마음먹으면 끝을 보는 성격이고 추진력이 대단합니다. 길이 없어도 길을 내고야 마는, 그래서 그녀의 별명이 '코끼리'입니다. 임원으로 선택되면서 "6개월 안에 목표치를 달성하지 못하면 그만두겠다."라고 한 후 실제 목표를 이루지 못하자 과감히 사표를 던집니다.

🐻 고아인은 상사든 부하직원이든 엄청난 독설로 상처를 주기도 하지만, 따뜻한 마음이 없는 것이 아닙니다. 자신에게 충성한 계약직 직원을 회사를 차리고 나서 바로 채용하는 의리 있는 리더이기도 합니다. 늘 긴장하고 날이 서 있던 고아인이 주변 사람들과 협력하면

• 2023년 1~2월 방영된 JTBC 주말 드라마. 지방대 출신 여성이 한 광고대행사의 대표가 되는 과정을 그리고 있다. 극본을 쓴 작가가 실제 경험을 토대로 썼다는 이야기가 있는데 다소 과장이 있는 것 같으면서도 직장을 다니는 사람들에게 어느 정도 공감을 주는 면도 많은 것 같다. 주인공 고아인은 냉소적이고 공격적인 언행으로 주변 사람들에게 상처를 주기도 하지만, 그녀가 가지고 있는 탁월한 능력과 승부수는 그녀를 타의 추종을 불허하며 사람들을 이끄는 동기가 되기도 한다.

드라마 〈대행사〉 포스터   출처: JTBC

서 타인의 입장에서 생각하고 배려하는 모습도 보여줍니다.

 이 유형은 인기 있는 사람보다는 능력 있는 사람으로 평가받기를 원하는 스타일이라서요. 먼저 해결책을 제시하기보다는 공감하는 마음으로 이야기를 들으려는 태도가 필요합니다. 이처럼 사람마다 각기 다른 스타일의 업무 방식과 의사소통 방식이 있다는 것을 좀 여유롭게 수용하면 좋겠다는 조언을 해드리고 싶네요.

 반면에 ISFP 유형은 조용하고 차분하며, 겸손하고 주의 깊은 경청 자라고 표현할 수 있습니다. 친절하고 배려심이 있으며, 비판적이지 않으며, 개인차를 존중하고 맞춰주려고 노력하는 유형입니다. 겸손하고 따뜻한 사람이라는 표현이 딱 어울리는 유형인데요. 아무래도 감정형이다 보니 이론과 논리로만 풀어가는 대화에는 거부감이 있을 수 있습니다.

🐻 〈대행사〉에서 고아인이 그나마 변화하게 된 것은 그녀에게 충성을 다하는 한병수라는 인물 때문이라고도 생각합니다. 병수는 온화하고 정직하고 인간관계가 좋아서 아인과 사람들 사이를 연결하는 소통창구 역할을 하지만, 스스로는 아이디어를 내거나 일을 추진하는 능력이 부족합니다.

🐰 병수와 같은 ISFP 유형은 먼저 존중하고 있다는 인상을 확실히 심어주는 게 중요한데요. 인간 중심의 가치에 초점을 맞추고 있기 때문에 개인에 대한 존중과 개성에 대한 인정이 중요하거든요. 그룹보다는 일대일 대화가 더 효과적일 수 있고요. 긍정적 피드백과 감사의 마음을 잘 전달하는 것도 필요합니다.

🐻 방금 말씀해주신 것처럼 논리적인 부분에 대한 보완도 필요하고요. 당장의 해결책뿐만 아니라 장기적 관점에서 문제의 근본 원인을 알아보기 위한 대화도 시도할 필요가 있겠습니다. 그리고 아까 겸손하다는 표현이 언급되었는데요. 그래서 간접적으로 표현하거나 다른 사람들이 알아서 자신을 이해해줄 거라고 기대하지 말고 직접적으로 표현하도록 시도해보라고 말씀드리고 싶네요.

ESFP(연예인) & INTJ(전략가·건축가)

🐻 ESFP 유형과 소통하려면 대화의 분위기가 중요합니다. 함께 걷거나 식사하면서 아니면 다른 활동을 하면서 즐겁고 긍정적인 분위기

에서 대화를 나누는 것이 좋습니다. 대화할 때는 오감을 활용하고 길지 않게 요점을 분명하게 하는 것이 좋습니다.

🐾 ESFP 유형은 과도한 논리와 비판, 이론적이거나 장기적인 관점을 길게 강조한다거나 지나치게 심각해지는 것, 그리고 일에만 초점을 맞추는 대화는 추천해드리고 싶지 않습니다. ESFP 유형인 상대방과 이야기할 때 은유나 상징을 많이 사용한다거나 엄격한 시간 계획을 강조하는 것도 줄이는 게 좋습니다.

🐾 한편으로 ESFP 유형에게는 누구나 다 세상을 긍정적이고 낙천적이며 즐기는 방식으로 보는 것만은 아니라는 점을 분명하게 하고 진중한 분위기나 진지하게 이야기 나누는 걸 좋아하는 사람이 있다는 것을 알려줄 필요가 있습니다.

🐾 ESFP 유형의 자유롭고 편안한 행동이 때로는 권위나 규율을 무시하는 것으로 오해받을 수도 있다는 건데요. 드라마 〈더 글로리〉의 현남이 대화 중에 동은이 복수를 위해 웃고 싶지 않다는 의미로 말하자, 혼잣말로 "그래서 내가 맞고 사나?" 하는 장면이 있습니다. 물론 어떤 이유로건 폭력은 용납이 안 되지만, 때와 장소 안 가리는 현남 특유의 낙천성이 어떤 사람의 눈에는 좋지 않게 보일 수 있고 그래서 그런 경험을 했을 가능성이 시사되는 대사였습니다.

🐾 그에 비해 INTJ 유형은 대화할 때 이의제기를 많이 하는 편인데요. 이건 비판적으로 분석하는 성향 때문이지 비판을 위한 비판을 하는 것은 아닙니다. 진지한 표정으로 말하면 사람들이 화난 걸로 오해하고 "왜 화났어?"라고 묻는데, 아니라고 해도 믿지 않을 때가 많죠.

🐻 〈더 글로리〉 동은의 경우 선생님이 "친구들끼리 한 대 때릴 수도 있는 거지…"라는 말에 "근데 그 한 대는 왜 맞아도 되는 거죠? 선생님 아드님이 친구들한테 맞아도 그렇게 말씀하실 건가요?"라고 말하는 장면이 있습니다. 드라마 작가는 이런 성향을 잘 파악하고 대사를 쓴 거 같아요. 동은은 불합리한 것을 참지 못하고 그것을 지적하고 조목조목 따지는 모습을 자주 보입니다. 심지어 이사장이 동성애자인 것을 눈치챘을 때도 "나이가 중요하지, 성별은 중요하지 않은데."라며 너무 진지하게 말해서 현남을 웃게 만듭니다.

🐻 같은 내향이라도 드라마 〈나의 해방일지〉의 미정과는 좀 다른 모습입니다. 동은은 힘든 일을 당해서 그런 것도 있지만 표정도 좀 딱딱해요. 말투나 표정이 보여주듯 업무지향적이고요. 공감이나 존중을 보여주는 데도 논리적인 이유를 필요로 하는 유형입니다. 잡담이나 사교적인 말이나 인사치레를 별로 좋아하지 않는다는 것도 INTJ 유형과 대화할 때 기억해두면 좋습니다.

ENFJ(선도자) & ISTP(장인)

🐻 ENFJ 유형이랑 대화를 나누면 친근하고 진실하고 개방적이고 지지적이란 느낌을 많이 받게 될 겁니다. 자기 생각이나 의견에 대해서 동의도 자주 구하는 편이고요. 공감, 인내, 조화라는 수식어가 정말 어울리는 유형입니다. 개인적인 차이와 다양성에 대해서도 잘 수용

해줍니다.

정말 친절한 유형 같은데요. ENFJ 유형과 소통할 때는 어떤 점을 고려하면 좋을까요?

조화, 화목을 추구하기 때문에 일보다 대인관계 문제에 집중할 수 있다는 점을 먼저 알아두어야 합니다. 어떤 비판을 개인적으로 받아들여서 상처받기 쉽다는 점도 기억해주면 소통하는 데 큰 도움이 되리라 생각됩니다.

이에 반해 ISTP 유형은 논리적이고 합리적, 직접적인 소통방식을 선호하는데요. 대화는 간결하게 요점만 다루는 것이 좋고요. 이때 세부적인 사실에 관한 정보를 제공하는 것이 효과적입니다.

ISTP 유형의 키워드가 장인이라는 점을 떠올리면 도움이 될 것입니다. 아이디어나 어떤 개념에 몰입해서 과도하게 열정적으로 다가서는 것을 달가워하지 않을 수 있고요. 일과 관련해서는 사적 감정은 지우고 일로만 이야기하는 것이 중요합니다. 상대방 입장에서 많이 답답할 수도 있을 것 같은데요. ISTP 유형이 소통을 잘하려면 아무래도 상대방을 지지한다거나 긍정적 피드백을 주려고 노력해야 하고, 부정적 피드백을 줄 때라도 상대방의 감정적인 측면도 고려해야 합니다.

드라마 〈나의 해방일지〉의 미정 아버지가 말수도 없지만 가족들과는 무심하고 퉁명스럽게 대화하잖아요. 창희가 ENTJ, 아버지가 ISTP일 가능성이 높은데, 말없이 식사하다가 창의가 어렵게 말을 꺼내면 아버지는 무심하게 받아들이거나 화를 내거나 하면서 이야기를 잘 들어주지 않는 모습을 보여줍니다.

ESFJ(부양자) & INTP(설계자·논리학자)

🐻 ESFJ 유형은 사람들과 쉽게 관계를 맺고, 인맥을 형성하며, 화목을 추구하고, 조화를 중시한다는 점에서 의사소통 스타일 역시 사교적이고, 따뜻하고, 친근하며, 민감한 편입니다. 그래서 ESFJ와 대화를 나누면 책임감 있고, 믿음이 가며, 양심적인 느낌을 받게 되고요. 개별적인 정보를 잘 기억하고 직면한 현실상황에 대한 이야기를 원하는 스타일로 알려져 있습니다.

🐻 천성적으로 다른 사람을 축하하거나 칭찬하는 걸 좋아할 뿐만 아니라 자기 자신도 공개적으로 칭찬받고 인정받기를 원합니다. 다른 사람을 비판하는 것을 불편해하다 보니 누가 잘못을 하더라도 잘못을 지적하는 것보다 긍정적인 피드백을 더 많이 하는 경우가 많고요.

🐻 INTP 유형은 처음에는 부담스러울 수 있습니다. 거리감이 있고, 무관심하며, 인간미 없어 보일 수 있는데요. 일단 친해지면, 태평하고 너그러우며 격식 없어서 의외라고 생각할 수 있습니다. 호기심이 많고 탐색적이고 통찰력도 있고요. 지적인 대화와 인과관계를 강조하는 유형입니다.

🐻 제가 이 유형인데요. 사람들이 생각했던 것과 실제 만나보면 많이

다르다고 해요. 요즘 말로 시크하다거나 쿨하다는 평을 많이 받습니다.

🐻 이 유형은 감정에 호소하는 것보다는 논리적으로 설명하는 것을 더 선호한다고 할 수 있습니다.

👾 한번은 지나치게 칭찬하는 직장 동료가 있어서 늘 부담스러웠는데요. 지금 생각하니 그분이 ESFJ였던 거 같아요. 늘 사람들을 잘 챙기고 마음 따뜻한 분이셨습니다.

🐻 저도 지나친 호의 표현이나 칭찬은 부담스러운데요. 선생님은 이럴 때 어떻게 하세요?

👾 하는 수 없이 따로 만나서 이야기했어요. 부담스럽다, 이런 말들은 안 해줬으면 좋겠다고요.

🐻 그분 상처받았을 거 같은데, 뭐라고 하시던가요?

👾 욕 먹을 각오를 하고 말했는데, 상당히 놀라는 눈치였어요. 그래서 좋은 말도 듣는 사람이 싫을 수도 있다는 이야기를 하니까 수긍하는 거 같았습니다.

🐻 이 유형들은 업무 지침 같은 걸 전달할 때 구체적이지 않은 것도 문제입니다. 말로 설명하는 게 귀찮을 때도 있고 설명을 한다고 했는데 구체성이 떨어지는 경우가 많은 거 같아요. 성향이 그래서 그렇지, 불친절해서 그런 게 아니라는 점을 이해하면 좋을 것 같습니다.

INFP(몽상가·치유자) & ESTJ(사업가)

🐻 INFP 유형은 인간 중심의 가치에 초점을 맞추고 있고 개인에 대한 존중과 개성에 대한 인정이 중요하기에 먼저 존중하고 있다는 인상을 확실히 심어주는 게 중요합니다. 그룹보다는 일대일 대화가 더 효과적일 수 있고요. 긍정적 피드백과 감사의 마음을 잘 전달하는 것도 필요합니다.

🐻 동료나 구성원에 대한 고려 없이 일이나 목표만 강조하는 스타일을 불편해하는데요. 지나치게 비판적이거나 논리적인 접근도 줄이는 게 좋고요. 신뢰를 얻는 데 시간이 좀 걸린다는 것도 INFP 유형과 소통하는 데 도움이 될 것 같네요. 물론 INFP 입장에서도 열정만 강조할 수는 없을 거고, 논리적이고 구체적으로 내용을 전달하는 데 익숙해질 필요도 있습니다.

🐻 ESTJ 유형은 토론하고 논쟁하는 것을 즐기는 타입이고요. 업무 추진력도 상당할 것 같습니다.

🐻 눈에 보이는 구체적인 결과를 선호한다고 설명한 적 있었는데요. 그래서 목표를 세우고 계획에 따라 일을 처리하는 데 꼼꼼한 편이고요. 업무를 할 때는 잡담이나 인사치레 같은 것은 잘 하지 않는다고 합니다.

🐻 드라마 〈더 글로리〉의 하도영처럼 완벽해 보이지만 인간미는 좀 없다고 해야겠죠.

🐻 ESTJ 유형에게는 흑백의 논리로 상황을 바라본다거나 당장의 효과

나 효율성만 우선으로 생각하는 것에 대해 돌아보고 다른 관점에서, 장기적 관점에서 바라보는 연습이 필요하단 말씀을 드리고 싶네요.

ENFP(활동가) & ISTJ(현실주의자)

🐻 ENFP 유형은 활력이 넘치고, 열정적이며, 사교적이고, 낙천적이며, 진실하며, 배려심이 깊은 유형입니다. 조직 내에서 개인에게 힘을 북돋우고, 격려하는 역할을 많이 하고요. 아이디어도 잘 내는 편입니다.

🐻 ENFP의 경우 사교적이고 아이디어가 풍부한 유형인 것 같은데요. 직관형인 만큼 너무 세부적인 사항만을 강조하는 것은 피하는 게 좋을 것 같습니다. 그리고 대화에서 소외되지 않도록 하고 공감과 칭찬과 같이 긍정적 피드백을 많이 제공해줄 필요가 있습니다.

🐻 비유적으로 초식동물과 육식동물이 각자 상대방에게 자기가 좋아하는 걸 주면서 자기는 상대를 위해 최선을 다했다고 하는 상황을 예로 들을 수 있을 것 같은데요. 상대방의 성격유형을 이해하고 맞춰주기 위한 노력이 중요한 만큼 상대방이 자신의 소통방식을 힘들어할 수 있습니다. ENFP의 경우라면 개인적 관심이 격려보다는 참견으로 느껴질 수 있다거나 열정과 그 속도에 부담스러워하는 사람도 있다는 걸 이해할 필요가 있습니다.

🐻 ISTJ 유형은 현실적이고 실용적이며 논리적이고 효율적인 특성이 있습니다. 사실이나 세부사항, 실제적인 결과를 중요시하고요. 추상적 표현보다는 직접적이고 사실적인 언어를 선호합니다.

👾 그러니까 ISTJ와 효과적으로 소통하려면 사실적이고 구체적인 자료를 제시하는 것이 중요합니다.

🐻 논리적으로 한 번에 하나씩 차근차근 자료를 제시하는 것이 좋고요. 대화하기 이전에 가능하다면 문서를 통해 먼저 내용을 전달하고 충분히 검토할 시간을 주는 것이 좋습니다.

👾 의사소통 과정에서 감정적이고 사적인 대화나 추상적이고 모호한 내용은 가급적 언급하지 않는 게 좋을 것 같습니다. 그렇지 않으면 쓸데없는 데 시간 낭비했다고 생각할 수도 있으니까요.

INFJ(상담가) & ESTP(지지자·후원자)

🐻 INFJ의 유형은 조용하게 지지하고, 격려해주며, 인정하고 조화와 관계를 추구하는 스타일로 자신과 타인의 성장을 위한 기회와 인간의 잠재력을 중요하게 여깁니다. 추상적인 언어를 사용하고 고정관념에서 벗어난 내용을 대화의 주제로 정해도 좋습니다.

👾 INFJ가 마음이 바뀔 거라든지 즉각적으로 반응할 거라는 기대는 안 하는 것이 좋고요. 중요한 이슈라면 충분히 생각할 수 있는 시간도 함께 제공하는 것이 좋습니다.

🐰 뭔가 개선할 점에 대해 피드백을 제공하는 걸 너무 어려워 안 했으면 좋겠고요. 사람에 따라서 비유적인 표현이나 추상적인 표현을 좋아하지 않을 수도 있다는 점을 고려해서 자기 생각을 구체적인 방식으로 전달하는 것도 필요합니다.

🐻 ESTP 유형의 의사소통 스타일은 실용적인 정보에 집중하고 감각적이고 흥미로운 주제에 관심을 보입니다. 논리적인 대화를 선호하고 처음에는 다소 경직된 분위기지만 대화가 진행될수록 활달해지고 격식도 크게 따지지 않는 모습일 수 있습니다. 말보다 행동이 앞서는 유형이라 긴 대화는 피하는 것이 좋습니다.

🐰 장황한 설명보다는 짧고 간결한 설명이 더 효과적입니다. 빙빙 돌리거나 우회적으로 표현하지 말고 직접적으로 감정에 호소할 필요도 없고요. 비논리적이거나 감정적인 측면만을 강조한 내용을 계속 다루는 것은 좋지 않습니다. 그리고 질문이나 비판에 대해 감정적으로 반응하지 않는 것이 좋습니다. 만일 ESTP 유형에게 추상적인 아이디어를 설명해야 한다면 짧은 시간에 마치는 것이 좋습니다.

ISFJ(보호자·이타주의자) & ENTP(발명가·토론가)

🐰 ISFJ 유형은 겸손하고 도움을 주려고 하며, 민감하고 이해심 있으며, 사려 깊고 협조적입니다. 결정을 내리기 전에 주위의 상황을 신중하게 고려하는 편이고요. 일단 결정된 사항은 확고하게 붙들며,

그 상태를 잘 유지하고 쉽게 바꾸려 하지 않는다는 점도 특징이라고 할 수 있습니다.

그래서 목표나 역할 혹은 책임 사항 등을 전달할 때는 구체적으로 알려주는 것이 좋습니다.

또한 말하는 것보다는 듣는 데 익숙한 편이기도 하고요. 모호하거나 제한된 정보를 제공하는 것은 피하는 게 좋습니다. 세부적인 상황 없이 장황하게 이론이나 추상적인 아이디어를 길게 설명하는 것도 피해야 할 소통방식 중 하나입니다. 그렇다고 해서 세부사항만 지나치게 다루는 것도 다른 사람에게는 부담을 줄 수 있는 만큼 자신의 주요 생각이나 관점을 큰 그림으로 설명할 수 있어야 합니다. ENTP 유형은 앞서 소개한 ENFP처럼 아이디어가 풍부한데요. ENFP가 사교적이라고 하면 ENTP는 논리적 성향이 강하다는 점에서 다소 차이가 있습니다. ENTP는 자기 아이디어에 확신을 가지며, 논리에 입각한 설명을 잘합니다. 또한 미래에 초점을 둔 새롭고 기발한 아이디어를 잘 제시하며 열린 사고를 해 기존의 방식에서 탈피한 독창적이고 새로운 방식으로 문제를 해결하려는 경향이 있습니다.

같이 일을 해보면 ENTP 유형은 에너지가 넘치고 열정적이며 자신의 맡은 프로젝트나 업무에 잘 심취하는 것 같습니다. 서로의 의견을 공개적으로 토론하는 것을 좋아하고 자신과 반대되는 의견이라도 크게 동요하지 않더라고요.

서로 다른 의견에 대해 논의하고 그래서 새로운 결론을 이끌어 내는 과정을 좋아하는 편입니다. 그리고 거시적인 관점에서 바라보는 것을 좋아하니까 너무 세부적인 사항을 세심하게 설명하는 데 치중하지 말고 도표나 다이어그램 등을 통해 전체적인 내용을 한눈에 알아볼 수 있는 이미지를 제시하는 것이 효과적인 소통 방법일 수 있습니다.

🐻 맞습니다. 사실적이고 세부적인 사항에 관한 대화에는 상당히 지루해했던 것 같습니다.

🐶 아무래도 미래의 가능성과 비전을 염두에 두고 큰 그림으로 문제를 바라보는 성향이 강하다 보니 세부적인 사항에 대해서는 크게 관심을 두지 않는 것 같습니다. 지금까지 소개한 유형에 따른 의사소통의 특징을 간략하게 요약한 내용을 표로 정리했으니 참고하세요.

• MBTI 16가지 유형에 따른 의사소통의 주요 특징[•]

유형	별칭	의사소통 특징
ESFP	연예인	사교적이고 긍정적인 방식의 소통
INTJ	전략가·건축가	논리적이고 업무지향적 방식의 소통
ENFJ	선도자	친근하고 지지적인 방식의 소통
ISTP	장인	논리적이고 과묵한 방식의 소통
ESFJ	부양자	조화를 강조하는 친화적 방식의 소통
INTP	설계자·논리학자	분석적이고 호기심 많고 지적인 방식의 소통
INFP	몽상가·치유자	인간 중심의 가슴 따뜻한 방식의 소통
ESTJ	사업가	도전적 진취적 방식의 소통
ISFP	성인군자	겸손하고 온화한 방식의 소통
ENTJ	사령관	도전적, 주도적 방식의 소통
ENFP	활동가	사교적, 풍부한 아이디어로 충만한 소통
ISTJ	현실주의자	꼼꼼하고 현실적, 논리적 방식의 소통
INFJ	상담가	인간의 내면을 중시하는 방식의 소통
ESTP	지지자·후원자	실천적이고 실용적 방식의 소통
ISFJ	보호자·이타주의자	협조적이고 사려깊은 방식의 소통
ENTP	발명가·토론자	논리적, 풍부한 아이디어로 충만한 소통

• 고영재, 『당신이 알던 MBTI는 진짜 MBTI가 아니다』, 인스피레이션, 2022, 일부 내용 인용 및 수정함

9장

MBTI 선호지표와
스트레스

김쌤 박쌤

"피할 수 없으면 즐겨라!"라는 말 많이 들어보셨죠? 미국의 심장 전문의 로버트 엘리엇의 저서 『스트레스에서 건강으로: 마음의 짐을 덜고 건강한 삶을 사는 법』에서 처음 언급되었던 말인데요. 여러분은 어떤가요? 이번에는 우리가 피하고 싶지만 피할 수 없는 것 가운데 하나인, 바로 스트레스를 주제로 MBTI 4가지 선호지표에 따른 스트레스 특성에 대해 살펴보도록 하겠습니다.

"피할 수 없으면 즐겨라!"라는 말은 "이 또한 지나가리라."와 같이 우리가 어떤 관점으로 세상을 보는지에 따라 달라질 수 있음을 의미한다고 생각합니다. 즉 우리가 평상시에 가지고 있는 생각 혹은 인지를 바꾼다면 우리의 감정과 행동도 변화한다는 인지주의 심리학과도 맥을 같이 합니다. 예를 들면 모임 일정이 갑자기 바뀌는 상황에서 누군가는 스트레스를 받기도 하고(판단형) 별로 개의치 않는 사람도 있는데(인식형), 이러한 반응의 차이는 그 사람의 성향과 생각들의 영향을 받는다고 할 수 있습니다.

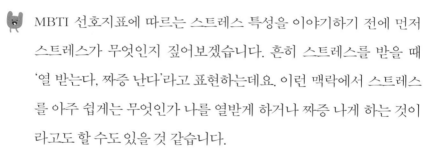

이번에는 스트레스 상황에 직면할 때 우리가 MBTI 유형에 따라 어떤 반응을 보이는지 MBTI 선호지표를 중심으로 다뤄보겠습니다. 9장과 10장에서 다룰 MBTI 유형별 스트레스 특성에 대해 이해하게 된다면 스트레스 상황에서 어떻게 대응하며 관리하면 좋을지에 대한 해답을 찾을 수 있지 않을까 기대해봅니다.

스트레스의 정의

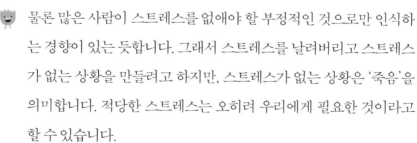

MBTI 선호지표에 따르는 스트레스 특성을 이야기하기 전에 먼저 스트레스가 무엇인지 짚어보겠습니다. 흔히 스트레스를 받을 때 '열 받는다, 짜증 난다'라고 표현하는데요. 이런 맥락에서 스트레스를 아주 쉽게는 무엇인가 나를 열받게 하거나 짜증 나게 하는 것이라고도 할 수도 있을 것 같습니다.

물론 많은 사람이 스트레스를 없애야 할 부정적인 것으로만 인식하는 경향이 있는 듯합니다. 그래서 스트레스를 날려버리고 스트레스가 없는 상황을 만들려고 하지만, 스트레스가 없는 상황은 '죽음'을 의미합니다. 적당한 스트레스는 오히려 우리에게 필요한 것이라고 할 수 있습니다.

스트레스의 정의

- 스트레스에 관한 정의는 크게 세 가지 측면에서 이야기할 수 있다.
- 반응으로서의 스트레스는 가족 갈등, 바쁜 일상, 교통사고와 같은 외적 사건이나 비관적 태도, 낮은 자존감, 완벽주의와 같은 내적 사건에 대한 심리적이고 생리적인 반응을 의미한다.
- 자극으로서의 스트레스는 스트레스를 스트레스 반응이나 적응을 요구하는 중요한 생활 사건이나 변화로 보는 관점이다.
- 상호작용으로서의 스트레스는 스트레스 자극을 해석하고 반응하는 차이로 스트레스를 개인에게 주어진 요구와 그 요구에 대처할 수 있는 자원 사이의 불균형으로 보는 관점이다.

 먼저 반응으로서의 스트레스의 정의를 살펴보면 신체적 안전이나 정서적 위협에 직면했을 때 우리 몸은 반사적으로 '투쟁 또는 도피 반응(Fight or Flight)', 즉 스트레스 반응으로 방어상태에 돌입하게 됩니다. 자동차가 갑자기 자신을 향해 달려든다든지 하는 상황에서 신속하게 반응하지 않으면 매우 치명적일 수 있는데요. 바로 이 투쟁 또는 도피 반응은 이러한 상황에서 생존을 돕는 적응적인 반응이고, 이때 스트레스 반응은 즉시 싸우거나 도망칠 준비가 되었다

- 현성용·곽금주·김미리혜·성한기 등저, 『현대심리학의 이해 4판』, 학지사, 2020

는 것을 의미합니다.

전에 작은 트럭이 저를 향해 갑자기 돌진해 와서 급하게 피했던 기억이 있었는데요. 신기하게도 거의 반사적으로 몸이 움직이더라고요. 그런데 현대인들의 스트레스는 이런 외적이고 급작스러운 위협보다는 금전적인 문제나 직장생활이나 대인관계 등과 관련된 갈등이 많고 이로 인한 심리적인 것에 기인하는 경우가 많아서 장기화될 가능성이 있다는 것이 더 문제입니다. 그래서 투쟁 또는 도피 반응이 과도하게 지속적으로 활성화된다면, 직업적, 학업적인 측면과 일상생활에 부정적인 영향을 줍니다.

• 직장인의 직장생활 스트레스 원인

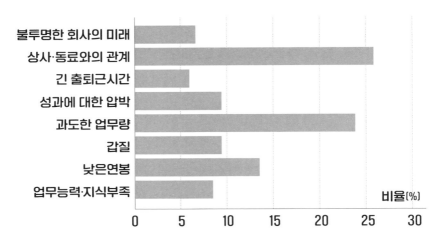

출처: 〈매일경제〉 2020년 7월 4일 기사

2020년 7월, 〈매일경제〉 인터넷 기사에서 직장인에게 스트레스를 유발하는 원인에 관한 기사를 다룬 적이 있습니다. 선생님이 생각하실 때 요즘 직장인에게 가장 큰 스트레스를 주는 요인은 무엇이라고 생각하시나요?

요즘 젊은 세대에게 중요한 것은 뭐니 뭐니 해도 워라밸[*]이 있는 삶이라고 할 수 있는데요. 그런 의미에서 워라밸의 가장 큰 걸림돌은 일이 많다는 것과 대출로 인한 경제적 부담이 아닐까요?

제 생각도 비슷해요. 일과 삶의 균형을 잡는 데 걸림돌로 작용하는 요인으로 업무량이 많다는 것과 그 업무에 대한 평가, 그러니까 실적에 대한 압박이 아닐까 예상해봤는데요. 직장인 1,225명을 대상으로 '직장인과 스트레스'에 대해 조사한 결과, 전체 응답자의 25.2%가 스트레스의 원인으로 상사·동료와의 인간관계를 뽑았다고 합니다.[**]

이런 원인이라면 직장을 옮긴다고 해서 쉽게 해결될 문제는 아닌 것 같네요. 회사를 옮긴다고 하더라도 솔직히 동료나 상사와의 갈등은 어디서든 발생할 수 있는 일이니까요. 그렇다고 직장을 쉽게

그만둘 수도 없으니 장기간에 걸쳐 스트레스가 발생할 수 있을 거 같습니다.

🐻 장기간에 걸친 스트레스로 생기는 이러한 정신적, 육체적 고통을 잘 다루지 못한다면 번아웃*과 같은 부정적인 결과로도 이어질 수 있을 텐데요. 다들 스트레스를 잘 해소하면서 살아가고 있는지 궁금하네요.

👾 많은 사람이 친구나 지인과의 대화, 운동, 여행, 취미생활 등을 통해 스트레스를 해소하려고 시도해보지만 크게 효과를 보지 못했다고 합니다. 그만큼 현대인에게 효과적인 스트레스 해소 방법을 찾는다는 것이 중요하다는 의미인데, 근본적인 원인을 모르면서 스트레스를 해결하기 위해 이것저것 하다 보면 오히려 몸과 마음이 지치게 되어서 더 힘든 상황이 될 수도 있습니다. 드라마 〈나의 해방일지〉의 구씨는 과도한 긴장 때문에 술을 마시는 것으로 보입니다. 혼자서 모든 일을 감당해야 하고 믿고 의지할 사람이 없기 때문입니다. 마치 고슴도치가 몸에 가시를 세우는 것처럼 자신을 보호하기 위해 긴장상태를 유지하다 보니 이완을 해야 할 때조차 이완이 안 됩니다. 그런데 술을 마시면 일시적으로 이완상태를 경험하기 때문에 술을 지속적으로 마시게 되었고, 결국 술에 의존하게 되었다는 것

• 번아웃(Burn Out): 일에 지나치게 몰두하던 사람이 어느 시점에서 갑자기 모두 불타버린 연료와 같이 극도의 피로감을 느끼며 무기력해지는 것을 의미하는 현대 사회의 병리적 징후를 표현하는 용어(출처: 서울아산병원)

입니다.

두 번째, 자극으로서의 스트레스는 스트레스를 반응이나 적응을 요구하는 중요한 생활 사건이나 변화로 보는 관점으로 변화는 본질적으로 스트레스를 유발할 수밖에 없습니다. 예를 들어 결혼이나 취업같이 축하할 일에도 스트레스는 발생한다는 것입니다. 스트레스뿐만 아니라 즐거움과 기쁨도 함께 있겠지만요.

참고로 사회재적응 평가 척도를 보면 생활사건 중 스트레스가 가장 높은 것이 '배우자의 사망'으로 100점, '결혼'이나 '부부간의 화해' 등도 각각 50점, 45점으로 상대적으로 높다는 것을 알 수 있습니다.

배우자의 사망이 제일 높은 이유는 부부 사이가 갈등도 많지만 오랜 시간 서로 의지하며 가정을 지켜나간다는 의미에서, 한 배우자가 먼저 세상을 떠난다면 그 상실감과 혼자서 감당해야 할 몫의 무게가 더 클 것이라는 생각 때문이 아닐까 싶은데요. 결혼과 취업 같은 좋은 일에도 스트레스가 동반된다는 사실에는 많은 사람이 의아하게 생각할 수 있을 것 같습니다.

세 번째, 상호작용으로서의 스트레스는 저마다 스트레스 자극을 해석하고 이에 반응하는 데 있어 차이, 즉 스트레스를 개인의 대처자원 사이의 불균형으로 보는 관점인데요. 예를 들어 하루 종일 원고 작업을 했는데 저장을 안 해서 원고의 상당 부분이 날아갔다고 생각해보세요. 순간 머리가 하얗게 되면서 스트레스 지수가 엄청 올라가겠죠. '난 끝났다.'라고 생각하는 것과 '그나마 원고 일부라도 저장이 되어서 다행이다.'라고 생각하는 것에는 분명 차이가 있습니다. 구체적으로 이 모형은 스트레스 자극에 대한 반응에 앞서 두 단계의 인지적 평가를 거칩니다.

 말씀하신 두 단계의 인지적 평가에서는 일차적으로는 주어진 상황이 개인 자신과 관련이 있나 없나를 판단합니다. 만약 관련이 있다고 판단하는 경우 그 상황이 이득이나 해를 가져올지 판단하게 되는데 해를 가져온다고 보면 두 번째 평가 과정으로 넘어갑니다. 2차 인지적 평가에서는 1차 평가를 바탕으로 해당 상황에 대처할 수 있는 자원의 유무를 판단하게 됩니다. 대개 상황적 요구와 인지된 내외적 자원 사이의 균형을 파악하는데, 이때 요구가 자원을 넘어선다고 느끼는 경우 부정적인 스트레스를 경험하게 된다고 합니다.

 스트레스는 세 가지 유형으로 볼 수 있습니다. 먼저 급성 스트레스는 회사에 지각하는 것이 대표적인 예라고 할 수 있는데요. 일상생활에서 흔한 유형으로 새로운 도전, 사건, 압력에서 비롯되는 스트레스를 말합니다. 이러한 급성 스트레스가 자주 발생하면 급성 에피소드형 스트레스가 되는데요. 이 유형의 스트레스를 겪는 사람들은 항상 서두르거나 압박감을 느끼곤 합니다. 마지막으로 만성 스트레스는 가장 유해한 유형으로 급성 스트레스가 해결되지 않고 장시간에 걸쳐 증가하거나 지속되는 스트레스를 말합니다.

 드라마 〈나의 해방일지〉의 미정은 경기도에서 서울로 출퇴근을 합니다. 아침에 마을버스를 놓치면 회사에 지각할 가능성이 높아지고, 저녁에 막차를 놓치면 귀가에 애를 먹다 보니 늘 버스 출발 시간에 신경 쓰고 퇴근 후에도 귀가를 서두르게 되고 회식과 같은 사회생활에도 소극적으로 임하게 되면서 대인관계에 영향을 미칩니다. 이러한 유형의 스트레스를 급성 에피소드형 스트레스의 예라고 할 수 있고요. 만성 스트레스의 예는 불행한 결혼생활이 대표적인데요. 드라마 〈더 글로리〉에서 지속적인 가정폭력에 시달리며 자신은 물론 딸과 친정 식구까지 협박하는 남편으로 인해 극심한 스트레스에 시달리는 현남의 경우가 만성 스트레스 사례라고 할 수 있습니다.

스트레스의 대처 방법

 사실 스트레스를 어떻게 보는가에 따라 스트레스 유형도 다양하고 그에 따른 대처 방법도 다양한데요. 스트레스 대처 방법은 크게 문제 중심이냐 정서 중심이냐 이 두 가지로 나눠집니다.

 먼저 문제 중심 대처는 스트레스의 근본적인 원인을 변화시키거나 수정하는 데 초점을 맞춥니다. 하지만 문제 중심의 접근은 개인이 스트레스 상황이나 스트레스 요인에 대한 통제력을 발휘하지 못하거나 조정을 할 수 없을 때는 효과를 기대하기 어렵습니다. 예를 들어 사랑하는 사람이 사망한 경우, 스트레스 요인을 조정하거나 수정할 수 없죠. 이와 비슷한 상황에서 문제 중심 대처를 사용하는 것은 당연히 효과적인 전략이 아닙니다.

정서 중심 대처는 스트레스 요인에 노출되어 발생하는 두려움, 불안, 우울, 수치심과 같은 감정 반응을 줄이는 데 초점을 맞추는 접근 방법으로, 문제 중심 전략과는 달리 통제 불가능한 스트레스 요인을 관리하는 데 효과적입니다. 스트레스의 근본적인 원인을 통제할 수는 없지만, 스트레스에 반응하는 방법을 통제한다는 점에서 의미가 있습니다. 이러한 정서 중심 대처방식에는 5개의 하위 유형이 있습니다.

스트레스 원인에 더 초점을 맞출 것인지 스트레스로 인한 반응에 초점을 맞출 것인지에 따라 대처 방법이 달라진다고 할 수 있습니다.

• 정서 중심 스트레스 대처방식의 5가지 유형

대처방식	대처 내용
분리	마치 아무 일도 일어나지 않은 것처럼 행동하고 스트레스 상황에 사로잡히지 않음
기분전환	감정을 조절하기 위해 어떤 행동이나 생각을 함
회피	기적을 바라거나 잠, 술, 약물 등에 의존함
지지 추구	자신을 도와줄 사람을 찾아 청함
타협	다른 사람의 마음을 바꾸려 하거나 협상을 통해 무엇인가 얻으려고 함

출처: 유정이(삼성상담실)

• 유정이(1999). MBTI를 통해서 본 직장인의 스트레스와 스트레스 대처방식. 심리유형과 인간발달, 6(1), 107-120.

스트레스의 평가

적당한 스트레스는 오히려 필요하다고 말씀드린 바 있는데요. 이런 적당한 수준을 상회하는 경우 우리가 스트레스로 힘들다고 느낄 수 있습니다. 대한신경정신의학회의 스트레스 평가지가 이러한 판단에 도움을 줄 수 있을 것 같은데요.

스트레스 평가지에 대해 간단히 설명하면, 10개의 문항을 읽고 최근 1개월을 기준으로 전혀 없었다를 0점, 매우 자주 있었다를 4점으로 하는 빈도의 정도를 체크한 후 총합을 구하는 방식입니다. 긍정의 문항에 대해서는 전혀 없었다가 4점이고요. 매우 자주 있다가 0점입니다.

이런 평가지를 통해서 자신의 스트레스 지수를 평가해보는 것도 도움이 될 수 있습니다. 물론 주관적으로 느끼는 것을 평정하는 것이긴 하지만, 스스로 어떻게 느끼느냐가 중요하기 때문에 높은 점수가 나온다면 심각성을 인지하고 적절한 도움을 찾는 노력이 필요해 보입니다. 스트레스 평가 점수에 따른 스트레스 상태는 다음 표의 내용과 같습니다.

스트레스 평가지

스트레스 평가

최근 1개월 동안 다음 문항의 내용을 얼마나 자주 느꼈는지 표시하십시오.

문항		전혀 없었다	거의 없었다	때때로 있었다	자주 있었다	매우 자주 있었다
1	예상치 못했던 일 때문에 당황했던 적이 얼마나 있었습니까?	0	1	2	3	4
2	인생에서 중요한 일들을 조절할 수 없다는 느낌을 얼마나 경험하였습니까?	0	1	2	3	4
3	신경이 예민해지고 스트레스를 받고 있다는 느낌을 얼마나 경험하였습니까?	0	1	2	3	4
4	당신의 개인적 문제를 다루는 데 있어서 얼마나 자주 자신감을 느꼈습니까?	0	1	2	3	4
5	일상의 일들이 당신의 생각대로 진행되고 있다는 느낌을 얼마나 경험하였습니까?	0	1	2	3	4
6	당신이 꼭 해야 하는 일을 처리할 수 없다고 생각한 적이 얼마나 있었습니까?	0	1	2	3	4
7	일상생활의 짜증을 얼마나 잘 다스릴 수 있었습니까?	0	1	2	3	4

8	최상의 컨디션이라고 얼마나 자주 느끼셨습니까?	0	1	2	3	4
9	당신이 통제할 수 없는 일 때문에 화가 난 경험이 얼마나 있었습니까?	0	1	2	3	4
10	어려운 일들이 너무 많이 쌓여서 극복하지 못할 것 같은 느낌을 얼마나 자주 경험하셨습니까?	0	1	2	3	4

※ 자신이 받는 스트레스 정도를 확인하기 위해 각 문항의 점수를 먼저 더하시면 됩니다.
(4, 5, 7, 8번 문항은 역채점)

• 13점 이하: 정상적인 스트레스 상태로 스트레스 요인 자체가 심각하지 않거나 좋은 스트레스로 받아들인 경우
• 14점 이상: 이미 스트레스의 영향을 받기 시작. 만약 이런 상태가 지속되면 나쁜 스트레스의 결과가 나타날 수 있음
• 17점 이상: 정신질환으로 발전될 가능성이 높아진 상태
• 19점 이상: 전문가의 도움이 필요

출처: 대한신경정신의학회

MBTI 선호지표와 스트레스

영화 〈케빈에 대하여〉에서 주인공 에바는 아들이 학교에서 끔찍한 대량 학살을 저지른 후 죄인처럼 살아갑니다. 영화는 과거와 현재를 절묘하게 조합하면서 스토리를 연결해가는데요. 그중 에바가 술

영화 〈케빈에 대하여〉 스틸

과 약으로 연명하면서 끊임없이 반추하는 장면이 있습니다. '무엇
이 문제였을까.' '어디부터, 왜?'라고 스스로 질문하고 또 질문하는
듯한…. 에바는 소년원에 수감된 아들을 찾아가서 묻습니다. "왜 그
랬니?(Why?)" 그 말에 처음으로 케빈이 진정성 있게 답합니다. "그
때는 안다고 생각했는데, 지금은 모르겠어요." 아주 짧은 대화였지
만, 그 울림이나 무게감이 다릅니다. 내향형들이 스트레스에 취약

• 감독: 린 램지 | 출연: 틸다 스윈튼, 에즈라 밀러
  자유로운 삶을 즐기던 여행가 에바는 원치 않는 임신을 하게 되고 일과 양육을 동시에 해내야 하기에
  힘들어하지만, 그의 남편은 그녀의 고통을 이해하지 못한다. 반면 케빈은 자신을 사랑해주지 않는
  엄마 에바에게 복수를 하기 위해 17세가 되던 해에 대량 살상을 저지르고 에바의 삶은 나락으로
  떨어진다. 자유로운 성향의 에바는 아마도 'INTP'로 추정된다. 조용하고 생각이 많고 창의적이고
  자유로움을 추구하지만 대인관계에서 불편감을 느끼고 있는 것으로 보이며, 이런 성향이 케빈을
  양육하고 정서적으로 돌보는 것에서 어려움으로 나타난다.

할 수도 있지만, 끊임없는 자기반성과 성찰을 통해 근본적인 문제의 원인이 무엇인지를 파악하려고 하려는 그 노력은 성장의 동력이 되기도 합니다.

🐰 적극적이고 사교적인 외향성(E)보다는 자기 내면에 몰입하기를 좋아하고 그래서 혼자 생각하는 것을 즐기는 조용한 성향의 내향성(I)이 스트레스에 더 민감하게 반응할 수도 있습니다. 외향형은 속에 뭔가 불편한 건 잘 담아두지 않는 편이고요. 그래서 바로바로 표현한다거나 아니면 활발한 외부 활동을 통해서 주의를 다른 곳으로 전환하면서 스트레스를 경감시키려고 하는데요. 이에 반해 내향형은 그 문제에 몰두하면서 혼자서 지속적으로 반추하는 경향성 때문에 스트레스에 취약한 것처럼 보일 수도 있습니다.

🐱 영화는 아들의 충격적인 사건 이후 홀로 고립된 삶을 살아가는 주인공 에바를 비추고 있습니다. 물론 이런 충격적 사건으로 인한 트라우마를 이겨낸다는 것 자체가 쉽지 않은 것이기도 하고요. 특히 내향형인 에바가 사람과 단절된 채 살아가게 되는 데는 대인관계에서 어려움을 느끼는 그녀의 내향적 특성이 작용했을 수도 있습니다. 내향형이 외향형보다 스트레스에 취약하다고 단정할 수는 없지만 선호 경향에 따라 스트레스에 상대적으로 덜 또는 더 영향을 받게 될 가능성은 배제할 수는 없습니다.

🐰 선호 경향이 스트레스에 영향을 줄 수 있다는 것인데요. 예를 들어 판단 기능인 사고와 감정을 놓고 보더라도 감정형은 다른 사람에 대한 관심이나 인간에 대한 가치를 중요하게 생각하고 그래서 사람

과의 관계를 중요하게 여깁니다. 다른 사람에 의해 상처도 쉽게 받는 편입니다. 하지만 사고형은 논리적, 객관적 사고에 강하죠. 그래서 감정형이 사고형보다 스트레스에 민감할 수 있습니다.

🐾 같은 맥락에서 통제, 계획에 따른 일 처리를 선호하는 판단형과 개방적이고 적응적인 인식형을 놓고 봤을 때 아무래도 판단형보다는 인식형이 스트레스에 덜 예민할 수 있습니다.

🐾 다시 한번 강조하지만, 그렇다고 해서 특정 유형이 스트레스에 더 민감하다, 덜 민감하다고 단정 지어 말할 수는 없습니다. 스트레스에 대한 반응이나 대처 방법은 선호유형이 같더라도 연령, 직업, 생활환경 등 다양한 요인이 영향을 미칠 수 있습니다. MBTI가 모든 것을 설명해줄 수는 없다는 점을 다시 한번 기억해주시면 좋을 것 같습니다.

10장

MBTI 성격유형별
스트레스 특성

김쌤 박쌤

인터넷 검색창에 '스트레스 진단'이라고 검색하면 각종 자가 진단 도구가 소개되는데요. 그만큼 현대인에게 스트레스는 중요한 관심사 중 하나인 것 같습니다.

어찌 보면, 현대인들이 그만큼 스트레스를 많이 받는다는 이야기이기도 하고, 한편으로는 스트레스에 취약하다는 거겠죠.

누구든 살아가면서 스트레스를 안 받고 살 수는 없기 때문이기도 하고 각자의 성격유형에 따라 받는 스트레스도 조금씩 다를 것 같습니다. 지금부터는 MBTI 성격유형에 따른 스트레스의 특성에 대해 알아보도록 하겠습니다.

• Nancy. J. Berger & Landa K. Kirby 공저 / 한국MBTI연구소 역, 『조직의 변화와 유형』, 어세스타, 2005, 일부 내용 인용 및 수정함

MBTI 심리 기능과 스트레스

• 8가지 심리 기능

선호지표	에너지의 방향	
	외향	내향
사고 > 감정	외향적 사고 ESTJ & ENTJ	내향적 사고 ISTP & INTP
감정 > 사고	외향적 감정 ESFJ & ENFJ	내향적 감정 ISFP & INFP
감각 > 직관	외향적 감각 ESTP & ESFP	내향적 감각 ISTJ & ISFJ
직관 > 감각	외향적 직관 ENTP & ENFP	내향적 직관 INTJ & INFJ

 지금부터는 차례대로 스트레스의 특성에 대해 살펴볼 예정인데요.
먼저 사고형부터 살펴보겠습니다.

• 선호지표인 사고, 감정, 감각, 직관을 에너지의 방향에 따라 외향형과 내향형으로 구분하면 외향적
사고, 내향적 사고, 외향적 감정, 내향적 감정, 외향적 감각, 내향적 감각 그리고 외향적 직관과 내향적
직관 등 8가지 심리유형으로 구분됨.

사고형: 외향적 사고 vs. 내향적 사고

외향적 사고형(ESTJ & ENTJ)

논리를 외부로 사용하면서 이성적이고, 논리적 사고와 분석으로 상황을 해석하고 이에 적절하게 대응

🐰 스트레스를 받으면 누구나 평정심을 잃고 흥분을 할 수도 있고, 평소와 다른 모습을 보일 수 있습니다. 갑자기 예전에 봤던 미국 드라마 〈헐크〉가 생각나네요.

👾 아주 오래된 드라마죠. 평소 조용한 성격의 주인공이 화가 나면 갑자기 돌변하면서 몸집이 커지면서 옷이 막 뜯어지는데요. 우리가 스트레스를 받으면 그 스트레스가 갑자기 커져서 우리를 잠식하는 모습과도 유사한 듯합니다.

🐰 MBTI 관점에서 스트레스는 가장 주도적으로 작동하는 심리 기능이 경직된 방식으로 과도하게 작용하기 때문인 것으로 보는데요. 적당한 스트레스는 오히려 우리에게 득이 될 수 있지만, 지나친 스트레스가 균형을 깨뜨리면서 평소 잘 작동하던 기능은 제 기능을 발휘하지 못하고 그러면서 가장 취약한 기능이 오히려 두드러지면서 부작용이 나타나는 것이죠.

👾 외향적 사고형의 경우 이성적이고 논리적으로 사고하는 것이 장점이지만, 과도한 스트레스 상황에서 지나치게 이성과 논리만으로 모든 상황을 판단하려고 한다는 것이 문제입니다. 평상시에도 사고형

은 타인의 감정이나 입장을 고려하지 못한다는 약점이 있는데 이런 부분이 더 부각되면서 비판적이고 독선적으로 될 수 있습니다.

과도한 스트레스로 시달리는 외향적 사고형의 상사가 며칠을 고생하며 만들어온 기획서의 첫 페이지를 넘기자마자 빨간 줄을 찍 그으면서 다짜고짜 이거 근거가 무엇인지 대보라고 묻는다면 말문이 막히고 상당히 모욕적으로 느껴질 것 같은데요. 드라마 〈나의 해방일지〉에서도 디자인팀 팀장이 주인공 미정한테 대하는 태도가 딱 이런 모습이었습니다. 자기 자신만의 디자인 방식과 원칙만이 정답인 양 자신이 기준에 들지 않는다는 이유로 다른 사람이 공들여 만든 디자인 시안을 난도질하는 장면을 보면 제삼자의 관점에서도 화가 많이 났습니다.

드라마에서는 이 사람에 대한 자세한 정보가 없어서 사고형인지는 분명하지는 않지만, 편파적이고 출세지향적이면서 자신보다 약한 사람을 무시하는 듯한 태도도 보이고, 타인을 배려하고 존중하는 모습은 보여주질 않았습니다. 어떤 면에서 자신 스스로는 공정하게 미정의 잘못을 지적한다고 생각하는지도 모르겠습니다. 이렇게 논리적 사고만을 앞세우다 보면 당하는 사람 입장에서는 간섭하고 비난만 한다고 생각할 거 같습니다.

외향적 사고형은 감정을 내부로 사용하는 기능, 즉 인간중심적인 가치와 타인을 배려하고 존중하면서 따뜻하게 대하는 것이 어려울 수 있습니다. 인지적 이해와 정서적 이해가 필요한 부분인데요. 다시 말해서 마음 읽기와 공감이 잘 안 되는 거라고 할 수 있습니다.

🐹 외향적 사고형의 약점이 내향적 감정이다 보니 감정적으로 미성숙하고 취약한 모습이 드러나는 거고요. 내면의 감정을 처리하는 데 서툴기 때문에 짜증과 분노를 적절히 조절하지 못하고 별거 아닌 일에도 예민한 반응을 보일 수 있습니다. 평소에도 상냥하지 않은 편인데, 예민한 상태에서는 더 심해지면서 그로 인해 다른 사람에게 상처를 줄 수 있습니다.

🐶 오래전 일이지만 예전에 동료한테 "일전에 그거 어디까지 진행됐니?" 하고 물어봤다가 된통 당한 적이 있는데요. 네가 말하는 일전이라는 것이 언제를 말하는 거냐면서 속사포를 터트리더라고요. 저야 당시에 그 동료랑 같이하던 일이 딱 하나뿐이어서 그렇게 말했는데요. 설령 그게 말실수라고 하더라도 그렇게까지 정색하고 따질 건 아니지 않나요.

🐹 사고형들은 아무래도 자기만의 원리원칙과 틀이 깨지거나 맞지 않으면 순간 발끈하는 경우가 있는 거 같습니다. 애매모호한 상황도 참기 힘들어하고요. 저도 가끔 버럭 하거나 발끈하는 경우가 있는데, 상대가 말도 안 되는 논리로 밀어붙인다고 느낄 때 그렇습니다. 방금전 말씀하신 동료의 경우 '내가 일이 얼마나 많은데 언제를 정확하게 특정을 안 해주면 그걸 내가 어떻게 알 수 있겠냐, 정확히 물어봐야 정확히 대답해주지.' 이런 이야기인 거 같거든요. 그런데 앞에서도 말씀드렸지만, MBTI로 설명할 수 없는 부분이 많기 때문에 왜 그런지는 대화를 통해서 구체적으로 알아보는 것도 좋겠습니다. 물론 대화를 통해서도 통해서도 의견이 좁혀지지 않거나 감정이 해

소되지 않는 경우가 있습니다. 어쨌든 화를 자주 내는 건 자신과 타인의 정신건강에 좋지 않고 관계 유지에도 도움이 되진 않죠. MBTI를 통해 자신과 타인의 이해를 돕는다고 해도 모든 걸 다 수용하고 포용할 수 없고 그럴 필요도 없다고 생각합니다.

 이해와 수용에는 한계가 있다는 말씀은 매우 중요한 것 같습니다. 그래도 뭔가 스트레스로부터 회복을 위한, 균형을 찾기 위한 노력이 필요한데요. 스트레스 상황에서는 우리의 심리 기능 중에서 주된 역할을 하는 기능이 균형을 잃고 과도하게 작동하기 때문에 생기는 문제들이 많습니다. 그러면서 미숙한 기능이 상황을 더 악화시키게 되고요. 사고형인 ESTJ의 경우 혼자만의 시간을 갖되 현재 상황을 돌아보고 평가할 수 있는 시간이 도움이 되고요. ENTJ는 음악을 듣거나 명상을 하면서 내면의 비전에 대해 생각해보는 것이 스트레스로 인한 곤란을 정리하는 데 도움이 됩니다.

내향적 사고형(ISTP & INTP)

논리적이고 분석적, 평상시에는 자기주도적이지만, 스트레스 상황에서는 자신만의 논리적 세계에 빠져 편협해질 수 있음

 내향적 사고형 역시 사고형이기 때문에, 스트레스가 가중된 상황에서 '논리적 사고 체계가 과도하게 작동한다'라는 측면은 외향적 사고형과 비슷합니다. 그런데 내향적 사고형은 빈정거리고 냉소적으로 변하는 경우가 많습니다. 드라마 〈나의 해방일지〉를 보면 둘째

아들 창희가 경기도에서 서울로의 출퇴근을 위해 자동차를 구매하겠다고 의사를 밝히자 아버지가 버럭 화부터 내면서 아들을 못마땅해하면서 "너는 생각이 있냐, 없냐." 등 불편한 감정만 쏟아내는 모습이 그려졌는데요. 이 드라마 속 아버지의 유형이 ISTP로 추정됩니다.

INTP도 스트레스 상황에서 보이는 양상은 대체로 비슷한데요. ISTP에 비해 힘들고 지칠 땐 집중력이 떨어지는 편이며 일을 미루거나 회피하는 경향이 좀 있습니다. 이렇게 일을 뒤로 미루다 보면 일들이 쌓이면서 스트레스가 가중되는 악순환이 이어질 수 있고요. 이러한 상황을 잘 이겨내고 균형을 회복하기 위해서 새로운 장소를 찾거나 새로운 활동에 도전해보는 것을 추천해드립니다. 새롭고 낯선 것에서 상상력이나 창의력을 발휘해보면서 자신의 관점을 전환하거나 관점을 확장하고 스트레스로 잃어버린 균형을 회복하는 거죠.

ISTP 유형의 경우 감각형이기 때문에 자신의 선호에 맞게 영화를 보거나 쇼핑을 하거나 운동이나 산책 등 외부 활동을 통해 감각적 경험을 하는 것을 추천합니다. 감각적인 즐거움을 통해 현실에 대한 관점을 바꿔보도록 만드는 것인데요. INTP는 여행이나 새로운 활동을 해보는 것이 좋다고는 하는데, 무리하지 않는 선에서 하면 좋겠습니다. 또 하나 INTP나 ISTP나 약한 고리인 감정적 측면을 고려하도록 느끼게 하는 것도 중요합니다.

무엇보다 자기 스스로 자신의 모습을 되돌아보며 성찰의 시간을 가지면서 자신의 내적 성장을 위해 노력하는 모습도 중요할 것 같네요. 회사 일로 엄청난 스트레스 고통받고 있는 ISTP 유형의 친구가 있다면 영화표 한 장 끊어 보내는 것도 좋은 방법이 아닐까 싶습니다.

직관형: 외향적 직관 vs. 내향적 직관

외향적 직관형(ENTP & ENFP)

평소에는 혁신적이며 열정적이나. 스트레스 상황에서는 별다른 의미 없이 그저 새로운 것만 좇거나 공허한 아이디어 남발

 이 유형들은 그리고 가끔은 필요 이상으로 흥분하며 자제력을 잃기도 합니다. 실제로 이런 유형의 인물을 본 적 있는데요. 주변에서 다들 휴식을 권할 정도로 얼굴이 횅해 보이고 지쳐 있던 선배였는데, 주변 선후배들을 수시로 찾아와 논문 주제로 이건 어떠냐, 저건 어떠냐고 물어보더라고요. 그런데 정말 무슨 내용인지 뭘 연구하고 싶은지 알 수 없는 경우가 대부분이었거든요.

 ENTP나 ENFP 유형은 한 번에 많은 일을 처리하다 보니 막상 일하려고 보면 집중력은 떨어지고 산만하게 보일 수 있습니다. 그러면서 예민해지고 짜증도 많이 내고요. 방금 사례처럼 자기가 뭐 대단한 거 발명이라도 하는 양 일만 잔뜩 벌여놓고 결국에는 수습하지

못해 자신과 주변 사람들에게 골칫거리가 되는 경우가 종종 있을
거 같습니다.

 방향성 없는 맹목적 변화가 무슨 의미가 있겠습니까. 목적이 불분
명한 변화의 시도는 피곤할 뿐이죠. 우선 이럴 때 외부 활동을 줄
이고 자신의 감정을 되돌아볼 수 있는 혼자만의 시간을 가질 필요
가 있는데요. ENFP는 혼자만의 시간을 보내면서 논리적 사고를
할 수 있도록 바둑 같은 전략적 게임을 하는 것이 도움이 됩니다.
ENTP 유형은 자신의 감정을 되돌아보며 내면의 회복을 시도하는
것이 좋습니다.

 너무 거시적이고 미래지향적으로 생각하다 보면 현실감을 상실하
거나 자신과 주변인들에게 소홀해질 수 있습니다. 실제로 제가 아
는 분도 매우 활동적인 아마도 ENTP일 것으로 추정되는데, 극심한
스트레스가 오면 조용히 방에 들어가서 며칠간 나오지 않고 책을
읽는다고 하시더라고요. 이러한 활동을 통해 평소 간과했던 것을
되돌아보면서 균형을 찾아가는 거죠.

내향적 직관형(INTJ & INFJ)

생각을 잘 드러내지 않아서 다른 사람들이 이해하기 어려운데, 스트레스 상황에서
지나치게 자신의 비전이나 기준에 맞추려는 경향이 강해짐

 이 두 유형은 독립적 성향이 강합니다. 그런데 스트레스를 받았을
때는 이러한 성향이 고집이나 독선적인 태도로 변할 수 있습니다.

합리적 근거 없이 억지를 부리거나 고집스럽게 자기주장을 하는 방식으로 나타나는 것이죠. 상대를 설득하고 이해시키는 방식이 아니라 그냥 같은 말 또 하고 또 하고 고집부리고 떼쓰는 듯한 방식으로요.

이럴 때일수록 이들에게는 다른 사람과의 소통이 필요합니다. INTJ 같은 경우는 논리적 대화를 통해 다른 사람과 생각과 관점을 공유하면서, 이를테면 현실과 이상과의 괴리에 대해 받아들일 수 있는 변화가 필요합니다. INFJ의 경우에는 사람들과의 다양한 방법으로 감정을 교류하는 것이 중요합니다. 그 과정에서 공감과 지지를 받는 것 또한 스트레스로 지친 몸과 마음을 회복하는 데 도움이 될 수 있고요.

직관형은 평상시에는 잘 기능하는 직관이 스트레스를 받게 되면 시야가 좁아지고 협소한 사고를 갖게 될 수 있습니다. 그래서 현실 인식 또는 현실 검증 능력을 갖기 위해서 타인과 소통함으로써 균형감을 유지하려고 노력해야 합니다. 혼자 생각에 빠져 있다 보면 극단적인 생각으로 치달을 때가 있는데요. 그래도 자신과 타인에 대한 이해가 잘 되어 있다면 스스로 자각을 하게 되고 균형을 찾으려는 노력을 하게 됩니다. 본래 타고난 성향은 쉽게 바뀌지 않지만 너무 한쪽으로 치우치지 않으면서 타인들과 건강하게 소통하면서 살아가는 것이 중요하다고 봅니다.

감각형: 외향적 감각 vs. 내향적 감각

외향적 감각형(ESTP & ESFP)
과도한 스트레스 상황에서 심사숙고하지 않고 즉흥적인 행동을 할 가능성이 높음

🐻 평소 같으면 현실감각을 갖고 자료들을 세심하고 꼼꼼하게 보고 정확한 판단을 하지만 스트레스 상황에서는 충분히 생각하지 않고 말하거나 행동으로 옮기는 일이 많아집니다. 정서적으로도 쉽게 동요되어 공격적으로 될 수도 있습니다. 일에 대한 흥미를 잃고 재미나 쾌락에 빠지질 수 있지만, 실상은 내적으로 불안을 느끼고 있을 수 있습니다.

🐶 그런데 여기에 미래에 대한 불안한 마음까지 더해진다면 부정적 감정에 휩싸이면서 상황이 더욱 악화되는 일이 발생합니다. ESTP와 ESFP 모두 열등 기능이 내향적 직관형인데요. 그래서 미래에 대한 불안감이 조성되고 상황을 부정적으로 해석하려는 모습이 나타나게 됩니다.

🐻 그래서 이런 특성을 조금 이해해주면서 스트레스로 힘들어하고 있는 ESTP에게는 가령 새로운 프로젝트를 맡기더라도 비전이나 3~5년 기간의 장기 목표를 세우는 일을 맡기기보다는 시장분석이나 현황 파악 등 기존에 수집된 데이터를 활용해서 평소에 잘 쓰는 논리적 활동을 통해 자신의 역량을 발휘하거나 자신감을 회복할 수 있도록 배려해주면 좋을 것 같습니다.

🐻 ESFP라면 혼자만의 시간을 통해 장기적인 미래와 내면을 들여다보는 시간을 갖는 것이 도움이 될 것 같습니다. 자꾸 혼자만의 시간을 가지라고 하는 이유는 내면을 들여다보고 성찰하기 위해서는 조용한 장소와 시간이 필요하기 때문입니다. 명상도 도움이 될 거 같습니다.

🐱 평소 현실적 감각적 경험만 추구하다가 어떤 계기를 통해서 장기적인 미래, 삶의 목적, 비전, 가능성에 대해서 생각해볼 수 있다면 그것도 나름의 의미가 있다고 생각합니다. 성장이나 성숙을 위해서는 그만한 대가를 치러야 한다는 것을, 성찰을 통한 교훈을 얻을 수 있다면 말입니다.

내향적 감각형(ISTJ & ISFJ)

현실에 충실하고 사람들과의 소통도 원활하며 현실적인 자료를 신뢰하며 적절하게 선별하고 판단함. 스트레스 상황에서는 이러한 성향이 지나치게 작동하면서 자칫 완벽주의로 흐를 수 있음

🐻 '완벽주의'라는 말이 부정적인 의미로 쓰인다면 생산적이지 못하고 정말 대수롭지 않게 지나쳐도 될 세부 사항에 너무 집착하며 강박적으로 매달린다는 것입니다. 특정 유형이라고 할 거 없이 대부분의 유형에서 스트레스가 과도해지면 편협해지면서 감정적으로도 불안정해지는 것 같긴 합니다.

🐱 불편함을 줄이기 위해서라도 스트레스는 잘 해결해야 하는데요.

ISTJ에게는 가능하면 구체적 사실적으로 설명해주는 것이 좋습니다. ISTJ 유형은 사람들과 논리적 대화를 나누면서도 해야 할 일의 전략적 방법 등에 논의해보는 게 도움이 됩니다.

 ISFJ는 이타주의라는 키워드가 붙잖아요. 팀이나 조직 내 구성원에게 헌신하며 다른 구성원의 기대를 실망시키지 않도록 열정적으로 일하며 다른 사람들을 많이 챙기는 편인데요. 이런 ISFJ가 스트레스로 힘들어할 때는 내면적인 것들, 예를 들어 가치관이나 미래의 비전, 새롭게 도전해볼 분야 등을 주제로 사람들과 소통하며 감정을 공유하고 지지받을 수 있는 활동이 도움이 될 수 있지만 혼자만의 생각에만 빠져 있는 것은 좋지 않습니다.

감정형: 외향적 감정 vs. 내향적 감정

외향적 감정형(ESFJ & ENFJ)

사람에 대해 관심이 많고 격려를 관계 유지 잘함, 스트레스 상황에서 타인의 감정에 지나치게 관심을 갖고 자신의 의견이나 생각을 강요하는 경향이 강해짐

 외향적 감정형은 사람에 대한 애정과 관심을 쏟고 겉으로 보이는 조화로운 분위기를 중시합니다. 외향적 감정형은 기본적으로 걱정이 많은 유형인데 다른 사람이 힘들어하는 것에 대해 죄책감도 많이 느끼지만 자신이 힘든 감정이나 부정적인 감정은 억압하는 경향

이 있습니다. 이러다가 극심한 스트레스 상황에 노출되면 매우 비판적이거나 공격적인 모습을 보여 주변인들을 당황스럽게 만들 수 있습니다. 그런데 정작 정말 중요하게 다뤄야 할 문제는 놓치는 경우가 많습니다.

ESFJ 유형은 경직된 분위기를 힘들어하기 때문에 때로는 자청해서 해결사로 나서기도 하고, 주변 사람의 문제를 다 자신의 문제인 것처럼 행동할 때가 많습니다. 저 같은 유형의 사람들은 이런 지나친 관여를 부담스러워할 수 있습니다.

ESFJ는 적절한 선을 유지해야지, 과도해지면 다른 사람에 대한 간섭으로 받아들여질 수 있습니다. 다른 사람의 이익을 위해서라면서 명분을 내세우지만 사람들로부터 반발을 살 수 있다는 것을 명심해야 합니다. 흔히 우리가 '오지랖*'이라는 말을 쓰는데요. 적당한 오지랖은 정 많은 사람으로 통하지만 지나치면 남의 사생활에 간섭하는 개념 없는 사람이 될 수 있고, 우리나라도 점점 개인주의가 심화되고 있는 상황이라서 더욱 유념해야 합니다.

ENFJ도 여러 면에서 ESFJ와 비슷한데요. 여러 사람을 지지하고 보살펴주는 성향이 강해서 다른 사람의 일에 과도하게 집착하고 자신의 부정적 감정을 억압하는 일이 있을 수 있습니다.

억압은 위험하다고 여겨지는 욕구(충동, 욕망, 감정 등)를 밀어내는 방

• 웃옷이나 윗도리에 입는 겉옷의 앞자락. 오지랖이 넓다: 지나치게 아무 일에나 참견하다.

어 기제입니다. 공을 누르면 누르고 있는 면은 들어가지만, 그 반대편이 부풀어 올라서 언젠가 터져 버릴지도 모릅니다. 감정이란 것이 없애버리고 싶다고 해서 느끼고 싶지 않다고 어딘가에 처박아 둘 수 있다고 해도 사라지지는 않습니다. 어딘가에서 작동하고 있다는 것을 잊어서는 안 됩니다. 그러다 보니 엉뚱한 곳에서 발끈하거나 감정이 폭발하게 될 위험이 있습니다. 그럴 경우 당하는 사람은 당황할 수밖에 없는데 정작 당사자는 자기가 그랬는지를 모른다는 것입니다.

🐰 스트레스로 인해 균형이 깨지면서 폭주 기관차처럼 중요한 무언가를 잊은 채 맹목적으로 폭주하게 되는 것처럼요. ESFJ는 이럴 때일수록 실제적인 정보와 현재 상황을 객관적으로 냉철하게 파악하려고 노력해야 하고 주변의 조언에도 귀 기울여야 합니다. ENFJ는 자신의 내적인 비전을 돌아보는 시간을 갖는 것이 필요합니다. 현재 맞닥뜨린 상황을 보다 넓게 조망할 필요가 있습니다.

🐰 물론 누구는 못 하고 싶어서 못 하냐고 하실 분들이 있을 겁니다. 자신과 타인이 다르다는 것을 인지하면서도 자신에 대해 이해가 충분하다면 무언가에 홀리듯 폭주하다가도 어느 순간 '이게 아니지', 즉 전체적인 상황인식이 되는 순간이 있습니다. 조망은 넓게 본다는 것인데 시야를 넓게 가지면 생각도 달라질 수 있고 감정도 변할 수 있습니다.

🐰 또한 감정이라는 것도 건강하게 적절히 표출하는 것을 배울 필요도 있습니다. 그리고 '좋은 게 좋은 거'라는 전략은 일시적이고 피상적

이라서 근본적인 해결책이 될 수 없습니다. 자신의 내면을 들여다 보고 생각해보는 시간이 무엇보다 중요하고 객관적이고 논리적으로 사고하려고 노력해야 합니다.

내향적 감정형(ISFP & INFP)

감정이입도 적절하게 잘하고 독립적 성향을 보이며 건강하게 잘 적응함. 스트레스 상황에서는 자신을 고립시키며 말이 없어지면서 갈등을 유발할 수 있는 일을 회피함

🐻 내향적 감정형은 스트레스로 감정이 동요되면 논리적 사고가 상대적으로 덜 발달되어 있기 때문에 사고가 부정적으로 흐르고 스스로 무능력하다고 생각하거나 회의적이고 무기력해질 수 있습니다.

👾 ISFP는 겸손하고 온화한 '성인군자'의 이미지가 강한데요. 스트레스 상황에서는 혼란스럽고 상실감을 많이 느낀다고 합니다. 그래서 일에 집중하지 못하고 고립되는 경우가 발생합니다.

🐻 타인에 대한 배려나 공감에 많은 에너지를 쓰다 보니 스트레스로 힘이 들 때는 오히려 혼자가 되는 것이 편하게 느껴지는 게 아닌가 싶네요. 더 이상 배려나 공감을 안 해도 되는 혼자만의 시간을요.

👾 내향적인 유형이 다시 잃어버린 균형을 잡기 위해서는 외형적 활동이 필요한데요. ISFP와 INFP는 스스로에게 선물을 줄 필요가 있습니다. 나이가 들수록 누군가가 자신을 채워주지 않기 때문에 저도 가끔 스스로에 선물을 사준다는 명분으로 돈을 쓰면서 위로할 때가 있는데요. 감각형이기 때문에 현실적인 즐거움과 자신에 대한 욕구

를 충족시켜주는 것이 스트레스를 해소하는 데도 도움이 됩니다.

INFP 역시 인간 중심적 유형으로서 스스로 어깨에 많은 십자가, 짐들을 얹고 삽니다. 그러다가 스트레스가 점점 더 악화되면 회피적이 됩니다. 이런 INFP에게는 자신의 내면적 직관의 세계를 느끼고 확장할 수 있도록 사람들과 소통하거나 익숙하지 않은 활동에 참여하거나 낯설고 새로운 장소에 방문해보는 것을 추천할 수 있습니다. 다른 사람들과 새로운 가능성에 대해 많은 이야기를 주고받거나 생각해보면서 평소 간과했던 부분을 되돌아보는 시간을 갖는 것이라고 할 수 있습니다.

많은 사람이 저마다의 심리적 선호 경향을 가지고 건강하게 적응적으로 잘 살아갑니다. 평소에는 적절한 선에서 제 기능을 다하던 우리의 심리 기능들이 극심한 스트레스 상황에 직면하면 과유불급, 극단적으로 과격하게 그 기능을 발휘하게 됨으로써 평소 취약했던 약점이 부각되고 그러면서 상황이 악화되는 일이 생기는 것 같습니다. 바로 그럴 때 그러니까 우리의 심리 기능이 과해서 생긴 부작용을 부기능의 보완을 통해 다시금 균형을 찾습니다.

살아가는 동안 스트레스를 피할 수는 없겠죠. 그래도 성격유형에 따른 스트레스에 관한 특성을 이해한다면 자기 자신은 물론 다른 사람의 말과 행동에 대해서도 잘 이해할 수 있으리라 생각합니다. 그리고 이러한 이해가 반복되고 적절한 대응 방법에 대해서 스스로 시도할 수 있게 된다면 스트레스로부터 조금 더 편안해질 수 있지 않을까 기대해봅니다.

11장

MBTI 스트레스 관리
: 여가 활동 중심

김쌤 박쌤

 언젠가 어떤 모임에 갔다가 '일하다'의 반대말은 쉬다가 아니라 '놀다'라는 문구를 보고 한참을 생각한 적이 있었습니다. 그냥 일만 안하면 쉬는 걸로 알고 있었는데 조금 더 적극적으로 여가나 놀이를 즐길 필요가 있겠구나 하고요.

 상담을 하다 보면 사람들이 주말에 "일이나 공부 안 하고 놀았다."라고 표현하는 경우가 종종 있습니다. 그래서 "뭐 하고 놀았냐."라고 물으면 그냥 아무것도 안 하고 쉬면서 TV를 보거나 자거나 했다는 거예요. 그래서 "재미있었냐?"라고 물으면 대부분 재미없었다고 답합니다. 놀이의 핵심은 '재미와 즐거움'인데 마치 팥소 빠진 찐빵처럼 재미와 즐거움이 없는 놀이가 무슨 놀이며, 쉬면서도 '내가 이러고 있으면 안 되는데, 뭔가 해야 하는데…'라는 생각으로 편히 쉬지 못했다면 그게 무슨 의미가 있습니까.

 맞습니다. 한국인들이 부지런하고 근면·성실하다는 이면에 제대로 쉬지도 놀지도 못하고 일만 하고 있으면서 각종 스트레스에 시달리고 있는 걸 보면 이제는 충분히 쉬고 즐기는 것을 통해 심신을 회복시키고 행복한 삶을 살아가는 것이 무엇보다 중요하다는 점을 인식할 필요가 있습니다.

저도 일하기 싫다 싫다 하면서도 일을 참 많이 합니다. 어떤 경우는 쉬거나 노는 방법을 몰라서 다시 일하기도 해 한때 '워커홀릭(Workaholic, 일중독)'이란 말을 듣기도 했습니다. 일과 노동도 중요하지만 휴식과 놀이도 그만큼이나 중요하다는 것을 인식할 필요가 있는데요. 저는 '노는 것도 일하듯이 놀아야 한다.'라고 생각합니다. 그래서 주말은 절대 일을 하지 않는다든지, 쉬는 날에는 일 생각을 안 하고 일부러 빈둥거리고 뒹굴뒹굴 널브러져 완벽한 이완을 하거든요. 그러면서 속으로 '오늘은 쉬는 날, 절대 일하지 말고 쉬어!'라고 신호를 줍니다. 그래야 마음 편히 쉬고 놀 수 있어요. 그러고 나면 그때부터 신이 나서는 '야호, 쉰다~' '뭘 먹지?' '영화 볼까?' '친구한테 전화해서 만나자고 할까?' 등의 생각들이 자연스럽게 떠올라요 .

 그렇다면 MBTI 성격유형에 따라 어떤 여가 활동 또는 놀이 활동이 좋은지 알아보는 것도 스트레스 관리에 있어서는 매우 중요한 일인 것 같네요. MBTI 유형별로 어떤 놀이 활동이 스트레스 관리에 도움이 되는지 알아보겠습니다.

• Judish A Provost 저 / 한국MBTI연구소 역, 『일, 놀이 그리고 성격유형』, 어세스타, 2009, 일부 내용 인용 및 수정함

- 여가는 일이 없어 남는 시간, 놀이는 여러 사람이 모여 즐겁게 노는 일 또는 그런 활동을 말한다.
- 여가는 휴식과 비슷한 개념이고 놀이는 '즐거움과 재미'를 추구하는 활동으로 비슷한 것 같지만 같은 개념이 아니다.

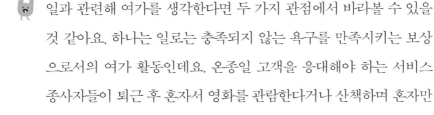

일과 관련해 여가를 생각한다면 두 가지 관점에서 바라볼 수 있을 것 같아요. 하나는 일로는 충족되지 않는 욕구를 만족시키는 보상으로서의 여가 활동인데요. 온종일 고객을 응대해야 하는 서비스 종사자들이 퇴근 후 혼자서 영화를 관람한다거나 산책하며 혼자만의 시간을 보내는 유형이 여기에 당합니다. 다른 하나는 일과 같은 종류의 관심과 활동을 여가로 보내는 것인데요. 예를 들면 야구 선수가 주말에 청소년을 대상으로 하는 야구 교실에 자원봉사자로 활동하는 것이 해당합니다.

놀이는 내적 보상과 몰입이라는 관점에서 볼 때, 가령 사회적, 경제적 목적이 아닌 정신적 자극과 같은 내적 보상(즐거움) 때문에 놀이를 선택하는데요. 놀이 과정에서 몰입을 경험할 수 있다는 점에서 일과는 비교될 수 있습니다.

- 국립국어원 표준국어대사전

이런 여가 활동이나 놀이의 특성과 자신의 성격유형이 잘 조화를 이루어야 어렵게 시간 내어 즐기는 여가 활동이나 놀이가 스트레스 해소나 재충전을 위한 활력소가 될 수 있을 것 같습니다.

감각형과 놀이

ISTJ, ISFJ, ESTP, ESFP*

현실적이고 구체적인 감각을 즐기는 놀이 활동을 선호, 비행기, 자동차 모형 조립, 야구나 축구와 같은 구기 종목, 손기술을 요구하는 DIY와 같은 취미활동 선호

 감각형은 대체로 현실적이고 감각을 통해 욕구를 충족시킬 수 있는 놀이 활동을 좋아하는 편인데요. 이렇게 심리 기능에 따라 더 관심이 가고 더 즐길 수 있는 놀이의 양상이 다를 수 있습니다. 친구나 지인의 권유로 한두 번 참석했던 취미나 여가 활동을 같이 즐기지 못하게 되는 이유 중 하나가 시간 부족도 있지만 자신의 성향과 맞지 않기 때문입니다. 그때부터는 놀이가 아니고 일이 되는 거라서요.

• 2장 45쪽 '4가지 심리 기능' 참고
•• Do it yourself의 약자로, 개인이 직접 배워서 만들거나 처리하는 것을 의미한다.

누구는 일요일 하루를 비행기 모델 조립을 하면서 보내기도 하지만, 쉬는 날에 비행기 모델 조립이라뇨? 차라리 일하는 게 낫겠습니다. 전에 직장생활 할 때 야유회를 간 적이 있는데, 놀러 가서는 게임만 하는 거예요. 바닷가까지 가서 바다는 못 보게 하고 말이죠. 그래서 참여하는 척하다가 빠져나와 바닷가를 홀로 걷다가 들켜서 부장님한테 한 소리 들었지만 잠시 후 다시 빠져나와서 바닷가 구석에서 홀로 여유를 즐겼던 기억이 있습니다.

ISTJ(현실주의자)

 ISTJ는 성실, 책임감 이런 단어가 먼저 떠오르는 유형이죠. 그래서 놀이를 하더라도 매우 진지한 편이고요. 놀이 활동 안에서도 어떤 목적을 추구한다거나 기술을 배우려고 하는 경향이 있습니다. 바둑이나 컴퓨터 게임, 골프나 필라테스 같은 운동이 맞을 수 있고요. 놀이 활동에서도 시작과 끝을 따지는 편이기도 하죠.

 진지함 가운데 목적을 달성해야 더 재미를 느끼는 유형이라 할 수 있습니다. 그건 여행에서도 마찬가지인데요. 방문하기로 한 장소는 반드시 간다든지, 유적지에 가도 안내문 하나하나 꼼꼼히 살피는 유형이라고 할 수 있습니다. 물론 ISTJ 유형에게는 이런 게 여행을 즐기는 방식이 될 수 있습니다. 물론 저처럼 여유롭게 '발길 닿는 대로 가자' 주의자들도 있고요.

ISFJ(이타주의자)

 ISFJ 유형은 사람에 대한 헌신이 가장 두드러진 게 특징인데요. 놀이에 있어서도 가까운 사람과 함께 하는 것을 좋아할 뿐만 아니라 다른 사람이 즐기는 활동을 지켜보는 것도 좋아합니다.

 ISFJ가 아무래도 타인을 많이 배려하는 유형이라서 그런 것 같습니다. 그러다 보니 다른 사람의 시합을 응원하러 가는 것도 좋아하는 것 같고요. ISFJ는 인간관계도 많이 고려하고 안정감이나 편안함을 추구하는 스타일이니까 산책 같은 가벼운 나들이나, 영화나 연극 관람 같은 활동도 적절해 보입니다. 저 같은 INTP 유형은 이렇게 하지 못하지만 이런 유형들을 만나면 솔직히 편안해지고 좋은 것은 사실입니다.

ESTP(후원자)

 ESTP 유형은 활동적 성향이 강한데요. 활동적이면서 경쟁적인 팀 스포츠 활동을 좋아합니다. 반면에 생각을 많이 해야 하는 활동에서는 성급한 면을 보일 수 있고요. 신체 활동이 필요하거나 기계적으로 기술을 습득하는 활동에서는 적응이 빠르다고 합니다.

 외국의 경우 자동차 경주나 비행 같은 활동에 관심을 보일 수 있다고 하는데요. 아무래도 우리나라 현실에서는 하기가 어려운 면이 있죠. 그리고 복싱 같은 격투기 운동도 ESTP가 좋아할 만한 운동 중 하나라고 생각됩니다. 저도 이런 운동에 관심이 많은 편인데 게을러서 시도를 못 하고 있어요.

예로 들어주신 자동차 경주는 스릴이나 모험을 즐기는 정말 활동적 성향이 강하다고 볼 수 있는데요. 활동적인 성향이 강하다고 해서 1년 365일 그럴 수도 없고 때로는 혼자만의 세계에서 자신의 내면과 대화를 할 필요가 있습니다.

ESFP(연예인)

 ESFP의 키워드는 연예인인데요. ESFP는 사람과의 교류가 많은 활동을 선호합니다. 매우 사교적인 만큼 여러 사람이 모이는 모임을 특히 더 좋아하고요. 모임 안에서도 활기가 넘치고 친절하고 호의적인 모습을 보입니다.

 여러 사람과 재미있게 어울리면서 친목을 도모하는 단체 운동을 선호하기 때문에 승부를 겨루는 경쟁적인 운동은 좋아하지 않습니다. 아무래도 모임을 갖는 목적 자체가 재미있는 시간을 보내는 데 있으니까요.

직관형과 놀이

INFJ, INTJ, ENFP, ENTP

추상적이고 상상력을 자극하는 놀이 활동을 선호, SF 공상 소설이나 문화유적 답사와 같이 상상력이 풍부한 활동

 직관형은 게임을 하더라도 주사위 게임처럼 운에 맡기는 게임보다는 수학이나 과학적 요소가 들어가 있는 활동을 더 재미있어합니다. 또 미래의 비전이나 가능성, 의미 등을 자신만의 관점에서 표현해 볼 수 있다는 점에서 그림과 같은 예술 활동도 추천할 만하고요. 개인적으로는 천체 물리학에 관심이 많아서 시간이 나면 곧잘 자료나 강연을 찾아보곤 하는데요. 내용에 대한 이해보다 그냥 보면 머리가 맑아지는 느낌이랄까요?

 우리 눈에는 보이지 않지만, 우리의 생각 너머 다른 차원의 공간에 대해 자유롭게 상상의 나래를 펼칠 수 있기 때문이 아닐까 싶습니다. 저는 영화나 음악 등을 틀어 놓고 집중해서 보지 않고 다른 생각을 하는 경우가 많은데요. 그냥 아무것도 없는 것보다는 뭔가 자극이 주어진 상태에서 생각하면 아이디어가 더 잘 떠오르는 것 같습니다.

INFJ(상담가)

 INFJ는 독서, 연주, 음악 감상과 같은 활동을 통해 자신의 독창성을

표현하는 걸 선호합니다. 조용하면서도 따뜻한 이 유형은 작고 친밀한 모임에서 진가를 발휘할 수 있지만, 신체적인 에너지 수준은 낮은 편입니다. 예술적이고 문화적인 이벤트나 미적인 물건을 수집하는 활동에 관심이 많다고 합니다.

🐾 INFJ 유형은 놀이 활동에 있어서 상당 시간 동안 꾸준히 하는 경향이 있고 책을 읽더라도 좋아하는 작가의 책을 모두 섭렵하며, 자신만의 관점으로 읽는 스타일입니다. INFJ는 유형 비율이 엄청 낮은데요. 어쩌다 이런 사람들을 가끔 보면 조용히 사색하면서 자기만의 세계에 빠지거나 뭔가 하더라도 지속적으로 하면서 좋아하는 것처럼 보입니다.

INTJ (전략가)

🐾 INTJ는 독립적인 성향이 강하고 여가 활동에서도 목표지향적인 성향이 나타납니다. 그래서 혼자 하는 수영이나 배낭여행 같은 활동에 끌릴 수 있고요. 여가를 선택하는 데도 박물관을 찾아가거나 새로운 주제를 공부하는 것도 INTJ에게는 놀이 활동일 수 있습니다.

🐾 영화감상이나 문화 이벤트에 참석하거나 독서를 통해 자신의 직관력을 시험하는 것을 좋아하기도 하고요. 천체 물리학 관련 영상을 보며 우주에 대해 상상하는 것이 저한테는 정말 휴식을 제공하는데요. 이런 활동을 통해 저의 상상력이 자극받을 수 있어 좋아하는 것 같단 생각이 듭니다.

ENFP(활동가)

 ENFP 유형은 다양한 종류의 여가 활동에 열정을 가지고 있고요. 그래서 꾸준히 새로운 활동을 찾는 유형이라고 할 수 있습니다. 활동적이며 스포츠나 모임에서 중심이 되는 사람이기도 하죠. 예술도 감상하는 데 그치지 않고 아마추어 수준에서 연주를 즐길 수도 있습니다.

 그렇습니다. 많은 자극이 필요해서 일 속으로 놀이의 요소를 넣으려고 하기도 합니다. 그렇다고 해서 항상 역동적인 놀이만 선호하는 것은 아니고 소설을 읽는다거나 시나 노래를 작시, 작사하는 등의 창작 활동, 공연이나 영화감상 활동 등 다양한 여가 활동을 즐기는 유형입니다.

ENTP(발명가)

 ENTP는 관습에 얽매이지 않는 환경에서 재미있는 사람들과 같이 있고 싶어하는 유형입니다. 독특하거나 새로운 것에 마음이 잘 동하는 편인데요. 그래서 늘 새로운 여가 활동을 탐색합니다. 여행이나 모험적인 활동을 즐기되, 무계획적으로 움직이는 걸 좋아하고요.

 탐험가처럼 이국적인 장소로의 여행을 가거나 새로운 활동의 탐색하거나 색다른 문화행사에 참석하는 것을 즐깁니다. 새로운 경험을 하는 것 자체를 즐기는 사람들로 보입니다.

사고형과 놀이

ISTP, INTP, ESTJ, ENTJ

바둑, 장기와 같이 논리적이고 전략적인 게임

 사고형은 운동을 하더라도 경쟁적 요소가 가미되거나 아니면 골프나 승마처럼 일정 정도 기능이나 기술을 요구하는 운동이 좋습니다. 조금 정적인 활동으로는 토론도 좋고요. 책을 읽더라도 공상 소설보다는 논픽션이 맞을 것 같네요.

 감각형이냐 직관형이냐 사고형이냐 등에 따라서 조금 더 재미나게 즐길 수 있는 놀이 활동에 분명 차이가 있지만 그렇다고 해서 딱 고정적인 건 아닙니다. 드라마 〈더 글로리〉에서도 감각형인 인물이 바둑을 두는 장면이 나오는데요. 물론 직관형이 아닌 감각형도 이런 전략게임을 즐길 수 있습니다. 누가 뭐래도 진정 자기 자신이 즐길 수 있는 놀이면 좋은 거죠. 예전에 저도 바둑이나 장기와 같은 게임을 했었는데요. 물론 그때는 지금처럼 다양한 보드게임이 없었기도 했지만, 지금은 머리가 복잡해서 잘 안 하게 되더라고요.

ISTP(장인)

 ISTP 하면 뭔가 뚝심 있고 과묵한 느낌이 떠오르실 텐데요. ISTP는 놀이도 기본적으로 혼자서 하는 것을 좋아하는 편입니다. 그래서 기계 같은 장치를 다루는 일이라던가 스쿠버다이빙이나 암벽 등반처럼 혼자서 즐길 수 있는 놀이 활동을 선호합니다.

여자들 입장에서 낚시나 등산, 운동에 취미가 있는 남자들은 인기가 별로 없어요. 한 가수는 거의 매일 하루 종일 운동하기로 유명한데요. 그래서 여자친구가 없다는 이야기도 있습니다. 어느 정도는 설득력 있어 보이는데요. 하루 종일 운동만 하는 애인이 있다면, 같은 취미를 갖지 않고서야 그 관계를 유지하기는 힘들 거 같습니다.

아마도 도전적인 성향이 강해서 그런 게 아닐까 싶은데요. ISTP 유형은 제가 볼 때 독특한 면이 참 많습니다. MBTI가 ISTP인 야구를 좋아하는 후배가 있는데요. 이미 지나간 야구 경기를 다시 보길래 이유를 물어보니 놓친 장면이 있다고 하더라고요. 야구를 나름 분석하면서 보는 걸 좋아하는데 그 분석에 필요한 데이터가 필요했던 거죠. 전 경기 결과가 몇 대 몇이었는지만 알아도 충분하던데요.

INTP(설계자)

INTP 유형은 조용하고 내성적이어서 혼자 하는 여가 활동을 좋아합니다. 파티 같은 사교 모임보다는 지적인 활동을 즐기는 편이고요. 심사숙고하는 성향이 강한데요. 개인적인 여가 시간이 필요하지만, 일이 먼저이기 때문에 여가를 소홀히 할 수 있습니다. 도보 여행, 하이킹, 명상처럼 혼자 하는 활동을 좋아합니다.

일 중심적인 것은 맞는 거 같습니다. 전 딱히 여가 활동이랄 것이 없어요. 혼자서 생각하고 필요하면 책이나 영화를 보고 그리고 또 생각하고⋯ 이렇게 생각이 많아서인지 멍 때리는 걸 참 좋아합니다.

ESTJ(사업가)

 ESTJ는 현실주의적이고 도전적이고 진취적인 경향이 강한 유형입니다. 놀이 활동에서도 뭔가 실질적인 이득이 있어야 관심을 보일 것 같은데요. 생산적이고 구체적인 결과가 있는 활동을 선택하는 경향이 있습니다. 사업가 기질에 맞게 주도적으로 자원봉사 단체나 동아리 모임을 조직해서 여가 활동을 하는 것으로도 알려져 있는데요. 다른 유형에 비해 신체적 활동에는 관심이 적은 편입니다.

 드라마 〈더 글로리〉의 하도영이 자신의 성향에 딱 맞는 건설업체 대표로 일하면서 틈틈이 기원에 가서 바둑을 두는 것도 하나의 예가 될 것 같습니다. 전략적이면서도 승패가 있는 게임이라서 지고 이기느냐에 따라 돈을 내거나 벌거나 하는데, 내기 돈은 액수를 떠나 현실적이면서 실질적인 이득과 관련이 있다고 볼 수 있으니까요.

ENTJ(사령관)

 마지막으로 열정적인 ENTJ는 많은 사교적 활동 안에서 리더를 자청하며 모임이나 공동체를 조직하려는 특성이 나타납니다.

 경쟁적인 스포츠도 좋아합니다. 이기기 위해 다양한 전략을 시도해 보는 것을 좋아해서 스포츠 행사에 참여하거나 함께하는 운동을 하면서 일과 휴식을 동시에 할 수 있는 유형이기도 하고요.

 일과 휴식을 동시에 할 수 있다면 금상첨화 아닙니까? 같은 감각형이라고 해도 성격유형에 따라 좋아하는 놀이나 놀이를 즐기는 방식이 이렇게 각각 다르네요.

감정형과 놀이

자신의 감정이나 사람과의 관계를 자극할 수 있는 활동

 감정형은 책을 읽더라도 로맨스 소설이나 인간의 가치를 다룬 문학 작품을 좋아하고요. 운동을 하더라도 승부보다는 친교 활동에 관심이 많아서 비경쟁적인 운동을 선택합니다. 공익 동아리에서 활동하거나 그냥 편안하게 그리고 여유롭게 시간을 보내면서 자신만의 감정을 일기에 담거나 아니면 다른 사람과 소통하며 시간을 보내는 일도 감정형의 놀이 활동으로는 좋습니다. 실제로 일기를 쓰는 다이어리를 보면 단순 기록이 목적은 아닌 것 같더라고요. 아날로그 방식으로 직접 적고 붙이고, 색칠해가며 공들여 작성하거든요. 감정을 표현하는 방식이니까 다소 차갑게 느껴지는 디지털 기계보다는 조금 더 인간적인 방법을 선호하는 게 아닐까 싶었습니다.

 스트레스를 받으면 로맨스 드라마를 보는 사람들 있어요. 한동안 주인공에 푹 빠져서 있다가 나오면 어느 정도 스트레스가 해소된다고 하더라고요. 그리고 일기를 쓰며 그날의 감정이나 생각을 정리하는 것은 매우 유익한 활동입니다. 영화 〈프리덤 라이터스〉를 보면, 미국의 한 고등학교에 부임한 여교사가 아이들에게 일기를 쓰도록 권유하는데요. 아주 놀라운 변화를 경험하게 됩니다. 이 영화는 실화를 바탕으로 한 내용이라 더 좋았는데요. 실제로 마약과 각

영화 〈프리덤 라이터스〉 스틸

      종 범죄에 노출된 아이들은 미래가 불투명한 상황에서 비관적인 생
각으로 하루하루 살다가 일기를 쓰면서 자신을 객관적으로 바라보
게 되고 자신에 대한 통찰이 이루어지면서 '어쩌면 나에게도 희망

• 감독: 리처드 라그라브네스 | 주연: 힐러리 스웽크, 패트릭 뎀시
23살의 초임 고교 교사인 에린 그루웰은 캘리포니아 소재 윌슨 고교에서 첫 교사 생활을 시작한다.
그녀가 부임한 학교는 다양한 인종의 학생들로 각종 폭력과 거짓이 난무하는 환경에서 자란 아이들이
학교생활을 열심히 할 리도 없고 그들에겐 사람과 세상에 대한 신뢰가 없다. 그 생각을 바꿔줄
필요가 있었다. 그녀가 준비한 것은 다름 아닌 일기장이다. 과연 그녀의 생각대로 아이들이 따라올까
의문스러웠지만, 생각보다 많은 아이들이 그녀의 의도대로 일기를 쓰기 시작하고 글쓰기를 통해
아이들은 서서히 변해간다. 아이들도 자신을 표현할 통로가 필요했던 것이다. 그녀는 다음 단계로
독서를 통해 아이들을 변화시킨다. 이 영화는 실화를 영화화한 것으로 어설픈 감동이 아닌 현실적으로
교육 현장에서 부딪칠 수 있는 면면들을 사실감 있게 그려내 공감을 이끌어낸다. 실제 이 영화 속
주인공들은 모두 대학을 진학했고 그녀 또한 대학의 교수로 재직 중인 것으로 이 영화 말미에 소개된다.
출처: 박소진, 『영화로 이해하는 아동청소년심리상담』, 박영스토리, 2018

이 있을 수 있다.'라는 생각을 갖게 됩니다. '희망'은 우리에게 있는 가장 강력한 에너지이고 변화를 이끄는 동력입니다. 아날로그적 감정을 되살릴 수 있는 일기 쓰기는 감정형뿐 아니라 다른 유형에게도 권해드립니다.

ISFP(성인군자)

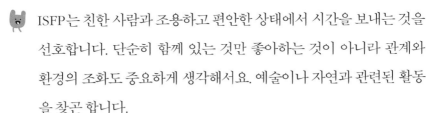

🐰 ISFP는 친한 사람과 조용하고 편안한 상태에서 시간을 보내는 것을 선호합니다. 단순히 함께 있는 것만 좋아하는 것이 아니라 관계와 환경의 조화도 중요하게 생각해서요. 예술이나 자연과 관련된 활동을 찾곤 합니다.

🐰 감정형이므로 부기능이 감각형이기 때문에 손으로 만드는 수공예 같이 정적인 활동뿐 아니라 댄스나 스키처럼 활동적인 것도, 소소한 모임을 주최하는 것을 좋아하고요. 요양원 같은 곳을 찾아가 봉사활동을 하는 것에도 관심이 많습니다.

INFP(몽상가)

🐰 INFP는 열정적이고, 창조적인 성향으로 음악 연주, 저널 집필, 사진 촬영과 같은 예술적인 활동을 즐기는 경향이 있습니다. 자연을 감상하거나 미술관, 영화나 공연 감상도 즐기는 편이고요. 친밀하고 비공식적인 사회적 만남을 좋아하지만, 총동문회처럼 의례적인 큰 모임을 싫어합니다. 여가 활동을 통해 혼자 시간을 보내고 자신을 표현하고픈 욕구가 강합니다. 때로는 일과 놀이의 구분을 잘못하기

도 하고요.

 제가 아는 분 중에 사진작가가 있는데, 이분 SNS에 들어가면 다양한 풍경 사진이 있는데 아주 멋져요. 혼자서 텐트만 치고 보드카를 마시면서 바라보는 석양이라든가, 숲속의 뷰라든지… 그러다가도 몇몇 친한 사람들과 같이 간 사진들도 있고 이분이 어떤 유형인지 정확히는 모르지만, INFP 유형일 거라는 느낌이 듭니다. 그런데 이런 생활을 즐기기 위해 일을 하는 건지 일을 하기 위해 이런 여가 활동을 하는 건지, 뭐가 우선순위인지는 잘 모르겠더라고요.

ESFJ(부양자)

 ESFJ 유형은 조화, 친화를 중요하게 여기는 경향이 강해서 선호하는 놀이 활동도 이런 특성과 관련이 있습니다. 마음이 따뜻한 사람들로 여러 사람과 모여서 이야기하는 것을 좋아하고요. 그래서 모임 안에서 인기가 많은 편입니다. 활동적이고 사교적인 스포츠를 즐기는 편인데, 격식을 그렇게 중요시하진 않고요. 종교단체에서 활동하는 것도 ESFJ에게는 여가 활동의 일환이 될 수 있습니다.

 ESFJ는 스트레스를 받으면 우선 사람부터 찾습니다. 사람과의 소통을 통해 활력을 얻을 수 있고요. 다른 사람의 요구나 감정에 관심이 많아 다른 사람을 돕는 일이면 만사 제쳐두고 달려갈 수 있습니다. 열과 성을 다해 돕기도 잘 돕고요. 그리고 ESFJ 유형은 모임을 주도하려고 하는 욕구나 인정 욕구가 강해 직접 모임을 조직화하고 운영하는 데도 적극적일 수 있습니다.

ENFJ(선도자)

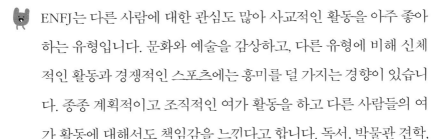 ENFJ는 다른 사람에 대한 관심도 많아 사교적인 활동을 아주 좋아하는 유형입니다. 문화와 예술을 감상하고, 다른 유형에 비해 신체적인 활동과 경쟁적인 스포츠에는 흥미를 덜 가지는 경향이 있습니다. 종종 계획적이고 조직적인 여가 활동을 하고 다른 사람들의 여가 활동에 대해서도 책임감을 느낀다고 합니다. 독서, 박물관 견학, 수집, 대화, 요리하기 등도 선호한다고 합니다.

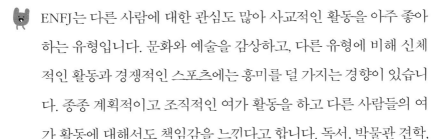 경쟁적인 스포츠 활동을 선호하지 않는 것으로 보이는데요. 과도한 경쟁을 함으로써 불필요한 에너지 소비나 불쾌감을 주고받고 싶지 않기 때문이기도 하고, 말씀하신 대로 다른 사람의 여가 활동에 대해서도 신경을 많이 쓰기 때문입니다. 실제로 이런 유형과 게임이나 놀이를 할 때는 경쟁적이지 않으면서 친목을 도모하는 활동을 선택할 필요가 있습니다.

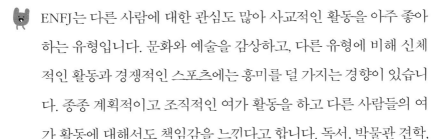 놀이나 여가 활동을 통해 스트레스를 해소하고 또 다른 삶의 즐거움을 찾는다는 것은 생각만 해도 기분 좋은 일입니다. 그런데 그냥 놀면 되고 쉬면 좋은 줄 알았던 놀이 활동도 선천적 선호 경향과 성격 특성에 따라 조금 더 섬세하게 들여다볼 필요가 있음을 알았습니다.

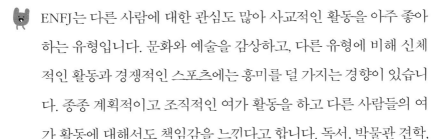 잘 놀고 온 것 같은데도 왠지 개운하지 않은 느낌을 종종 받는다면 자신의 심리 성향과 지금 여러분이 즐기고 있는 놀이 활동이 잘 맞는 것인지를 살펴보기 바랍니다. 처음부터 자신이 어떤 활동을 좋

아하는지 잘 모를 수 있기 때문에, 자신이 어떤 활동에 흥미가 있고 재미있어하며 스트레스가 해소되는지를 알아보기 위해 다양한 경험을 해보길 권해드립니다. 충분히 경험한 후에 아닌 건 확실하게 자신에게 맞지 않는다고 아는 것도 중요하니까요.

12장

MBTI 스트레스 관리: 인지적 기법 활용

김쌤 박쌤

어느 날 복잡한 상가 거리를 걷다가 우연히 동창을 만났는데 혼잡한 인파 속에서 선생님을 보고도 얼굴을 찌푸린 채 지나쳤습니다. 이럴 때 어떤 마음이 드셨을까요?

글쎄요. 예전 같으면 '뭐 저런…' 하고 욕을 했겠지만요. 제가 누굽니까, 인지행동심리를 기반으로 한 학회(한국인지행동심리학회)의 대표 아닙니까. 지금 그랬다면 무슨 사정이 있겠거니 하고, 다음에 보면 "너 그때 어디서 지나가더라. 불러도 대답도 없고." 이렇게 말할 것 같네요.

저도 비슷하게 반응했을 거 같은데요. 제가 이 질문을 드린 이유는 살다 보면, 안 해도 되는 걱정 때문에 힘들어하거나 상황을 오해해서 생기는 스트레스가 생각보다 많은 것 같아서요.

세상사 마음먹기 달렸다는 말도 있잖아요. 여기서 '마음'은 바로 '인지'라고 할 수 있을 텐데요. 인지적 기법을 통해 스트레스를 다룰 수 있다면 큰 도움이 될 것 같습니다.

12장에서는 인지행동치료(CBT), 마음챙김 명상, 수용전념치료 (ACT) 등 세 가지 인지적 기법을 중심으로 스트레스 관리 방법에 대해 알아보는 시간을 갖도록 하겠습니다.

인지행동치료(Cognitive-behavioral therapies)

• 인지행동치료는 인지치료와 행동치료를 통합해 그 효과를 극대화한 치료기법을 말한다. 인지행동치료 구성개념들은 1960년대 초 에런 벡(Aaron T. Beck)과 그 외 많은 정신과 의사들과 심리학자들에 의해 발달되었고, 기본 이론과 상담의 효과는 이후 수많은 경험적 연구를 통해 증명되었다. 현재도 변화, 발전하고 있는 치료기법이다.

인지행동치료 기법 CBT

 생각보다 많은 경우 우리는 사실과 의견을 구분하지 못합니다. 상대방의 의견을 사실인 양 받아들여 스트레스가 발생하는 경우도 적지 않고요. 그뿐만 아니라 아무런 근거 없이 부정적으로 생각하는 습관도 스트레스에 영향을 줍니다. 예를 들어 누구에게나 다 어려워서 평균 점수도 낮게 나온 시험에서 기대했던 만큼 점수가 안 나오면 "역시 난 아무리 노력해도 안 돼." 하고 좌절하는 사람이 있습니다. 시험 결과의 난이도나 평균 점수는 따져볼 시도조차 하지 않은 채요.

 대학 동기 가운데 과목 중 하나가 B+ 나왔다고 대성통곡하는 경우를 봤어요. 전 잘 나온 게 B+이었는데…. 어떤 사건이 일어날 때 우리의 부정적 생각(A+ 아니면 소용없다. 시험을 망쳤다)이 정서나 행동에 부정적 영향(우울, 불안한 정서와 울고 징징대는 행동)을 미친다고 보고, 인지행동치료는 부정적 생각에 대한 변화를 통해서 행동과 마음에 변화를 이끌어 내는 접근을 시도하는데 상당히 합리적이고 경제적인 접근이라고 생각합니다. 생각만 바꾸면 되니까요.

 이런 부정적 사고는 감정이 격해질 때나 어떤 선행 사건이 발생했을 때(예: 버스를 놓침), 거의 무의식적, 반사적으로 일어나며 종종 그럴싸하고 명백한 진실처럼 여겨지기도 하는데 이런 사고를 '자동적 사고'라고 하고요. 이 자동적 사고는 감지할 수 있고 조금만 노력하면 알아차릴 수 있어서 자신의 자동적 사고에 대해 인식할 수 있도록 또는 자동적 사고를 '모니터링'하는 연습을 통해 변화를 시도할

수 있습니다. 우선 자동적 사고에 영향을 미치는 인지적 왜곡에 어떤 것들이 있는지 살펴보면 좋을 것 같습니다.

인지적 왜곡은 크게 극단적 사고, 선택적 주의집중, 직관에 의존하는 경우와 자기 비난 등 4가지 유형으로 구분할 수 있습니다. 세부적인 유형에 대해서는 아래의 표를 참고해 주시기 바랍니다.

• 인지적 왜곡의 유형

극단적 사고	선택적 주의집중	직관에 의존	자기비난
이분법적 사고	과잉 일반화	결론으로의 도약	상황을 개인적으로 받아들이기
비현실적인 기대	정신적 필터	정신적 추론	자기비난, 자기비판
파국화	긍정적 상황 박탈하기		욕하기
	확대와 축소		

출처: 박소진, 김익수(2019)

표를 보면 인지적 왜곡의 유형은 4가지 영역의 12개의 유형으로 나누어 살펴볼 수 있는데요. 대표적으로 '이분법적 사고' 그리고 '흑백

• Helen Kennerley&Joan Kirk·David Westbrook 공저 / 박소진·김익수 공역, 『인지·행동치료 개론』, 박영스토리, 2019

논리'를 들 수 있습니다. 이분법적 사고라면 맞다, 틀리다, 선과 악, 성공과 실패 이렇게 양극단을 생각합니다. 그 중간을 생각하지 않아요. 'A 학점이 아니면 실패다.'라는 식의 사고를 하거나 '모두에게나 사랑받지 않으면 가치가 없다.'라고 생각하는 것이 그 예가 될 것같습니다.

🐻 감정형의 경우 사람들과의 관계를 너무 중시한 나머지 우유부단해질 수 있는데요. 만일 '모든 사람과 좋은 관계를 유지해야 한다. 그렇지 않는다면 나의 사회생활은 실패다.'라는 생각이 있다면 아무 결정도 하지 못하고 전전긍긍하면서 스트레스를 양산하겠죠.

🐶 반대로 사고형은 관계보다는 원리원칙을 중시하기 때문에 사람과의 관계를 고려하더라도 '서운하더라도 할 수 없어. 다른 사람과의 형평성을 고려해야 해!'라면서 맺고 끊음이 명확한 편입니다. 그러면서 속으로 '욕하라면 하라지, 뭐.' 하고 생각합니다. 정신건강상 이렇게 생각하는 것이 더 나을 수 있습니다.

🐻 맞습니다. 생각을 극단적으로 하는 경우도 양극단 사이에 많은 단계가 있다는 것을 알게 해주는 것도 효과적입니다. 예를 들어 완벽주의 성향이 강한 INFJ가 A+를 받지 못해 절망하고 있을 때, 학과 성적의 평균 수준이 어떤지, 일등에서 꼴등까지 순위가 있다면 대략 어느 지점에 속하는지 등을 설명해주는 것도 도움이 되고요. 결과가 실망스럽다고 무슨 일이 벌어지나, 그래서 뭐가 어떻게 되는지 질문함으로써 스스로 인지적 왜곡을 바로잡을 수 있도록 기회를 줄 수도 있습니다. 저는 A+ 못 받았다고 하는 친구에게 제 성적표

를 보여줬어요. 완전 살신성인의 정신으로요. 자신의 한 일에 대해 성공했다 아니면 실패했다, 이렇게 양극단의 반응만을 보인다면 그 양극단의 사이에 좋지만 완벽하진 않은 수준, 만족스러운 수준, 완전히 망하지는 않는 수준 등의 단계를 설정해보게 하고 평가하도록 한다거나 그 상황에서 주변의 평가는 어땠는지 살펴보도록 하는 거죠. INFJ 자신은 최고의 수준이 아니라고 실망했지만 다른 사람들은 아주 만족스러워하는 것을 확인하도록 해주는 거죠.

한편 감정형, 예를 들면 ESFJ의 경우 다른 사람과 자신을 동일시한다거나 걱정을 많이 하면서 죄책감을 느낄 수 있습니다. 조직이나 다른 사람의 낮은 성취나 실패를 자신의 탓으로 생각하는 경향이 있어요. 예를 들면 "오늘 팀별 사업 기획 브리핑이 잘 이루어지지 않은 건 내가 우리 팀 사람들의 의견을 잘 이해하지 못해서 그런 걸 거야." 또는 "다들 열심히 준비해왔는데 나만 부족했던 것 같아. 오늘 일을 망친 건 다 내 탓이야."라고 하는 등의 반응을 보입니다.

실제로 이렇게 생각하는 사람들이 많아요. 문제가 생기면 무조건 자기 잘못인 거 같고, 눈치 보고요. 무조건 남 탓을 하는 것도 좋지 않지만 모든 걸 자기 탓으로 여기는 것도 좋지 않습니다. 상황을 객관적으로 판단하기 위해서 자신의 인지적 왜곡을 스스로 관찰하고 평가해보도록 하는 것도 효과가 있을 거고요. 역할 놀이를 해보는 것도 큰 도움이 될 것 같습니다.

부정적 결과가 나온 이유를 자신의 탓으로 돌리는 사람에게 일종의 조언을 하게 함으로써, 스스로 자신의 생각에 오류 내지는 지나친 비약이 있다는 것을 깨닫게 해줄 수 있습니다. 다른 사람에게 객관적 입장에서 결과에 관한 이야기를 하다 보면 자신이 모든 일을 전부 다 책임질 필요가 없다는 것을 자연스럽게 재확인하게 될 수 있겠습니다.

그런 식으로 자신의 생각에 대해 새로운 관점을 갖게 해주는 거죠. 물론 이런 인지적 기법을 통해 부정적인 자동적 사고나 인지적 왜곡을 쉽게 바꿀 수 있는 것은 아닙니다. 전에 사람들이 자신이 바보 같아서 무시한다고 생각하는 내담자가 있었는데요. 자기는 그 사람의 표정만 봐도 알 수 있다고 하더라고요. 그래서 "지금 제가 무슨 생각을 하고 있을까요?"라고 물었더니, "모르죠."라고 답했어요. "맞아요. 바로 그거예요. 지금 제 얼굴만 보고 어떻게 알겠어요?"라고 하니 웃으면서 맞다며 수긍하더라고요.

부정적인 자동적 사고가 크게 임상적으로 문제 될 수준까지는 아니더라도 누구나 조금씩은 갖고 있는 것 같은데요. 과잉일반화는 일부 사례나 경험 또는 그런 일들을 통해 얻은 결론을 모든 상황에 적용하려는 것을 말합니다. 예를 들면 '남자는 ~이다, 여자는 ~이다.'라고 생각하는 것이 과잉일반화라고 할 수 있습니다. 여성과 남성이 다르긴 해도 모든 여성과 남성을 하나의 특징으로 묶는 것은 너무 과하죠. 개개인이 가지고 있는 고유한 특성들을 모두 무시하는 것이 됩니다.

이런 경우는 그런 생각이 합리적이고 현실적인지, 도움이 되는지 등의 질문을 통해 스스로 평가해보도록 해서 수정의 필요성을 느끼게 해줄 수 있습니다. 그리고 소크라테스 문답법이란 인지적 기법을 통해서도 인지적 왜곡을 해소하는 시도를 해볼 수 있는데요. 예를 들면 그렇게 생각하는 근거가 무엇인지, 현재 상황을 다른 관점에서 혹은 다른 방법으로 설명할 수 있는지 등의 질문을 통해 현실적 관점에서 상황을 바라볼 수 있도록 유도하는 것입니다. 실제로 한 남성이 "여자들은 키 작은 남자를 싫어해요."라고 하길래 왜 그런지를 물어보니 "TV에서 누가 그랬어요. 180cm 이하는 루저(loser, 패배자)래요."라고 하더라고요. 그래서 한국 남자 평균 키가 얼마인지 알아보고 특정 사람의 의견이 여성 모두의 의견은 아니며, 키가 큰 남성을 싫어하는 여성도 있다고 하니 놀라워하더군요.

마음챙김 명상

 우리의 부정적 행동이나 부정적 정서를 유발하는 부정적 자동적 사고를 인지행동치료 기법을 통해 전환하거나 없애는 방법에 대해 알아봤는데요. 궁극적으로는 이러한 부정적 사고를 없애거나 줄임으로써 스트레스 상황을 감소시키려는 의도입니다. 지금부터는 이러한 인지적 치료 기법 중 하나인 마음챙김 명상에 관해 살펴보도록 하겠습니다. 명상 하면 예전에는 종교적 색채가 강했다면 요즘은 많이 대중화된 것 같습니다.

 마음챙김 명상은 기존의 명상과는 달리 인지행동치료의 한 형태라고 이해하시는 게 좋을 것 같습니다. 많은 분이 관심을 갖고 실제로 하는 분들이 많아졌습니다. 이러한 현상을 반영하듯 2022년 9월 〈동아일보〉의 인터넷판에 〈빌 게이츠도 한다는 '마음챙김'이 뭐길래〉라는 제목의 기사가 게재되기도 했습니다.

 마음챙김은 현실에 대한 인지적 편견을 감소시켜 현실에서 일어나는 일들에 대해 긍정적인 반응을 보이게 해서 이를 통해 받는 심리적 스트레스도 감소시킬 수 있다는 점에서(Watson & Clark, 1984) 인지적 기법의 하나로 이해할 수 있습니다. 이미 오래전부터 청소년 수형자, 대학생, 부모 등을 대상으로 그 효과를 입증하기 위한 연구가 많이 진행된 바 있고 효과가 있는 것으로 확인되고 있습니다.[**]

마음챙김은 즉각적인 정서 반응을 감소시키고 인지적 평가는 증가시킴으로써 스트레스 상황에 적절히 대응하고 역기능적인 행동 패턴은 제거하는 능력을 키워줄 수 있습니다. 화가 나는 일이 있다고 즉각적으로 그 화를 발산한다면 주변 사람들에게 스트레스를 줄 것이고, 그것이 만약 자신의 오해로 인한 것이라면 차후에 곤란한 상황이 발생할 수 있습니다. 그래서 인지적 관여를 통해 상황을 보다 객관적으로 인지하려고 하고 화가 난 이유가 무엇인지를 정확히 파악한 이후에 사회적으로 수용될 수 있는 방식으로 건강하게 표현해

- 빌 게이츠는 2018년 자신이 가장 좋아하는 책 5권을 소개하면서 명상에 관한 책인 "The Headspace Guide to Meditation and Mindfulness"라는 책을 소개하였다.
- 한주희(2007). 마음챙김이 스트레스에 미치는 영향 매커니즘. 보건과 사회과학, 22(1), 127-151.

야 상호 간 원활한 소통을 할 수 있습니다.

 마음챙김은 의식적으로 매 순간순간의 경험에 주의를 기울이되, 일어나고 있는 일을 판단하지 않고 별도의 정신적 여과 없이 있는 그대로를 알아차리는 데 집중하면 됩니다. 그래서 마음챙김을 주의를 기울이는 방법이라고도 하고요. 강한 집착으로부터 정서와 사고와 믿음을 분리하고, 순간순간 알아차림을 유지하는 것이 마음챙김의 목적이기도 합니다.

 자기 자신도 모르게 내부적으로 일어나는 감정이나 생각을 분리시키려면 어떻게 해야 할까요? 바로 감각에 주의를 집중하는 겁니다. 감각은 지금 여기에서 경험되는 것이고요. 돌이킬 수 없는 과거나 알 수 없는 미래가 아닌 바로 현실에 집중할 수 있도록 도와줍니다. 우리가 감각에 집중하게 되면 부정적인 생각이나 감정에 덜 주의를 기울이게 됩니다(김정호, 2018). 이후 소개하겠지만 그래서 마음챙김 명상은 이렇게 감각에 집중할 방법을 활용하고 있는 거고요.

마음챙김 명상

- 존 카밧 진(Jon Kabat-Zinn, 1990)은 마음챙김을 현재의 순간에 일어나는 생각·감정·감각을 비판단적이며 수용의 방식으로 자신의 주의를 경험에 의도적으로 초점을 맞추는 것이라고 설명하면서 스트레스 반응을 벗어나는 데 있어 매우 중요한 요소가 된다고 제안하면서 시작되었다.

- 카밧 진에 의해 시작된 MBSR(Mindfulness Based Stress Reduction: 마음챙김에 기반한 스트레스 감소) 프로그램이 미국 내 200개 이상의 건강 관련 센터에서 활용되고

있으며(김정호, 2004), 우리나라에서도 관련 연구소(MBSR연구소, 마인드풀니스 심리
상담연구소)가 있어서 프로그램이 시행되고 있다.

• MBSR 프로그램 주요 내용

회기	MBSR 프로그램 주요 내용
1회기	주제: 자신의 내재된 자원의 재인식 실습: 오리엔테이션, 건포도 명상, 바디 스캔
2회기	주제: 알아차림과 창조적 대응 실습: 바디 스캔, 호흡 알아차림
3회기	주제: 현재 순간의 기쁨 실습: 마음챙김 요가, 정좌명상, 유쾌한 일 알아차리기
4회기	주제: 생각과 감정에 빠져 있는 것 알아차림 실습: 마음챙김 걷기, 불쾌한 일 알아차리기
5회기	주제: 자동반응과 마음챙김에 의한 자율 반응 실습: 정좌 명상(생각 알아차리기)
6회기	주제: 대인관계 기술 실습: 마음챙겨 먹기, 무 선택적 알아차림, 대인관계기술
7회기	주제: 자신과 타인에 대한 친절함 함양 실습: 대인관계 의사소통 및 일상 속의 관대함
8회기	주제: 8주 수업은 평생 지속 실습: 바디스캔 등 총 복습, 향후 실천계획 세우기

• 김정호(2004). 마음챙김이란 무엇인가: 마음챙김의 임상적 및 일상적 적용을 위한 제언.
한국심리학회지: 건강,9(2), 511-538.

🐻 MBSR 프로그램의 주요 내용 중에 건포도 명상과 바디스캔 명상이란 말이 눈에 띄네요.

🐻 오래전에 이 프로그램에 참여한 적이 있는데, 실제로 맛있는 것들을 비치해놓고 먹기도 하는데요. 건포도 명상은 건포도를 먹으면서 하는 명상입니다. 건포도를 씹어 먹으면서 우리의 오감, 즉 미각, 후각, 청각, 시각, 촉각에 집중해보는 거죠. 그 순간만큼은 있는 그대로의 감각에만 집중하면서요. 여러 가지 복잡한 생각으로부터 좀 벗어난다고 할까요? 바디스캔은 우리가 스캐너로 문서를 스캔하듯, 우리 몸을 발끝에서 머리끝까지 천천히 주의를 옮기면서 신체의 부위와 감각을 느끼는 건데요. 이때 감각이 있다 없다, 좋다 나쁘다 등의 판단 없이 관찰하는 것이 중요합니다.

🐻 건포도 명상이나 바디스캔 명상은 대체로 움직이지 않고 하는 명상인데요. 마음챙김 걷기는 움직이면서 하는 명상으로 아무 생각 없이 걷거나 반대로 깊은 생각에 빠져 걷는 것이 아니라 발을 천천히 들어 올렸다가 발바닥을 다시 딛고 반대 다리를 다시 움직이는 일련의 걷기 동작 하나하나에 주의를 기울이면서 다리의 움직임뿐만 아니라 몸 전체의 움직임의 변화를 관찰하는 거죠.

🐻 지금 설명한 내용으로 언뜻 생각하면 명상은 내향형에 더 어울릴 것 같다는 생각이 드는데요. MBTI 성격유형과 마음챙김 명상이나 명상에 관한 연구가 많은 편은 아니어서요. 한 가지 재미난 연구 결과가 있어서 잠시 소개할까 합니다. 마음챙김 명상은 아니었지만 명상 프로그램이 심박변이도에 미치는 영향을 분석한 결과인데

요.°외향형과 내향형에서는 차이가 없었지만 정보를 오감에 의존해 있는 그대로 받아들이는 데 익숙한 감각형이 전체적인 본질을 파악하는 직관형보다 명상을 통한 이완 효과가 있었다는 연구결과가 있습니다.

 이 논문의 결과를 살펴보면 감정형보다는 사고형이, 인식형보다는 판단형에서 이완 효과가 있는 것으로 나왔는데요. 인간 가치를 더 중요하게 생각하고 보편적 선을 추구하는 감정형보다는 객관적인 판단기준과 원리원칙, 논리를 중요하게 생각하는 사고형이 이완 효과가 있었고요. 판단과 인식에서는 통제, 계획을 추구하는 판단형이 상황에 따른 적응과 개방적이고 융통성 있는 인식형에 비해 이완 효과가 있는 것으로 논문은 이야기하고 있습니다.

 달리 생각해보면 어느 정도 사고형과 판단형은 평소에 그만큼 더 경직되어 있다고도 볼 수 있습니다. 그래서 명상과 관련해서도 조금 쉽게 접근할 수 있는 활동이 있지 않을까 생각해봅니다. 가령 내향형은 명상을 하더라도 혼자서 집중할 수 있는 마음챙김 걷기 명상이 더 편안하게 다가온다면 외향형은 다른 사람을 상대로 하는 대인관계 기술이나 여럿이 함께하는 요가에 더 관심을 가질 수 있겠죠. 그렇다면 건포도 명상이나 바디스캔 명상도 직관보다 감각을

• 김근우, 배효상, 김지환, 김병수, 이필원, 박성식 (2015) 명상프로그램(α version) 시행 전후의 심리유형별 HRV 변화 연구.Journal of Oriental Neuropsychiatry,26(2), 89-102.

사용하는 걸 더 선호하는 감각형이 더 편안하게 생각할 수도 있겠네요.

그렇다고 해서 직관형에게 마음챙김 먹기 명상이나 바디스캔 명상이 부적절하다는 의미는 절대 아닙니다. MBTI 성격유형에 따라 똑같이 명상을 하더라도 그 특성에 따라 조금 달리 접근할 필요가 있다는 의미로 해석하면 좋을 것 같습니다. 예를 들면 사고형인 사람을 명상의 세계로 안내를 하기 위해서는 '정말 명상을 하고 나면 좋다, 마음이 편안해지고 몸이 이완됨을 느낄 수 있다.' 이렇게 설명해주는 것보다 어떤 원리인지 그래서 기대할 수 있는 효과가 무엇인지 논리적으로 설명해주는 것이 좋을 것 같습니다. 실제로 사고형인 지인이 있는데요. 심리학에 관심이 있어서 뇌신경심리 관련 책을 읽고 나서 인간의 심리를 더 잘 이해할 수 있었다면서 좋아하더라고요.

심리학 책 중에서도 하필 뇌와 관련된 책을 읽고 재미있어한다니, 재미있네요.

수용전념치료(Acceptance and Commitment Therapy, ACT)

• 수용전념치료는 우리의 말과 행동, 특히 언어가 다른 형태의 행동에 영향을 미친다는 점에 주목하는 치료 방법이다.

• 부정적인 언어사용과 인지적 왜곡이 결합 되면 부정적이고 고통스러운 결과가 계속 반복되며 상황이 악화될 수 있다.

• 예를 들어 암 환자가 '난 곧 죽을 거야.'라는 생각에서 벗어나지 못하고 매일 이런 말

을 반복한다면 주변에서 일어나는 모든 행동이나 심지어 암과는 무관한 신체 통증에 대해서도 암 관련지어 생각하게 된다.

• 통상적으로 수용전념치료는 6단계의 과정을 걸쳐 진행된다.

• ACT 6단계 치료 과정

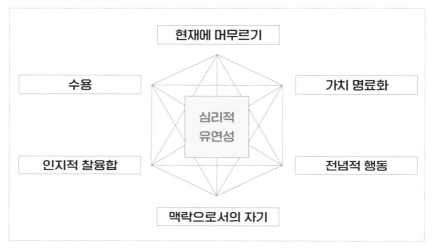

 수용전념치료도 인지적 왜곡을 다루는 인지적 기법 중 하나인데요. 예를 들어 우리가 우울한 마음이 든다면 우울한 건 좋지 않으니 뭔가 기분전환을 해야겠다고 생각하기 쉬운데, 그렇게 하지 않고 '내 마음이 지금 우울하구나!' 하며 원하지 않는 감정이나 생각이라도 있는 그대로 받아들이고 알아차리는 데 집중합니다. 원치 않는 감정이나 생각이라고 해서 바꾸려고 하면 결과적으로 그 감정과 생각과 싸우게 되어서 역효과가 날 수 있습니다. 마치 '흰 곰을 생각하지

마!'라고 하면 오히려 '흰 곰'을 떠올리지 않으려고 그 단어에 더욱 집중하는 효과가 일어나는 것과 같은 이치라고 할 수 있습니다.

궁극적으로는 자신의 삶을 이끌어가는 가치를 실현하기 위해 전념하는 데 목적이 있습니다. 역기능이었던 행동을 찾아내 기능적으로

• ACT 6가지 핵심적 치료 과정

구분	내용
수용	현재 자신에게 일어나고 있는 모든 경험을 비판단적으로 자각
인지적 탈융합	개인이 자신의 언어개념에 수동적으로 융합되거나, 자신이 만들어낸 언어적 의미에 더 이상 압도되지 않으면서, 그 언어를 그저 언어 자체로만 대상화해 객관적으로 바라보고 관찰
맥락으로서의 자기	자신의 경험을 관찰하고, 그 경험과 관계를 맺는 맥락적이며 메타인지적 주체로서의 자기 자신
현재에 머무르기	현재 벌어지고 있는 사실 그 자체(fact itself)를 있는 그대로 온전히 경험해 지금 이 순간을 알아차림
가치 명료화하기	자신의 삶이 어떻게 실현되어 가기를 원하는지 생각해보고, 자신의 가치목록 작성
전념 행동	전념 행동은 개인의 선택을 전제로 함. 자신의 가치에 일치되는 선택을 하기 위해 구체적 행동목표와 과제 선정

• 송지희(2019) 수용전념치료 부모교육 프로그램의 개발과 효과, 한양대학교 박 사학위 논문

바꾸고 스스로 선택한 가치를 위해 구체적인 노력을 시도하는 거죠. 이런 노력을 통해 심리적 유연성을 회복하게 되는데요. 예를 들면 자신이 다른 사람의 감정과 가치를 존중하는 것에 비해 상대적으로 자신은 존중받지 못하고 인정받지 못한다고 생각하게 될 때(감정형) 자신의 생각이나 감정을 대상화해 관찰자로서 바라봄으로써 역기능적인 생각이나 말로 인해 상황이 악화되지 않도록 합니다. 불교에는 '바라보면 사라진다'라는 말이 있다고 하는데요. 우리의 감정이나 생각은 없애려고 한다고 해서 없어지지 않고 부정하고 부인할수록 그 힘이 더 강력해지는 경향이 있습니다. 그러나 그저 바라볼 뿐이라는 생각으로 평가하지 않고 바라보면 그 힘이 약해진다는 것을 느낄 수 있을 것입니다.

물병에 물이 반만 차 있는 걸 보고도 누군가는 반밖에 남지 않았다고 생각하고, 또 다른 누군가는 반이나 남았다고 생각합니다. 마음을 어떻게 먹냐에 따라 정말 세상이 다르게 보이기도 하죠. 우리가 겪는 스트레스도 마찬가지인 것 같습니다. 누군가가 무심코 뱉은 말 때문에 밤잠을 설치고 난 다음에 자신에게 마음의 상처를 준 말이 어느 드라마의 대사였던 걸 알고 나면 어떤 느낌이 들까요? 여러분 자신을 힘들게 하는 것 중에 어느 한쪽으로 치우쳐 있는 생각 때문에 그런 것은 없는지, 아무 근거 없는 부정적 생각과 언어로 인해 더 힘들어지는 건 아닌지 생각해보면서 오늘 소개한 인지적 기법들에 대해 조금 더 알아보는 시간을 가져보면 어떨까요?

13장

MBTI 성격유형과
갈등관리

김쌤 박쌤

 이번 키워드는 갈등입니다. 부부 갈등, 가족 갈등에서 세대 갈등, 조직 갈등, 지역 갈등 참 무수히 많은 갈등이 있는 것 같습니다. 여러분은 '갈등' 하면 제일 먼저 무엇이 떠오르나요?

 우리나라 사람들은 갈등을 좋지 않은 것으로 간주하는 경향이 있는 거 같습니다. 케네스 토마스의 표현처럼 "갈등은 단지 상대방이 하는 일이 자신과 달라 보일 때, 신경이 쓰이는 상태일 뿐이다."라고 볼 수도 있는데요. 많은 사람이 '좋은 게 좋은 거지'라는 생각을 갖고 있어서 갈등의 소지가 있으면 빨리 그 갈등을 수습하려고 듭니다. 하지만 갈등이 없으면 변화도 없습니다.

 선생님의 말씀에 공감이 가지만, 갈등의 시작은 신경이 쓰이는 정도였을지는 모르겠지만 많은 경우 서로 양보할 수 없는 지점에 이르면서 극명하게 드러나고 심각해지니까 아무래도 갈등 하면 조금은 무겁게 다가오는 것도 사실입니다.

 그런데 쌍방 간의 갈등에서도 어느 한쪽은 갈등은 심각하게 인식하지 않아서 해결하려고 하지 않고 다른 한쪽은 사소한 갈등에도 심각한 반응을 보이기도 합니다. 아무래도 갈등 상황을 인식하고 해석하고 해결하는 방법이 다 제각각이기 때문이라 생각되는데요. 그렇다면 갈등을 관리하는 데도 MBTI 성격유형에 따라 차이가 있을 수 있습니다. 그래서 이번 장에서는 MBTI 유형별 갈등관리 방식에 대해 알아보려고 합니다.

갈등관리 행동모델

그런데 갈등은 왜 생기는 걸까요? 미국의 대표적 조직학자인 볼멘 (Bolman)과 딜(Deal)은 갈등은 서로 다른 목적, 가치관, 그리고 사건을 가진 상황이 서로 타협할 수 없을 때 발생한다고 했는데요. 특히 이러한 갈등이 집단 안에서 발생하는 근본적 이유는 누구나 똑같이 자신이 원하는 재원, 정보, 인력 등을 가질 수 없기 때문이라고 설명하고 있습니다.

자원은 한정적인 데 반해 인간의 욕구는 한도 끝도 없는 거니까요. 물론 이 외에도 선택 과정에서 우선순위가 서로 다르다거나 자원과 상관없이 우리가 가진 가치관이나 선호도, 흥미 등이 다른 것도 갈등의 이유가 되기도 하고요.

그런데 이러한 갈등은 개인의 문제로 그치는 것이 아니라 조직의 경쟁력 차원에서도 문제가 될 수 있습니다. 조직 구성원이 갈등이나 이로 인한 스트레스 때문에 제 능력을 제대로 발휘하지 못한다면 바로 조직의 경쟁력 저하로 이어질 테니까요.

🐱 실제로 조직 구성원의 갈등관리가 이루어지지 않으면 동기 저하는 물론 생산성 감소, 업무수행력 저하와 종국에는 이직률의 증가로까지 이어질 수 있습니다.

🐰 그만큼 조직 입장에서는 구성원의 갈등관리가 매우 중요한 요소일 텐데요. 케네스 토마스(Kenneth Thomas)와 랄프 킬만(Ralph Killmann)은 갈등관리 행동모델을 토대로 MBTI 유형별 갈등관리 행동모델을 개발했습니다.

• 갈등관리 행동모델

출처: MBTI와 갈등관리(한국MBTI연구소, 2009, P.75)

🐻 자기주장과 협동은 갈등관리 행동모델에 있어서 핵심적인 행동입니다. 자기주장은 자기 자신의 흥미와 관심에 대해 에너지를 쓰고, 협동은 타인의 흥미와 관심에 에너지를 쓰는 것을 의미합니다.

🐶 자기주장도 중간 수준이고 협동도 중간 수준인 게 바로 타협이네요. 얼핏 생각하면 타협이 가장 적절한 갈등관리 행동모델로 보이지만 그렇지 않습니다. 이 5개 유형에는 서로 우열이 있는 것은 아니고요. 다만 각각의 유형은 갈등 상황에 따라 적합하고 효과적일 수도 있고, 반대로 부적절하고 비효과적일 수 있습니다.

갈등관리 행동모델의 5개 유형

- 경쟁(Competition): 개인의 이익이 우선이며 타인의 이익에는 별다른 관심이 없다. 어려운 상황을 이겨내야 하거나 자기 보호가 꼭 필요한 상황에서 사용된다. 문제 상황을 유발하거나 갈등을 지속시키거나 고조시킬 수 있다는 것이 단점이다.
- 수용(Accomodation): 경쟁과 반대로 자신의 이익을 포기하고 다른 사람의 이익을 충족시키는 행동모델이다. 상대방이 권력에서 우위를 점하거나, 또는 그다지 중요하지 않은 문제일 때 적합한 대응 방법이다. 과도하게 사용할 경우 자신의 권리를 빼앗길 수도 있다.
- 회피(Avoiding): 자신이나 타인의 이익을 모두 만족시키려는 어떤 시도조차 하지 않는 경우이다. 갈등 상황이 지속되거나 문제가 해결되지 않는 것이 단점이다.
- 타협(Compromising): 다른 사람의 이익을 위해 자신의 이익을 다소 희생하는 모델이다. 협력 과정을 거칠 수 있을 만큼 시간과 열정이 충분한 경우에 적합하다. 또는 서로 비슷한 권력을 갖고 있으나 상호 배타적인 목표를 지니고 있을 때 유용하다.
- 협력(Collaborating): 자신과 타인 양자의 이익을 찾는 행동모델이다. 양쪽 모두가 상호 해결책을 찾으려는 의지가 있고 이러한 과정을 가질 만한 충분한 시간과 에너

지를 있을 때 가능하다. 이러한 모형의 단점은 시간이 많이 소모된다는 점과 갈등 상황이 점점 심각해질 때 쉽게 적용하기 어렵다는 것이다.

〰〰〰〰〰〰〰〰〰〰〰〰〰〰〰〰〰〰〰〰〰〰

🐻 갈등관리 행동모델에 나오는 5개의 유형은 자신의 이익과 다른 사람의 이익을 어떻게 다루는가에 따라 결정된다고 볼 수 있을 텐데요. 자신의 이익만을 챙긴다거나, 반대로 다른 사람의 이익만 챙긴다거나, 자신과 타인 양자의 이익을 고려하거나 둘 다 무시하거나 적당히 양보해가며 절충안을 찾는다거나 그런 관점에서 바라보면 될 것 같습니다.

👾 그런 과정에서 갈등의 양상이 변하는데요. 어느 한편에게서는 갈등이 점점 심각해진다고 느낄 수도 있고요. 시간이나 비용, 투입되는 에너지 등도 고려할 필요가 있습니다.

MBTI 선호지표와 갈등해결

1. 외향과 내향

🐻 외향형은 갈등을 표현할 때 말이나 몸짓 등이 열정적이고 활발한데 반해 내향형은 에너지가 자기 자신으로 향하다 보니 말이나 몸짓이 조용하고 차분한 편입니다. 옛말에 "목소리가 큰 사람이 이긴다."라는 말이 있잖아요. 적극적이면서 강하게 자기주장을 하는 사

람이 자신이 원하는 결과를 성취할 가능성이 높아질 것이라는 기대로부터 나온 표현 같지만요.

🐻 싸우려는 의도는 아니면서도 너무 막무가내로 들이대면 내향형은 완전히 철수해버릴 수 있습니다. 중요한 건 양자의 생각이나 의견이 충분히 공유된 이후에 갈등해결을 위한 자리가 마련되어야 한다는 것이죠.

🐻 그런 의미에서라면 협상이든 대화하기 위해서든 외향형과 내향형이 서로 다르다는 점을 이해하면 도움이 될 것 같습니다. 외향형은 갈등을 다루기 위한 자리에서 논쟁을 벌이더라도 "터놓고 함께 이야기해보자."라며 바로 갈등해결을 하려고 하지만 내향형은 "생각할 시간을 달라."라며 계속 혼자서 생각하려고 할 겁니다.

🐻 내향형은 혼자만의 시간이 어느 정도 필요하죠. 생각이 정리되어야 서로 마주하고 앉았을 때 대화나 소통이 가능해지죠. 아직 갈등으로 인한 감정이나 생각이 내적으로 정리가 되지 않아서 혼란스러운 상황인데 너무 몰아붙이면 더 위축될 수 있습니다.

🐻 여러분의 이해를 돕기 위해 MBTI 선호지표와 갈등관리의 관계에 관한 국내 한 연구 내용 중 일부를 소개하려고 합니다. 사실 MBTI와 관련한 갈등관리 연구가 활발하게 진행되고 있는 것은 아니어서요. 특정 지역의 특정 직업을 대상으로 한 연구라는 것을 고려하고 참고로만 이해하면 좋을 것 같습니다. 국내 한 연구 결과에 따르면* 경쟁과 협력의 방법은 외향형이 내향형에 비해 더 많이 사용하고 회피 전략은 내향형이 외향형보다 더 많이 사용하고 있습니다.

회피의 경우 자기주장의 강도도 낮고 협동의 강도도 가장 낮은 경우를 말하는데요. 내향형의 특성을 생각해볼 때 납득이 가는 결과라고 할 수 있겠습니다.

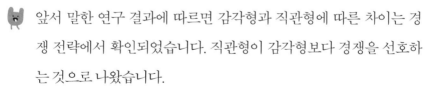 목소리 큰 사람이 이긴다고 해서 내향형과 외향형이 대화하면 외향형이 유리하리라 생각하는 것도 섣부른 판단입니다. 내향형이 조용하다는 이유로 답답하고 만만하게 보는 경향이 있는데, 외향형은 자신의 생각을 바로 드러내기 때문에 자신의 생각이 상대에게 다 읽히지만, 내향형은 속마음을 드러내지 않기 때문에 외향형이 오히려 반격을 당할 수 있습니다. 예를 들어 드라마 〈나의 해방일지〉에 미정이 직장 동료와 몸싸움을 하는 장면이 나옵니다. 미정은 오래전부터 동료의 불륜에 대해 알고 있으면서도 함구하고 있는데, 싸움 과정에서 이 사실을 폭로해버리고 나서 미정은 직장 동료와 화해하지 않고 사표를 던지고 다른 회사로 이직합니다.

2. 감각과 직관

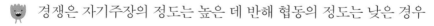 앞서 말한 연구 결과에 따르면 감각형과 직관형에 따른 차이는 경쟁 전략에서 확인되었습니다. 직관형이 감각형보다 경쟁을 선호하는 것으로 나왔습니다.

경쟁은 자기주장의 정도는 높은 데 반해 협동의 정도는 낮은 경우

• 박영미(2019). 지방행정공무원의 성격유형과 갈등관리에 관한 연구.지역발전연구, 28, 1-30.

에 해당합니다. 물론 그렇다고 직관형이 다 그렇다는 것도, 직관형은 언제나 경쟁을 선택한다는 건 아닙니다. 하지만 현실적인 것보다 직관적으로, 미래의 가능성을 중심으로 갈등 상황을 보면 상대적으로 현실적이고 사실적인 정보에 관심을 덜 갖게 되면서 자기 자신만의 주장이 강해질 수 있을 거 같습니다.

🐰 감각형과 직관형은 갈등을 해결하는 과정도 서로 차이가 클 것 같은데요. 먼저 갈등 상황을 이야기하더라도 감각형은 하나하나 빠짐없이 이야기하고 짚고 넘어가려고 하겠지만 직관형은 전체적인 맥락에서 한두 개 정도 언급하는 걸로 충분하다고 생각할 수 있겠습니다. 갈등을 풀어내고자 할 때도 감각형은 구체적이고 실제적인 사실에서 실마리를 풀어가려고 하겠지만 직관형이라면 이면 내지는 잠재적 요인이나 가능성에 관심을 갖고 찾으려고 할 것입니다.

🐱 개인적인 경험에 비추어 보면 저는 어떤 면에서 두리뭉실한 점이 있는 거 같습니다. 너무 사소한 것에 집착하는 걸 정말 싫어해서 평소 신념 중 하나가 '사소한 것에 목숨 걸지 말자!'인데요. 완전히 정반대인 사람을 만나면 죽을 맛이죠. "네가 몇 월 며칠에 ~했잖아." 하면서 따지는 사람들을 만나면 저는 대화 중단입니다. 전에 저도 모르게 "조용히 해!"라고 소리를 지른 적도 있었는데, 상대방이 너무 놀라더라고요.

🐰 상대방이 직관형이라는 걸 이해하지 못한다면 '왜 저 사람은 이야기를 건너뛰지?' 또는 '왜 대충대충 이야기하려고 하지?' 하는 느낌

이 들 수 있습니다. 직관형이 빠트린 상황을 확인하는 차원에서 감각형은 상대방에게 구체적으로 직접 이야기하거나 질문을 필요가 있습니다. 직관형의 입장에서도 감각형이 세세하게 이야기하는 것이 따지려고 해서가 아니라는 점, 그리고 갈등해결의 절차 역시 세세하게 제시하는 것에 너무 답답해만 하지 말고 직관형 자신이 생각하는 큰 그림에 부합되는지 살펴보면서 감각형을 이해하려는 노력이 필요합니다.

🐱 감각형은 너무 이론적이고 추상적인 이야기를 하면 쓸데없는 이야기라고 생각할지도 모르겠습니다.

🐶 이런 감각형과 직관형의 차이는 나무를 보느냐, 숲을 보느냐의 차이에 비유해서 설명할 수 있는데요. 사실 산을 잘 알려면 거시적 관점에서 어떤 특징이 있는지 미시적 관점에서 어떤 특징이 있는지 둘 다 잘 알아야 하잖아요.

🐱 방금 이야기에 갈등해결의 실마리가 있다고 생각합니다. 서로의 배타적인 특성에 주목할 것이 아니라 서로의 특성이 하나로 잘 융합되면 강점으로 발휘된다는 사실에 주목하면 쉽지 않겠지만 아주 유용한 결과를 이끌어 낼 수 있을 것 같네요.

3. 사고와 감정

🐶 앞의 논문에 따르면, 사고형과 감정형과 관련해서는 사고형이 감정형에 비해 타협, 협력, 수용(양보)에서 유의미하게 높은 것으로 확인되었습니다. 상대적으로 협동 수준이 낮은 경쟁이나 회피보다 협동

수준이 중간 이상인 타협, 협력, 수용의 전략의 경우 다른 사람과의 관계나 인화를 중요하게 생각하는 감정형에서 더 우세할 것으로 예상되는 것과 달리 사고형이 더 잘 사용한다는 건데요. 갈등을 다루는 행동 방식이 전적으로 MBTI 선호지표에 의해 결정되는 게 아닌 데다가 연구 대상에 따라 다양한 결과가 나올 수 있다는 점을 고려하면 좋을 것 같습니다.

🐱 사고형은 스트레스 원인이나 내용에 관심을 두는 반면에, 감정형은 스트레스로 인한 사람의 갈등, 인화의 유지 등 관련 사람을 염두에 두고 갈등을 바라본다는 차이가 있습니다.

🐶 사고형은 다양한 상황에 공통으로 적용할 수 있는 문제해결 방안을 찾기 위해 노력하죠. 왜냐면 논리나 추론 객관적 자료가 문제해결의 실마리이고 이러한 해결방안은 누구에게든 똑같이 적용 가능하다고 생각하기 때문이죠. 이런 맥락에서 상호 토론이나 대화를 통해 갈등을 풀어낼 방법을 모색하는 데 적극적일 수 있고요. 반면에 감정형은 상황별 맞춤형 솔루션을 찾는 경향이 강합니다. 사람마다 다른 솔루션을 적용하려고 하고요. 같은 해결책을 찾더라도 모두의 의견이 모인, 그래서 모든 사람이 만족하는 해결 방법을 찾으려 애씁니다.

🐱 갈등 상황이 아니더라도 감정형인 분들과 이야기하다 보면 '이런 것까지 신경 쓰는구나.' 하는 생각을 할 때가 많은데요. 이미 답은 나온 것 같은데 왜 계속 이야기를 할까 싶어서 사고형이 빨리 이야기를 끝내려고 하면 감정형은 힘들어할 수 있습니다.

🐻 감정형은 모두가 동의하는 결정을 하기 좋아해서 모든 사람이 만족할 수 있는 결과를 만들기 위해 오랜 시간 인내심을 갖고 논의하려고 합니다. 그런데 사고형이 감정형과 갈등을 풀기 위해 대화를 할 때는 조심해야 할 점이 있습니다. 먼저 논리적 분석을 자제할 필요가 있습니다. 감정형이 이야기할 때 다소 비약적이거나 그 근거가 빈약하더라도 논리적으로 따지거나 하는 일을 조금 자제할 필요가 있습니다. 사고형에게는 객관적 진술에 불과한 의견이 감정형의 가슴에는 비수가 되어 꽂힐 수 있거든요.

👾 저의 경우 감정형으로 보이는 사람들에게 미리 "제가 성격이 좀 팍팍해서 직선적으로 말을 하더라도 오해하지 마라."라고 언질을 주는데요. 감정형들은 "안 그러실 거 같은데, 전혀 안 그러신데." 하다가도 결국 시간이 지나면 서운해하더라고요.

🐻 사고형은 감정형과 어떤 말을 하든 우선은 끝까지 듣고 상대방을 배려해주려고 노력하는 자세가 필요할 것 같습니다.

👾 물론 노력한다고 해도 마음처럼 쉽지는 않은 것 같습니다. 전에 감정형으로 추정되는 선생님과 대화를 한 적이 있는데, 저보고 상담할 때처럼 자신에게도 그렇게 대해달라고 하더라고요. 제가 트리플 'T'잖아요. 거기서 "선생님과 나의 관계는 상담자와 내담자가 아니라 사용자와 근로자의 관계다."라고 말해줬더니 울먹이면서 저보고 너무 나쁜 사람이라고 하는 거예요. 처음에는 '나는 원칙을 이야기했을 뿐인데, 왜 내가 나쁜 사람이야?'라고 생각했는데 한참 지나고 나서 되돌아보니 그 '나쁘다'는 '나의 마음을 몰라줘서 미워'의 뜻이

지 제가 잘못했다는 의미는 아닌 것 같더라고요. 어쨌든 상대를 이해하려는 노력은 서로에게 필요한 것 같습니다.

4. 인식과 판단

🐹 인식형과 판단형의 경우도 사고형과 마찬가지로 판단형이 인식형에 비해 타협, 협력, 수용(양보) 전략에서 유의미하게 높은 것으로 연구 결과가 나타났습니다.

🐹 판단형의 경우 정해진 규칙이나 틀을 중시하고 조직적이고 체계적인 특성 때문에 갈등이 발생할 경우, 이를 타협이든 협력이든 아니면 수용이든 해결하는 것이 맞다고 생각할 가능성이 높다고 생각됩니다. 인식형은 '반드시 ~해야 한다'는 생각이 없기 때문에 좀 더 비협조적일 수 있지 않을까 싶고요.

🐹 판단형은 정해져 있는 틀이 있는 것을 상대적으로 편하게 생각하는 경향이 있는 거 같습니다. 인식형은 개방적이고 유연하다는 것이 특징이잖아요. 일단 결론이 났다고 해서 그게 끝이 아니고요. 괜찮은 방법이 있다면 결론을 바꾸는 것이 그렇게 힘든 일이 아니지만, 판단형 입장에서는 '장난하나?' 이렇게 생각될 수도 있습니다. 이미 결론이 난 것을 뒤집는다는 게 이해가 안 갈 수 있습니다.

🐹 MBTI 관련해서 P 유형과 J 유형을 비교하는 동영상 중에는 두 유형이 함께 여행을 준비하는 과정을 스케치한 내용이 많은 것 같습니다.

🐹 아마도 일상에서 소재를 갖고 오기에 여행만큼 극명한 차이를 보

여주는 것이 없어서가 아닐까 생각하는데요. 짧은 동영상 속에 한 쪽은 예약하고 계획을 짜느라 분주한 모습이, 다른 한쪽은 천하태 평 여행 전날까지도 아무것도 안 하는 모습이 대조적으로 그려집 니다. 여행을 제안한 사람은 인식형인데 정작 여행 준비에 열을 올 리는 사람은 판단형이라든지, 준비하는 과정에서 서로 불평을 쏟 아내며 다툰다거나 그냥 늘 그랬다는 듯 상대방의 행동에 별다른 반응을 보이지 않는 등 대충 이런 내용이 전개되는 것 같습니다.

 앞서 저의 '묻지마 여행' 이야기를 한 적이 있는데요. 제가 인식형이 다 보니 계획을 세워도 아주 세밀하게 세우지 않고 늘 여러 가능성 이 있다고 생각하고 사는 편인데, 어느 날 갑자기 엄마가 제주도에 가고 싶다고 한 말이 생각나서 숙소와 비행기표를 예약하고 여행을 제안했어요. 엄마가 한껏 들떠서 여행을 같이 왔는데 막상 숙소를 오니 주변에 아무것도 없는 거예요. 그냥 주변 경치만 보고 예약을 한 거죠. 그랬더니 엄마 "네가 그러면 그렇지." 하시더라고요. 저를 아는 사람들은 그래서 큰 기대를 안 하거나 제가 못하는 걸 알고 보 완해주는 역할을 해주고 있어서 큰 갈등은 없는 것 같습니다.

 이렇게 선호하는 지표에 따라 갈등 상황을 바라보거나 갈등을 해결 하기 위한 대화의 과정에서도 내향/외향, 감각/직관, 사고/감정, 인 식/판단 등의 요인에 따라 각 선호 유형에 따라 접근하는 방식에 큰 차이가 있음을 확인할 수 있었습니다. 이러한 선호에 따른 차이를 이해하고 존중해주는 노력도 중요하고요. 갈등해결 협력모델 7단 계는 알아두면 좋을 것 같아 핵심 내용만 정리해서 소개했습니다.

• 갈등해결 협력모델 7단계

개방적이고 비방어적인 태도

⬇

상대방의 입장에서 생각하고 들은 대로 다시 표현하기

⬇

중요한 관심과 욕구를 통해 문제 재정의 해보기

⬇

관심과 욕구에서 공통점 찾기

⬇

관심과 욕구에서 서로 다른 점 명확화하기

⬇

잠재적 해결방안 도출

⬇

실행을 위한 계획 수립하기

출처: MBTI와 갈등관리(한국MBTI연구소, 2009, P.84~101 내용 반영)

• 갈등해결을 위한 협력 과정을 간단히 요약한다면 역지사지의 입장에서 경청을 하고 공동의 관심사나 욕구는 무엇이고, 차이가 난다면 어디서 나는지 확인한 후 최대한 양측의 관심사나 욕구를 충족시킬 수 있는 방안을 모색하는 것이라고 할 수 있다.

혹시 누군가와 갈등 중이라면 문제해결에 참고하기 바랍니다.

🐾 갈등의 당사자들이 이런 절차를 따르기만 해도 갈등의 골이 깊어지는 일은 없을 것 같은데요. 타고난 선호 경향에 따라 갈등 상황을 바라보고 해결하는 방법이 서로 다를 수 있다는 것을 알고 그 차이에 대해 조금 넉넉한 마음을 가진다면 갈등을 해결하는 데 좋을 것 같습니다.

갈등을 두려워 말자!

🐾 우리가 사는 세상에는 갈등의 종류만큼 갈등의 원인도 참 다양한 것 같습니다. 내적 갈등도 분명한 갈등이고요. 이웃 간 층간 소음 갈등처럼 사회적인 이슈로 등장하는 갈등도 많고요. 이러한 양극단 사이에 수많은 갈등을 겪으며 살고 있는데요. 서로에 대한 이해 부족에서 비롯되는 갈등, 그러니까 서로 다름에 대한 존중만 있어도 줄일 수 있는 갈등도 참 많은 것 같습니다.

🐾 빈부격차와 같은 구조적 갈등은 개인적 차원에서 해결할 수 없겠지만 개인과 개인 사이의 갈등은 서로에 대한 이해가 갈등에 있어서 중요한 역할을 하는 건 맞습니다.

#S1. 드라마 〈우리들의 블루스〉의 한 장면

미란: 너는 의리가 세상에서 제일 중요하다고 생각하니까. 너는 끝까지 의리
있는 년, 멋진 인간 소리 듣고 싶은 거겠지. 근데 널 세상에서 가장 오래
보고 친한 친구가 말해준다. 너 뭐 그닥 의리 있는 년은 아니야.

은희: 나가 무사(왜) 의리가 없는 년이라?

미란: 의리가 없는 년은 맞지. 니가 만약 의리가 있다면, 나한테 서운하다 상처
받았다 말했어야지. 오늘처럼 이렇게 와서 따지고 내가 잘못 인정 안 하
고 미안하다 사과 안 하면 머리를 뜯었어야지. 그래야 그게 의리지, 모르
는 남처럼 가슴에 원한 품는 게 의리가 아니야.

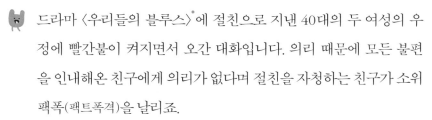 드라마 〈우리들의 블루스〉ᵉ에 절친으로 지낸 40대의 두 여성의 우
정에 빨간불이 켜지면서 오간 대화입니다. 의리 때문에 모든 불편
을 인내해온 친구에게 의리가 없다며 절친을 자청하는 친구가 소위
팩폭(팩트폭격)을 날리죠.

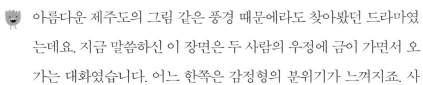 아름다운 제주도의 그림 같은 풍경 때문에라도 찾아봤던 드라마였
는데요. 지금 말씀하신 이 장면은 두 사람의 우정에 금이 가면서 오
가는 대화였습니다. 어느 한쪽은 감정형의 분위기가 느껴지죠. 사

• 2022년 방영 | 출연: 김혜자, 이병헌 외 | 극본: 노희경
제주도를 배경으로 한 옴니버스의 형식의 tvN 드라마. 저마다 삶의 애환을 갖고 살아가는 14명의
주인공이 서로 간의 갈등을 풀어내고 관계를 회복하는 과정을 때로는 유쾌하게 때로는 가슴 뭉클하게
담아내고 있다. 다운증후군 화가 정은혜씨의 출연으로 화제가 되기도 했다.

드라마 〈우리들의 블루스〉 포스터   출처: 스튜디오 드래곤

람과 사람 사이의 관계와 조화를 중요하게 생각하고 그래서 불화나 갈등에 대해 불편하게 생각하면서 자신의 감정을 억누르기도 하고요. 반대로 사고형의 기운이 느껴지는 또 다른 친구는 직설적이고 직접적인 갈등해결을 강조하고 있습니다.

🐶 우정에 대해서도 서로 다른 시각과 대응 방법이 갈등을 조금씩 조금씩 키워왔다고 생각되는데요. 그런 면에서 MBTI를 통한 사람에 대한 이해는 갈등관리에서도 유효하리라 기대되네요.

🐻 그렇습니다. MBTI 성격유형에 따라 각기 다른 갈등의 원인, 양상, 그리고 해결 방법에 대해 아는 것만으로도 큰 도움을 받을 수 있습니다.

유형별 갈등관리

 앞서 265쪽에서 소개한 바와 같이 갈등 상황에서 우리의 행동 양식
은 크게 5개로 구분할 수 있습니다. 물론 갈등 상황에 따른 갈등관
리를 5가지로 한정했다는 데서는 어느 정도 한계가 있겠지만 우리
가 갈등을 이해하고 갈등 상황을 풀어가는 방법을 찾는 데 도움이
되는 모델이라고 생각합니다.

 그런데 MBTI 유형별 갈등관리 행동모델을 보면 ETJ, EFJ 등으로
표기되어 있어 조금 어색하게 느껴지네요. ENFJ도 아니고, ESFJ도
아니고 EFJ로 되어 있습니다. 다른 갈등관리 유형에서도 마찬가지
고요.

• MBTI 유형별 갈등관리 행동모델

출처: MBTI와 갈등관리(한국MBTI연구소, 2009, P.76)

그림을 보면 S 또는 N이 빠져 있는데요. 많은 연구[*]에서 외향과 내향, 사고와 감정, 판단과 인식 지표의 조합이 감각과 직관 없이도 갈등에 대응하는 데 많은 영향을 미치고 있는 것으로 보고되었다고 합니다. 그러니까 감각형이냐 직관형이냐가 갈등 상황에서의 행동 유형을 설명하는 데는 큰 영향이 없다는 여러 연구 결과를 토대로 나온 결과로 이해하면 될 것 같습니다. 그래서 MBTI 유형의 표기 가운데 S 또는 N이 생략되어있는 거죠. 따라서 그림을 보실 때, ITP는 ISTP와 INTP 유형으로, EFJ이라면 ESFJ와 ENFJ를 가리키는 것이라고 생각하면 됩니다.

회피

내향성 가운데 INTP나 ISTP를 제외한 나머지 유형은 회피로 몰려 있는데요. 회피는 자신의 이익은 물론 다른 사람의 이익에도 관심이 없는 경우 발생합니다. 갈등을 의도적으로 피하거나 마치 아무 일도 없었던 것처럼 행동하는 거죠. 갈등이 생기더라도 다른 사람보다 먼저 해결책을 제시하기보다는 해결책에 대해 숙고하는 데 익숙한 편이죠. 간단히 혼자 생각하는 시간이 길고, 갈등에 대해서도 이렇게 대응한다고 생각하면 좋을 거 같습니다.

• Percival, Smitheram, and Kelly 1992; Johnson, 1997; Sondra S. Vansant 저 / 한국MBTI연구소 역, 『MBTI와 갈등관리: 차이점을 해결하기 위한 성격의 역할』, 어세스타, 2009 재인용

내향형의 입장에서는 당장 해결하는 것보다는 충분히 생각할 시간을 갖고, 필요하면 갈등해결에 필요한 정보도 더 찾아야 하고요. 한마디로 아직 생각할 게 많죠. 게다가 굳이 자신이 나서지 않아도 상대방이나 다른 사람이 해결해줄 수 있단 생각도 들 수 있고요. 갈등이 빚어진 상대와 굳이 얼굴을 붉히거나 감정을 드러내면서까지 해결해야 할 가치가 있는지 다소 회의적인 판단을 할 수 있을 거 같습니다.

 INFJ 유형은 갈등이 발생하더라도 우선 상대방의 상황과 입장을 이해하려고 하지만 자신도 속상하고, 화나고, 억울한 일이 있을 수 있잖아요. 그런데 이런 말은 꺼내지도 못하고 혼자만의 생각에 잠기다 보니, 그러면서 마치 갈등이 없었던 것처럼 행동하는 거죠. 드라마 〈나의 해방일지〉의 주인공 미정이 속으로는 너무 힘들다고 느끼지만, 가족들에게조차 자신의 속내를 드러내지 않고 주말에도 아무 말 없이 부모님을 도와 일을 하잖아요.

 저는 INTJ이지만 갈등 자체를 회피하는 경향이 강한 것 같습니다. 혼자 상황을 정리하면 그뿐인데 그걸 굳이 수면 위로 끌어올려 분쟁을 만들 필요가 없다고 생각하는 것 같고요. 게다가 길게 생각해보면 이리하나 저리하나 어떤 선택을 하든 크게 달라지는 건 없다고 생각하니까 수술 자국 봉합하듯 급하게 서두를 건 아니라고 생각하거든요. 그렇다고 어떤 갈등 상황에서나 회피 전략을 선택하는 것은 아니고요. 저도 필요에 따라서는 경쟁, 협력, 수용, 타협의 전략을 선택하기도 합니다.

🦷 내향형은 자신의 속내를 바로 표현하지 않고 일단 보류하면서 대신 다른 사람의 말을 잘 들어줍니다. 목소리나 몸짓도 크지 않습니다. 그렇다고 자신의 주장이나 의견이 없는 것은 아닙니다.

🐶 그래서 내향형에게는 충분한 시간을 주고 자신의 의견을 표현할 기회를 주는 게 중요합니다. 그리고 내향형과 갈등을 풀어야 할 일이 있을 때 이런 점도 고려할 필요가 있겠습니다. 내향형은 자신의 행동 기준이 자기 자신의 내면에 있는 경우가 많고요. 그래서 환경에 쉽게 영향을 받지 않습니다. 외향형은 반대로 자신의 행동 기준을 외부 환경에 잘 맞추고 적응할 수 있는 편이라고 말할 수 있습니다.

🦷 외향형은 자기 자신의 생각이나 의견을 바로바로 표현하고 큰 목소리에 몸동작도 많이 써가며 자기주장을 하다 보니 오히려 고집이 셀 거 같지만 실제로는 변화에 잘 맞출 수 있습니다. 실제로 목소리가 크고 활발한 사람 중 마음 약한 사람도 많아서 대화로 잘 풀면 오히려 금방 수용하는 것을 경험한 적이 많습니다.

🐶 상대가 내향적 감정형일 때는 비난받는다는 느낌이 들지 않도록 표현에 주의할 필요가 있고요. 갈등으로 인해 상처받았을 마음이나 부정적인 정서에 대해 먼저 적극적으로 표현해주거나 마음을 직접적으로 표현할 기회를 마련해주는 것이 좋습니다. 상대방에게 미처 전하지 못한 말, 꼭 했어야 하는 말을 놓치게 되면 힘들어하는 경우도 있습니다.

경쟁

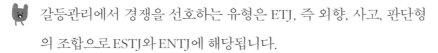 갈등관리에서 경쟁을 선호하는 유형은 ETJ, 즉 외향, 사고, 판단형의 조합으로 ESTJ와 ENTJ에 해당됩니다.

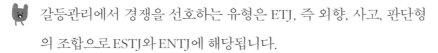 그런데 그림을 보면 ETJ(남성)이라고 되어 있습니다. ETJ 유형 중에서 남성에만 해당한다는 의미가 되겠는데요. ETJ 유형 중 여성은 타협형을 선호하는 것으로 되어 있습니다.

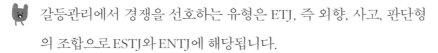 남성과 여성의 차이를 일반화하기 어렵겠지만 같은 유형이라도 남녀 성차에 의한 특성이 나타날 수는 있겠죠. 이 갈등관리 행동모델에서는 남녀 차이가 바로 ESTJ와 ENTJ에 확인된 거라고 볼 수 있으나 그 차이가 근본적인 차이인지 문화적으로 여성들에게 부여된 성역할 때문인지는 좀 더 연구가 필요할 것 같습니다.

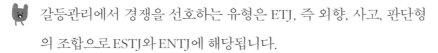 먼저 갈등관리 행동모델 중 경쟁에 대해 간략히 설명하면, 경쟁은 다른 사람의 이익보다는 자신의 이익을 확보하기 위해 더 노력하는 것을 말합니다. ESTJ와 ENTJ는 보통 수집된 자료나 의견을 논리적으로 구성하며 정리하는 데 익숙합니다. 이렇게 정리된 내용을 바탕으로 결론을 내리는데, 일단 내린 결론은 여간해서는 번복하지 않죠. 이런 성향은 일할 때만 나타나는 건 아니고요. 갈등을 해결하기 위한 방법을 찾을 때도 마찬가지입니다. 갈등 상황을 논리적으로 분석하고 분석한 내용을 바탕으로 신속하게 갈등해결 방법을 결정하는 거죠.

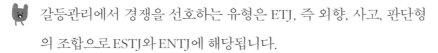 ESTJ 같은 경우는 논리정연하게 갈등 상황을 정리한 후 확고한 의지로 밀어붙이는 힘이 있습니다. 그리고 판단형답게 여러 가지 경

우의 수에 대해서도 생각해두는 편이고요. 게다가 과거의 경험과 현실적 자료에 대한 감각이 뛰어나다 보니 자기주장은 강하고 다른 사람과의 협동은 약한 경쟁 방식을 선호하게 되는 것 같습니다.

🐻 한 가지 예를 들면요. 예능 프로그램 〈서진이네〉에서 배우 이서진이 이 유형(ESTJ)으로 추정되는데요. 다른 출연진들이 밤 장사만 하면 안 되냐고 묻자, 7시 반이면 손님이 없어서 안 된다고 하죠. 이에 그럼 3시부터 하면 안 되냐며 재차 제안하자, 2시에서 4시까지 사람이 많다, 오늘도 많지 않았냐며 하나하나 반박해서 더 이상 말을 못 하게 만드는 장면이 있습니다. 예능 프로그램인데 너무 과몰입하는 거 아니냐는 빈정거림에도 끝까지 목표치를 달성하기 위해 분투하는 모습이 마치 경영인의 모습과 흡사하면서도 시청자들에게 또 하나의 재미를 주었습니다.

🐻 ETJ의 또 다른 유형인 ENTJ도 ESTJ와 마찬가지로 주기능이 사고형이다 보니 ENTJ도 결단력, 추진력에다가 의욕적이어서 밀어붙이는 데 익숙한 유형입니다. 게다가 다양한 변수에 대해 생각하는 스타일이라 경쟁 방식의 갈등관리와 잘 맞아떨어지는 것 같습니다.

수용

🐻 갈등관리 행동모델 중 수용 전략은 EFP, 즉 ESFP와 ENFP가 주로 선호하는 것으로 되어 있습니다.

🐻 먼저 ESFP에 대해 말씀드리면요. 다재다능하고 재치가 넘치는 사람들인데요. 남의 일에 흥미를 가지고 말하기도 좋아하고요. 그래

서 사람 관계를 무엇보다 중요하게 여기고요. 무엇보다 인화, 사람들 사이의 조화를 중요하게 여기다 보니, 자신의 이익보다는 다른 사람의 이익을 먼저 생각하는 행동모델인 수용을 선호하게 되는 거 같습니다.

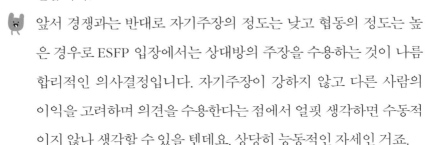 앞서 경쟁과는 반대로 자기주장의 정도는 낮고 협동의 정도는 높은 경우로 ESFP 입장에서는 상대방의 주장을 수용하는 것이 나름 합리적인 의사결정입니다. 자기주장이 강하지 않고 다른 사람의 이익을 고려하며 의견을 수용한다는 점에서 얼핏 생각하면 수동적이지 않나 생각할 수 있을 텐데요. 상당히 능동적인 자세인 거죠.

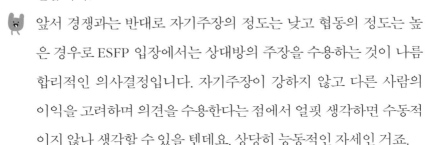 ENFP도 굉장히 사교적이고 아이디어가 넘치는 유형인 만큼 갈등에 대한 해결책을 다양하게 잘 제시하는데요. 그러면서도 긍정적인 관계 유지를 유지할 방법을 선택하려고 하는 만큼 상대방의 주장이나 해결방안이 치명적 수준으로 나쁘지 않다면 선택할 가능성이 높은 거죠. 사실 수용이라는 것은 체념과는 다른 의미로, 수용 능력이 좋다는 것은 그 사람이 변화할 수 있고 성장할 수 있다는 가능성이 높다는 의미라고 생각합니다.

협력

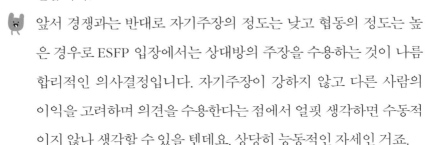 협력은 자기주장도 강하고 협동도 강한 경우인데요. EFJ, 외향, 감정, 판단의 선호지표의 조합에서 자주 나타나는 것으로 확인되고 있습니다. EFJ는 ESFJ와 ENFJ 이 두 유형을 말하는 거고요.

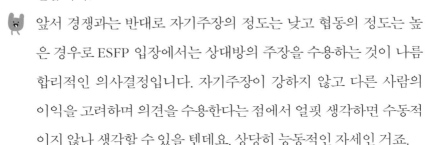 ENFJ 유형은 단순히 이성적이고 합리적인 해결방안을 찾기보다 이

해관계자 모두의 공감이나 조화로운 관계를 중요하게 생각합니다. 달변가도 많기 때문에, 갈등관계에 있는 상대방과의 상호작용을 통해 적극적으로 갈등에 접근하고, 상대방과 함께 풀어나가기를 원합니다.

🐻 갈등을 해결하는 데 성격유형 특성상 상대방의 이야기를 듣고 해결방안이 개인에게 미치는 결과도 최대한 고려한다는 말인데요. ESFJ나 ENFJ 모두 감정형이라 타인의 성공을 함께 추구하는 경향이 강해서 협력을 선택하는 경향이 상대적으로 우세하게 나타납니다.

타협

🐻 타협 유형에는 INTP, ISTP, ENTP, ESTP 그리고 ETJ(여성)이 있습니다. 내향성 중에 유일하게 INTP와 ISTP가 포함되어 있습니다. ITP 유형과 ETP 유형은 같이 이야기 나누기를 좋아합니다. 대화나 토론을 통해서 다양한 정보를 수집하고 이러한 과정을 반복하면서 갈등을 해소할 가능성을 찾아내는 거죠.

🐻 INTP 유형은 상대방의 주장이 논리적이라면 대체로 수용하는 편입니다. 그런 게 바로 논리적이고 분석적인 성향이 반영된 반응인 거죠. 그래서 자기주장을 하다가도 상대방의 의견이 맞다 싶으면 자신의 실수나 과오에 대해 수긍하는 편이고요.

🐻 상당히 쿨한 면이 있는 거 같습니다만, 다른 한편 상대방이 막무가내로 아무 근거 없이 자기 자신의 주장만 펼친다면 무시 전략을 쓸 수도 있습니다. 특별히 반응하지 않음으로써 갈등을 표면화시키지

않는 거죠.

 저도 제일 싫어하는 게 논리 없이 우기는 경우인데요. 이런 사람들이 대개 전체를 파악하지 못하고 다른 사람이 보는 걸 잘 못 보고 지엽적인 것만 보면서 자기 말이 옳다고 주장하는데, 그 주장을 들어보면 어이가 없을 때가 많아요. 심지어는 잘 알지도 못하면서 자기가 옳다고 하면 어쩌겠어요. 무시하는 수밖에요. 나의 정신건강은 중요하니까요.

 아래 표는 갈등 상황에 있는 상대와 대화를 하게 될 때 상대방을 이해하고 개방적인 태도, 즉 자기 자신의 입장만 고수하는 것이 아니라 상대방의 입장을 헤아리면서 개방적인 태도를 유지하는 데 도움이 될 만한, 자기 자신을 되돌아보는 과정에서 스스로 점검해보면 좋을 만한 내용을 요약한 것입니다.

• 개방적인 태도 유지에 필요한 '나'에 대한 자기 점검 방법

유형	자기 점검 가이드
ESTJ&ENTJ	문제해결에만 관심 못지않게 사람에 대해서도 관심이 있다는 점 확인하기
ESFJ&ENFJ	나만큼 상대방도 효과적, 의미 있는 해결책을 갖고 있다는 점 인식하기
ESTP&ENTP	대화를 통해 효과적, 흥미로운 해결책 탐색 가능성 있음을 인식하기
ESFP&ENFP	감정이입 안 하면 갈등해결책을 찾는 과정에 집중할 수 있음을 인식하기

ISTJ&INTJ	타인의 아이디어를 수용하면 더 나은 해결책도 가능하다는 점 인식하기
ISFJ&INFJ	갈등을 피하고 싶지만 직면하면 상황을 더 좋게 만들 수 있다는 점 인식하기
ISTP&INTP	상대방의 생각을 알아보는 것은 유용한 결과를 만들 수 있다는 점 인식하기
ISFP&INFP	문제에 휘말리는 건 싫지만 상대방의 기분이 좋아지길 원한다는 점 확인하기

출처: MBTI와 갈등관리(P.87)

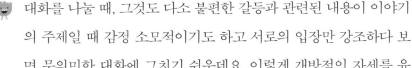 대화를 나눌 때, 그것도 다소 불편한 갈등과 관련된 내용이 이야기의 주제일 때 감정 소모적이기도 하고 서로의 입장만 강조하다 보면 무의미한 대화에 그치기 쉬운데요. 이렇게 개방적인 자세를 유지할 수 있다면 그것만으로도 절반은 성공한 거라 말씀드릴 수 있을 것 같습니다.

먼저 내향형의 ISTP나 INTP 유형은 자기주장이 강하죠. 논리적 사고나 분석적 사고가 강점인데요. 이러한 기준으로 다른 사람의 이야기를 들으며 바로바로 평가하는 경향이 있습니다. 이런 태도라면 상대방 입장에서는 말하기가 부담스럽고요. 또 ISTP나 INTP 입장에서도 상대방의 이야기에 들어 있는 좋은 의견이나 아이디어를 놓치게 될 수 있습니다.

스트레스를 받아서 예민한 경우 이런 특성들이 좀 더 도드라지는데요. 비논리적인 말을 상대가 하면 바로 반박해버리는 경우가 종종 있습니다. 그런 의미에서 대화하는 가운데 스스로 "내 생각도 틀린 것은 아니지만 상대방의 이야기를 잘 경청하면 그 안에 내가 미처 생각하지 못했던 접근 방법이 있을 수도 있겠구나." 이렇게 생각하면서 상대방의 이야기에 좀 더 집중하며 경청하는 자세를 유지하는 것이 좋습니다.

감정형인 ESFP나 ENFP는 이야기를 들으면서 감정적으로 몰입하고 타인의 문제를 자신의 문제인 양 생각하는 데서 제대로 된 갈등 해결 방법을 찾는 것이 잘 안 되는 경우가 있는데요. 문제를 너무 자신의 것으로 생각하지 말고, 즉 심리적으로 일정한 거리를 두고 갈등 상황을 이야기할 수 있도록 마음을 유지한다면 효과적으로 해결할 수 있는 방법을 찾을 수 있음에 대해 생각해보는 거죠.

대화하다 보면 상대방이 내 이야기를 잘 이해하지 못한 채 "나도 그랬어. 나 그 마음 알아." 그러면서 넘겨짚는 경우가 종종 있죠. 표면적으로는 공감하는 듯한 느낌을 주지만 타인의 문제를 자신의 문제로 이입시켰다고 하는 것이 맞는 것 같습니다.

우리가 상대방의 이야기를 듣는다는 것은 단순히 듣는 데 그치지 않겠죠. 매 순간 나름의 방식으로 정보를 해석하고 내용을 여과하면서 자신만의 의미로 파악하는 절차를 거칩니다. 그런 의미에서 자신의 유형별 특성에 의해 차단되거나 편협하게 해석될 수 있는 대화를 좀 더 개방적으로 들으면서, 정말 경청하면서 갈등해결을 위한 실마리를 찾아가는 것이 중요하다고 생각됩니다.

MBTI 유형 활용해 갈등 다루기

🐶 갈등을 다루는 데 있어서 성격유형을 안다는 것은 분명 도움이 될 겁니다. 16개의 유형의 각각의 조합이, 예를 들면 INTJ와 ESTJ가 갈등관계에 있을 때, ENTJ와 ISFP가 갈등관계에 있다거나 서로 다른 몇몇 유형의 인물이 모여 서로 갈등관계에 있을 때 단순히 서로의 특성을 아는 것만으로 서로 만족할 만한 수준의 해결책을 찾을 수 있는 것은 아닙니다.

👾 그럼에도 우리가 성격유형에 따른 갈등관리에 대해 관심을 갖고 알아보려는 이유는 성격유형에 대한 이해가 갈등을 풀어내는 데 도움이 되고 성격유형이 갈등의 요소로 작용한다는 것을 이해할 때 도움이 될 수 있습니다. 가령 감각형은 구체적 자료를 통해 갈등을 해결하려고 하지만 직관형은 조금 더 미래의 관점에서 당장은 확인하기 어렵거나 증명하지 못하는 미래의 가능성에 초점을 맞추려는 경향이 있습니다.

🐶 또 갈등해결을 위한 논의의 자리에서 내향형이 아무 말 안 하고 조용히 앉아 있는 모습을 보면 '아, 시간을 좀 달라는 이야기구나.' 하고 생각할 수 있다는 거죠.

👾 서로 성격유형이 달라서라는 것을 모르면 '왜, 나만 떠드는 거야.' 하며 상대방이 자신의 말에 아무런 반응도 안 하고 무시한다고 생각할 수도 있습니다.

🐶 불필요한 오해를 줄일 수 있는 거죠. 그리고 갈등을 해결하는 구체

적 방법을 찾는 데 있어서도, 예를 들어 사고형은 누구에게나 어떤 상황에서든 똑같이 적용할 수 있는 방법만을 생각하는 바람에 이 과정에서 개인적 불이익을 당하거나 감정적으로 상처받는 개인의 입장은 잘 헤아리지 못하잖아요. 반면에 감정형은 최대 다수의 만족에 집중하느라 효과적이거나 합리적인 해결방안을 놓칠 수 있고요. 이렇게 조금 부족하거나 보완해야 할 점이 무엇인지에 대해서도 알 수 있게 된다는 점에서 성격유형에 대한 이해는 도움이 된다고 할 수 있습니다.

각각의 유형들이 강점과 약점을 가지고 있기 때문에, 서로 갈등할 것이 아니라 조화를 이루면서 보완을 하는 것이 중요한데, 성격유형을 역동적으로 이해하지 않고 고정적인 특성으로 이해해 가령 '당신은 INTJ이니까 이런 식으로 해야 한다!'라고 단정적으로 접근해서는 안 됩니다.

누구도 갈등 없이는 살 수는 없을 겁니다. "갈등은 단지 상대방이 하는 일이 자신과 달라 보일 때, 신경이 쓰이는 상태일 뿐이다."라고 케네스가 했던 말을 다시 한번 떠올리게 되는데요. MBTI 성격유형을 알고, 그 특성을 이해하고 상대방의 말과 행동을 바라보면 갈등을 해결하기 위한 대화나 다양한 해결책을 찾는 데 조금이나마 도움이 되지 않을까 생각해봅니다. 무엇보다 상대방의 입장에서 상대방을 존중하는 노력이 선행되어야 갈등도 쉽게 풀릴 수 있다는 것도 꼭 기억해주세요.

14장

MBTI,
이게 정말일까요?

김쌤 박쌤

최근 채용 공고문에 MBTI 특정 유형은 지원하지 말라는 내용이 포함되어 있어 세간의 주목을 끈 적이 있습니다. 일부 기업에서는 MBTI 유형을 기재하게 하거나 MBTI 유형에 따른 성격의 장단점을 쓰도록 요구하는 경우도 있고요. 그만큼 MBTI에 대한 관심이 높고 일부 다소 과도하게 맹신하기 때문에 생기는 사회적 이슈인 것 같습니다.

얼마 전 유튜브 광고에서, 기업체 심사위원이 지원자에게 "MBTI 유형이 뭔가?"라고 물으니 "CCTV입니다."라는 식으로 유머러스하게 표현하기도 했습니다. 광고에도 등장할 정도인가 싶었는데요.

연애나 결혼에서도 MBTI가 빠지지 않습니다. 소위 MBTI 궁합이니 MBTI 유형별 성공적 연애를 위한 전략, 성격유형별 헤어진 이유를 다루는 정보를 주변에서 어렵지 않게 찾을 수 있을 정도고요.

그뿐만 아니라 MBTI 강의를 하다 보면 질문들을 참 많이 하는데요. "MBTI가 남편이랑 서로 안 맞아서 정말 힘든데 무슨 방법이 없냐?"

"친구가 무슨 손금 보듯 사람들 MBTI를 알아맞히는데 믿어도 되는 거냐?" "MBTI를 얼마만큼 신뢰해도 되냐?" 등등 별의별 질문이 쏟아지곤 합니다. 그래서 마지막으로 사람들이 가장 공통으로 많이 질문하는 내용을 중심으로 MBTI에 관한 오해와 진실을 주제로 이야기해보도록 하겠습니다.

Q. MBTI 무료 검사나 유료 검사나
정확한 유형을 알아보는 데는 별 차이 없는 거 아닌가요?

MBTI 검사는 피검자의 자기보고 방식으로 이루어지는 객관적 검사입니다. 그래서 신뢰도와 타당도가 중요합니다. 검사가 믿을 수 있느냐, 그 결과가 타당한 것이냐가 중요한데, 무료 검사의 경우 이런 것들을 보장하지 않을 수 있습니다.

선천적 선호 경향을 바탕으로 자기 자신을 이해하는 데 목적이 있는 검사로, 16개 유형 중 자신이 어디에 속하는지를 보는 검사이므로 검사 결과가 맞지 않는다고 해서 특별히 문제 될 것은 없는 비교적 안전한(?) 검사라고도 볼 수 있습니다. 그래도 자신을 제대로 이해하고 싶다면 정확한 결과가 나오는 유료 검사를 하시는 것이 좋습니다. 대다수의 심리 검사는 최소 수 년 이상의 연구를 통해 개발되는데요. 보다 좋은 검사들이 개발되고 개정되기 위해서 그에 적절한 비용을 지불하는 것도 중요하다는 점을 말씀드리고 싶습니다.

방금 설명으로 앞에서 MBTI를 손금 보듯 척척 알아맞힌다는 사람에 관한 질문은 해결이 되었네요. 그냥 재미 수준에서 받아주시면 될 것 같습니다.

Q. 매번 MBTI 유형이 달라지던데 믿을 수 있나요?

🐰 MBTI 성격검사를 받을 때마다 검사 결과가 달라진다는 이야기는 저도 주변에서 종종 듣는 편입니다. MBTI는 타고난 선호 경향을 묻는 거지만 현재 심리적 상황이나 적응 방식에 의해 문항의 결과에 영향을 줄 수 있어서 그런 결과가 나오는 건데요.

🐻 매번 검사 유형이 달라진다면 반응이 왜곡될 여지가 있다는 것입니다. 자기보고식 검사이니까요. 검사 안내에 자신에게 보다 적합한 문항에 표시하라고 되어 있는데, 자신이 되고 싶은 성향이나 주변에서 자신에게 '너는 이렇잖아'라고 했던 말이나, 사회적으로 바람직하다고 여겨지는 문항에 체크를 했을 가능성이 있습니다.

🐰 '장고 끝에 악수를 둔다'라는 말처럼 너무 오래 생각해도 그런 거 같습니다. 왜 너무 강박적이거나 완벽주의적 성향의 사람 중에 '가끔' 또는 '자주' 이런 말 때문에 선택을 못 하고, 갈팡질팡하는 경우도 있고요. 그냥 단순히 둘 중에 하나 선택하라면 그나마 가까운 걸 선택하면 되는데, 이런 성향으로 인해서 그럴 수도 있을 거 같습니다.

🐻 제가 20대 학생들을 상담할 때를 생각해보면, 성격이 성인기에 형성된다고 하지만 20대 초중반까지는 자기 성격이나 성향이 정확히 어떤지는 잘 모르는 것 같습니다. 사람들을 만나고 여러 일을 경

험하고 겪으면서 '난 이런 사람이구나'를 깨닫게 되는 경우가 많은 데요. 이 나이 때까지는 경험이 아무래도 부족하다 보니까, 잘 파악이 안 되니 검사 결과도 다르게 나올 수 있다고 생각합니다. 보다 전문적으로 심리 검사를 함으로써 '내가 누구인지', '어떤 사람인지'를 알아보고 어떻게 잘 살아가면 될지를 파악하는 일종의 '자기 사용 설명서'를 구축할 필요가 있지 않을까 생각합니다.

Q. 누구나 MBTI 선호 경향 중 딱 하나만 가지고 있는 건가요?

저의 경우 INTJ 유형이니까요. 저에게 내향, 직관, 사고, 판단 이런 성향만 갖고 있는 거냐는 질문인데요. 생각보다 많은 사람이 그렇게 생각하고 있는 거 같아요. 하지만 사고형이라면 의사결정 과정에 논리적 판단과 같이 사고를 감정적 가치보다 더 우선으로 사용한다는 의미이지 무엇인가를 결정할 때 감정에 대한 고려를 하나도 안 한다는 것은 아니거든요.

사고형인 저 역시 감정이 없는 것이 아닌데, 주변 사람이 저를 좋게 말하면 '이성적' 나쁘게 말하면 '냉정한' 사람으로 인식하는 경향이 있습니다. 저도 알고 보면 감성이 풍부한 면도 조금은 있습니다만.

만약 오른손잡이라고 하면 대부분의 일을 할 때 우선으로 오른손을 사용하는 거지 그렇다고 해서 왼손이 미동도 안 하고 있다거나 아예 쓸모가 없는 건 아니잖아요. 감각형의 경우 현실적이고 구체적인 감각적 요인을 다루는 것이 더 적절하고 편안하게 다가오기 때문인 거지 그래도 그 과정에서 관념이 아무것도 안 하는 건 아니고요. 상황적으로 필요하다면 직관을 적극적으로 사용하기도 하고요.

Q. MBTI 감정형이 사고형보다 더 정서적인가요?

앞의 질문과 비슷한 맥락의 의견을 드릴 수 있을 것 같은데요. 감정형이라고 해서 항상 자신이 느끼는 정서나 감정에 따라 행동하는 것은 아니고요. 상황에 따라서는 감정보다 논리적인 판단을 앞세울 수 있고요. 자신의 감정보다 다른 사람의 감정을 먼저 헤아리는 경우도 있고, 그 반대인 경우도 있고. 다양한 경우가 발생합니다만 기본적으로 의사결정을 내릴 때 개인적인 호불호의 감정보다는 전체적인 기준이나 윤리적 가치를 더 고려하는 편이라고 생각하면 됩니다. 가령 감정형은 마음에 들지 않은 구성원이 있더라도 자신이 주최하는 모임에 초대할 수 있는데요. 조직이나 조직의 하모니가 자신의 감정보다 더 중요하다고 생각하기 때문이죠.

내향적이라고 해서 외향적 성향이 하나도 없는 것도 아니고요. 감정형이라고 해서 이성적 사고를 하나도 하지 않는다는 의미는 아니라는 거죠.

Q. MBTI 사고형은 차갑고 로봇 같다?

'차갑다, 냉철하다'까지는 아니더라도 '냉정하다' 이런 표현은 저도 자주 듣는 편인데요. 조금 억울한 면이 있습니다. 이렇게 반박할 수 있는 건 '옳다, 그르다, 맞다, 틀리다'의 관점에서 어떤 상황을 평가하기는 해도 그게 사적인 감정이 들어간 건 아니거든요. 그저 뭔가 결정을 내릴 때 감정이나 정서보다는 우선으로 논리적 타당성이나 진위 여부 등을 고려하는 것뿐이고요.

🐻 상담을 하다 보면, 저보고 딱딱하다면서 컴플레인을 하는 경우가 간혹 있습니다. 그리고 다른 사람들을 통해서 들려오는 이야기 중 '의사' 같다는 말도 많이 들었는데요. 비슷한 맥락 같습니다. 전에 어떤 분은 소개로 왔는데 소개한 사람이 그 사람이 상담은 잘하는데 '친절하지는 않다'라고 했다고 하더라고요. 마치 욕쟁이 할머니가 된 듯한 기분이랄까. 그리고 그 '친절하지 않기 때문에' 찾아왔다고 해서 더 의아했는데, 아마도 '논리적이고 분석적인 측면'을 그렇게 표현한 게 아닌가 싶더라고요.

🐻 아마 그분도 사고형이 아니었을까 추측되는데요. 사고형인 제가 뭔가 고민을 털어놓으면 제 관심사는 문제해결에 도움이 될만한 아이디어를 누가 이야기해주는지에 있는데요. '힘들겠구나, 어떡하니' 하며 자꾸 마음을 달래려는 감정형을 보면 오히려 인정머리 없다는 생각이 들 때도 있습니다. 사고형이라고 해서 무조건 '차갑다, 로봇 같다'는 건 좀 억울한 면이 있네요.

🐻 사고형이 차갑고 로봇 같다고 느껴지는 데 일조하는 건 사고형이 옳고 그름을 분명히 가리고, 맺고 끊음이 분명하기 때문인데요. 누군가는 냉정하게 일 처리를 해야 하고 누군가는 서운한 감정을 달래주기도 해야 하니 역할 분담을 잘하는 쪽으로 가는 것이 효율적일 것 같습니다. 둘 다 잘하기는 어렵거든요.

Q. 외향형은 사람들과 함께 지내면서 에너지를 얻나요?

에너지의 흐름이 자신 내면이 아니라 밖으로 향하는 경우를 외향형이라고 한다는 점에서는 사람들과 부대끼며 역동적으로 상호작용하는 가운데 에너지를 얻는다는 말에 어느 정도 신빙성이 있어 보이는데요.

외향형에게 외부 활동이 충분하지 않으면 갑갑해하고 심심해할 수 있습니다. 코로나19로 전 세계적으로 외부 활동이 제한되는 상황에서 저 같은 내향형은 불편하긴 해도 심리적으로 크게 영향을 받지 않았지만, 외향형들은 상당히 힘들어하고 우울해하는 것으로 보였습니다. 외향형 사람이라고 해서 혼자만의 시간이 필요 없는 건 아닙니다.

외향형의 사람이라도 자신이 선호하지 않는 일을 계속해야 한다거나, 예를 들면 사고형인데 다른 사람의 감정을 다뤄야 하는 일을 한다든지 하면요. 아무튼 계속 쉬지 않고 외부 활동, 사회적 활동을 계속한다면 지치기 마련이고, 이럴 때는 외향형이라도 혼자만의 시간을 보내면 재충전할 필요가 있습니다.

Q. MBTI 유형이 감각형이고 감정형이면
직관과 사고와 관련된 일들은 잘 못하나요?

MBTI는 우리에게 선천적인 선호 경향이 무엇인지만을 알려줍니다. 우리가 심리적 선호 경향을 가지고 무엇을 할지는 우리 각자에 달려 있다고 생각합니다. 가정에서나 사회생활을 하는 데 이러한 심리적 성향을 적절하게 잘 재단하며 살아간다고 할까요? 예를 들어 INFJ 유형이라도 사업을 잘 경영할 수 있고 시끌벅적한 공간에서도 얼마든지 과업을 잘 수행할 수도 있고요.

🐻 사업도 분야가 매우 다양합니다. INFJ의 경우 상담이나 종교적인 일과 관련된 사업이라면 잘할 수 있지 않을까요? 어떤 분야든 혼자서 일하는 것이 아니라 다양한 유형의 사람이 함께 일하는 경우가 대부분인데요. 각자 성향에 맞는 일들이 있을 수 있고 그 일을 찾아서 한다면 딱히 어떤 영역은 되고 안 되고를 정하기는 어렵지 않나 싶습니다.

🐻 그러니까 MBTI 성격유형에 맞춰 스스로 자기 자신의 역량에 한계를 짓는 것이 아니라 중요한 건 가족관계에서나 직장, 대인관계 등에 있어서 각자의 성격유형을 장점으로 잘 사용하는 것이죠.

Q. MBTI 궁합표가 떠돌던데 MBTI로 궁합도 볼 수 있나요?

🐻 MBTI 궁합에 대해서도 세간의 관심이 많은데요. 저도 궁금해서 찾아보다 MBTI 유형별 애정 표현력이라고 하면서 순위를 매겨놓은 걸 봤습니다. 제 순위가 15위이더라고요. 믿거나 말거나지만 저는 동의할 수 없었습니다.

🐻 결론부터 말씀드리면 MBTI로 궁합을 본다는 건 재미 삼아 보시는 것이 좋을 것 같습니다. 마치 어느 혈액형이 서로 '맞다, 아니다'와 같이요. 부부로서, 연인으로서, 친구로서 등등의 관계를 이루며 사는 데 있어서 소위 좋은 관계니 불편한 관계니 하는 것은 어느 단일

요인에 의해 결정되는 것이 아닙니다. 수많은 요인이 복합적으로 작용한 결과로 관계가 형성되고 게다가 그 관계라는 것도 고정적인 것은 아니고요. 돈독한 우정으로 주변의 부러움을 사던 관계가 하루아침에 깨지는 경우 종종 볼 수 있잖아요.

🐶 물론 반대의 경우도 있고요. 원수 같던 사이가 절친의 관계로 바뀌는 경우도 없진 않습니다. 그래도 MBTI 관심이 고조되면서 연애에서도 '넌 무슨 타입이니까 절대 무슨 타입은 사귀면 안 돼', '무슨 타입 하고 연애를 할 때는 이런 건 피하라' 같은 종류의 동영상이나 정보가 많이 쏟아져 나오고 있는 요즘입니다.

🐶 예를 들면 이런 식이죠. 연애할 때 많이 언급되는 썸이나 밀당이요. '이런 밀당이 이런 유형에는 전혀 먹히지 않는다'라는 말을 합니다. 가령 INTJ에게는 밀당하지 마라, INTJ는 분명하고 확실한 걸 선호하는 까닭에 밀당 같은 행동이 썸이나 연애가 막 시작하려고 할 때 적절하지 않다는 충고 같은 건데요. 사람은 이렇게 단순한 존재가 아닙니다. 그리고 상대가 누구냐에 따라 달라질 수 있습니다. 인간관계는 상호 역동적이라는 점을 생각해주시기 바랍니다.

🐶 실제 사례라는 이야기도 자주 언급되는데요. 그래서 뭔가 신뢰를 주려고 하는 것 같고요. 실제 사례라고 해서 일반화할 수 있는 이야기도 아니지만 아무래도 주변의 관심을 끌기 위해 조금 과장되거나 너무 단순화시켜서 접근하는 경우가 많아요. MBTI 성격유형을 통해 상대방을 이해하는 데 도움을 받는 것까지라고 생각합니다. MBTI가 절대적인 기준이 되는 게 아니라는 점을 꼭 기억해주세요.

Q. 업종별 취업에 유리한 MBTI 유형이 따로 있나요?

앞에서 언급했던 내용과 관련이 있는 사항인데요. 취업 공고 과정에서 '특정 MBTI 유형은 지원 불가'라든가, 'MBTI 성격유형을 입사지원서에 기입하라'라고 한다든지 취업 과정에서도 지원자의 MBTI 성격유형을 고려하는 일이 최근 생겨나고 있습니다.

이 질문에 답을 드리기 전에 먼저 선생님께 질문을 하나 드리고 싶네요. 만약 선생님이 공동 연구를 진행하기 위해 연구원을 채용해야 한다면 무엇을 제일 먼저 보게 될까요?

당연히 연구를 수행 능력이 있는지를 최우선으로 확인합니다. 그래서 관련 분야에서의 연구 경력도 꼼꼼히 살펴보게 될 거고요. 제게 부족한 능력을 갖췄다면 금상첨화일 테고요.

MBTI 성격유형이 일하는 데 있어서 필요한 역량을 설명하기에는 충분하지 않습니다. 직관형이라 해서 감각이 하나도 없는, 내향형이라고 해서 외향적인 일을 하나도 못 하는 것도 아니고요. 그리고 사고형이니 감정형이니 하는 것이 실제 담당할 업무의 역량까지는 설명할 수 없죠. 실제로 성격이 내향적이지만 마케팅 분야나 영업 부분에서 역량을 잘 발휘하는 분도 얼마든지 있거든요. 반대로 외향적 성격이라고 해서 다들 영업 잘하는 건 아니잖아요.

그런데도 채용 과정에서 MBTI 성격유형을 따지는 이유는 조직에서의 관계, 조직 구성원 간 역동성 측면에서 MBTI를 너무 맹신해서 생긴 현상이 아닐까 생각합니다. 특정 유형이 있으면 조직의 활력이 떨어진다고 쉽게 오해하기도 하고요.

MBTI 성격유형이 취업 과정에 미친다고 생각하면 다들 업종별로 어떤 유형이 좋은지 살펴보고 '난 이 회사 지원하면 안 되겠네.' 하며 스스로 선택을 제한하는 일이 생겨날 수도 있습니다. 반대로 취업을 위해 특정 유형을 유도하려고 자신의 선호 경향과는 다르게 응답할 수도 있습니다. 실제로 자기보고식 검사 중 하나인 MMPI를 회사나 군대 등에서 활용하기도 하는데, 입사를 위해서 할 때는 가능하면 좋게 보이려고 하고 군 입대를 위해서 할 때는 가능하면 나쁘게 보이려고 조작할 수 있다는 것입니다.

MMPI 검사 같은 경우는 피검자의 거짓 반응을 확인하는 장치가 있어서 검사 결과를 해석할 때 판단할 수 있는 정보가 있지만, MBTI 성격검사는 피검자가 선택하면 그뿐이잖아요.

맞습니다. 이렇게 거짓 반응으로 얻은 결과는 전혀 신뢰할 수가 없죠. 많은 경우 검사 결과를 수치화해서 특정 기준에 따라 어떤 의미를 판단하는데 MBTI는 그냥 16개 유형 중 어느 유형에 해당하는지 살펴보는 검사라서 유형에는 유불리가 없음에도 자신에게 유리하다고 믿는 유형이 나올 수 있도록 편향되고 왜곡된 반응을 할 수 있다는 점에서 MBTI 성격유형을 채용 절차에 반영하는 것에 대해서는 신중하게 생각하고 접근할 필요가 있습니다.

아무래도 논리적이고 합리적인 근거가 있어야겠죠. 그런 의미에서라면 MBTI 성격유형과 진로 선택과의 관계에 관해 살펴본 연구가 주목을 끄는 것 같습니다.

- MBTI 성격유형과 전공의의 전공과 선택 간의 관계: 5년 추적 연구[*]
- MBTI 성격유형과 Strong 직업흥미 관계 분석[**]

재밌는 결과는 의대생 또는 의전원생 가운데 ESTJ랑 ISTJ 유형의 가장 큰 비율을 차지하고 있다는 점이 흥미로웠고요. 직관형보다는 감각형의, 감정형보다는 사고형의, 인식형보다는 판단형의 비율이 높은 것으로 나타났습니다. 그리고 전공의 선택과 관련해서는 외향형은 외과, 내향형은 내과 관련 계열을 선택하는 경향이 있다고 보고하고 있습니다.

외과 의사가 아무래도 자기주장이 강할 필요가 있고 혼자서 하는 것이 아니라 여러 사람이 함께해야 하고 활동을 통해 문제를 해결하는 걸 선호하다 보니 외향형과 관련이 있는 거 같고요. 물론 그렇다고 외과는 외향형, 내과는 내향형이 적성에 맞다거나 ESTJ, ISTJ가 의사라는 직업에 최적이라는 의미는 아닙니다.

그럼에도 이러한 연구를 하는 건 MBTI 관련 이론에 대한 끊임없는 검증을 위해서겠죠. 이러한 이론적 검증을 통해 MBTI가 우리의 마

- 윤소정, 박귀화(2018). MBTI 성격유형, 의과대학 성적과 전공의의 전공과 선택 간의 관계: 5년 추적 연구. 예술인문사회 융합 멀티미디어 논문지, 8(7), 391-399.
- 심호규, 강문희(2005). 고등학생의 MBTI 성격유형과 Strong 직업흥미의 관계분석. 청소년학연구, 12(3), 245-266.

음을 이해하는 데 조금 더 유용한 도구로서 기능할 수 있기를 바라는 의도에서 말입니다.

MBTI의 약점이 이론이 빈약하다는 것인데, 융의 이론 중 유형론을 바탕으로 했지만 실제 이 검사를 만든 사람들은 심리학자는 아닌 걸로 알고 있습니다. 그렇다고 이 검사를 믿을 수 없다고 할 순 없고요. 여러 사람을 만나 문항을 수집하고 검사로 발전시키기 위한 많은 노력이 있었고 현재까지 수많은 데이터가 축적되어서 점점 더 정교화되어 가고 있는 것으로 보입니다.

앞서 의대생, 의전원생 중에서 ESTJ랑 ISTJ가 차지하는 비율이 가장 많다고 했는데요. 실제로 유형별 비율이 어떻게 되는지 몇 차례 조사된 바 있습니다. 제가 알기로는 우리나라의 경우 제일 많은 유형은 ISTJ고 INTJ는 비율이 제일 낮은 것으로 기억되는데요. 아무래도 가장 최근의 조사 결과를 확인해보는 게 좋겠죠.

최근 2012년에서 2020년 동안의 자료를 바탕으로 분석한 '한국인 대표표본의 MBTI 유형 분포 연구: 2012-2020' 결과에 따르면 INTJ는 3.3%인 것으로 확인되고요. ISTJ가 12.8%로 가장 많고 INFJ가 2.9%로 가장 낮은 비율을 차지하고 있음을 알 수 있습니다. 최근 연구를 보면 이전의 연구와 변화가 있다는 것을 알 수 있는데

• 송미리, 박보민, 강새하늘, 김명준(2021). 한국인 대표 표본의 MBTI 유형 분포 연구: 2012-2020년 자료를 바탕으로. 심리유형과 인간발달 (구 한국심리유형학회지), 22(2), 19-41.

요. 아래의 성격유형별 분포 자료를 참고하시기 바랍니다.[ ]

• 16가지 성격유형별 분포

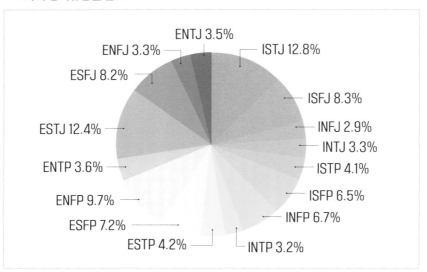

 가장 두드러진 변화는 약 30년 전 자료[ ]에서는 30~50대 성인의 경
우 I(내향형)의 비율이 66%로 E보다 2배 가까이 높았으나, 최근 연
구에서는 E의 비율이 I의 비율보다 높아졌다는 것을 확인할 수 있습
니다. 이는 시대 변화에 따라 성인기 대인관계 활동의 중요성이 커
짐으로 인해 발생한 결과로 설명할 수 있습니다.

• 송미리, 박보민, 강새하늘, 김명준(2021) 한국인 대표표본의 MBTI 유형 분포 연구(2012~ 2020)에서
재편집
•• 김정택과 심혜숙(1990)의 MBTI Form G 한국 표준화 데이터

성인의 생애 단계별 진로적응과업을 살펴본 연구에 따르면 탐색기에 해당하는 20대, 확립기에 해당하는 30~40대, 재적응기에 해당하는 50대 이후 성인 모두 진로적응과업에서 대인관계 경험이 상당한 비중을 차지합니다. 20대에는 다양한 조직에서 여러 관계를 맺고 활동하기 시작하며, 30~40대에는 조직 내에서 여러 모임이나 활동에 참여하며 인맥을 넓히고, 업무 상황에서 상사, 동료, 선배와 신뢰관계를 형성하죠. 50대 이후에는 은퇴 후 새로운 진로를 찾는 과정에서 이전에 알던 사람들을 자원으로 활용하게 됩니다. 이러한 과정에서 외향성(E) 지표의 특성이 요구되므로 E로 응답하는 비율이 높아졌을 수 있다고 볼 수 있는 거죠.

MBTI, 주위를 돌아보면 자칭 전문가라며 지식을 뽐내는 사람이 참 많습니다. 실제로 MBTI에 대해 잘 알고 있기도 하고요. 하지만 중요한 건 MBTI가 세상에 나온 이유와 그 의미를 아는 것이라고 생각합니다. 이 세상에 나와 같은 사람은 한 사람도 없습니다. 서로 똑닮은 쌍둥이라도 마음까지 같진 않죠. 그런데 하물며 MBTI 유형이 같다고 해서 해당 유형의 모든 사람이 다 똑같을 수는 없습니다. 게다가 MBTI 유형별 특성이 여러분의 모든 것을 설명해주는 것도 아

• 이지원, 송보라, 이기학. (2017). 성인의 생애단계별 진로적응과업척도 개발 및 타당화 연구. 한국심리학회지: 상담 및 심리치료, 29(4), 1077-1114.

니고요. MBTI 검사 결과를 너무 맹신해서도 안 되지만 MBTI를 통해 여러분을 돌아보고 조금 더 편안한 방식으로 소통하고 관계를 맺는 데 조금이나마 도움이 되었으면 좋겠습니다.

MBTI 검사의 미덕은 나와 너의 차이를 알고 이해함으로써 소통하고 관계를 맺는 데뿐 아니라 스트레스를 해소하고, 갈등관리를 하는 등 다양한 측면에서 유용한 검사라는 점입니다. 다만 단일 검사만으로 복잡한 인간의 심리를 모두 파악하기는 어렵다는 점 다시 한번 강조하겠습니다.

· 고영재, 『당신이 알던 MBTI는 진짜 MBTI가 아니다』, 인스피레이션, 2022
· 박소진, 『사람의 마음을 읽는 법』, 믹스커피, 2023
· 박소진, 『영화로 이해하는 아동청소년심리상담』, 박영스토리, 2018
· 현성용·곽금주·김미리혜·성한기 등저, 『현대 심리학의 이해 4판』, 학지사, 2020

· Charlse Martin 저 / 심혜숙 외 공역, 『성격유형과 진로탐색』, 어세스타, 1999
· Donna Dunning 저 / 한국MBTI 연구소 역, 『성격유형과 커뮤니케이션』, 어세스타
· Helen Kennerley & Joan Kirk & David Westbrook 저 / 박소진·김익수 공역, 『인지·행동치료 개론』, 박영스토리, 2019
· John R. Graham 저 / 이훈진·문혜신·박현진·유성진·김지영 공역, 『MMPI-2 성격 및 정신병리 평가』, 시그마프레스, 2007
· Judish A Provost 저 / 한국MBTI연구소 역, 『일, 놀이 그리고 성격유형』, 어세스타, 2009
· Nancy. J. Barger & Linda K. Kirby 저 / 한국MBTI연구소 역, 『조직의 변화와 유형』, 어세스타, 2005
· Sondra S. Vansant 저 / 한국MBTI연구소 역, 『MBTI와 갈등관리: 차이점을 해결하기 위한 성격의 역할』, 어세스타, 2009

· 김근우, 배효상, 김지환, 김병수, 이필원, 박성식(2015). 명상프로그램(α version) 시행 전후의 심리유형별 HRV 변화 연구. Journal of Oriental Neuropsychiatry,26(2), 89-102.

- 김정호(2018). 명상과 마음챙김의 이해. 한국명상학회지, 8(1), 1-22.
- 나의현(2018). 수용전념치료.Journal of Medicine and Life Science,15(2), 51-55.
- 박영미(2019). 지방행정공무원의 성격유형과 갈등관리에 관한 연구.지역발전 연구, 28, 1-30.
- 박정희(2002). 간호대학생의 성격유형과 주장훈련이 주장행동, 갈등관리 양식 에 미치는 영향. 지역사회간호학회지, 13(3), 556-565.
- 송미리, 박보민, 강새하늘, 김명준(2021). 한국인 대표 표본의 MBTI 유형 분포 연구: 2012-2020년 자료를 바탕으로. 심리유형과 인간발달 (구 한국심리유형학회 지), 22(2), 19-41.
- 송지희(2019) 수용전념치료 부모교육 프로그램의 개발과 효과, 한양대학교 박 사학위 논문
- 심호규, 강문희(2005). 고등학생의 MBTI 성격유형과 Strong 직업흥미의 관계 분석.청소년학연구,12(3), 245-266.
- 유정이(1999). MBTI를 통해서 본 직장인의 스트레스와 스트레스 대처방식. 심 리유형과 인간발달, 6(1), 107-120.
- 윤소정, 박귀화(2018). MBTI 성격유형, 의과대학 성적과 전공의의 전공과 선택 간의 관계: 5년 추적 연구. 예술인문사회 융합 멀티미디어 논문지, 8(7), 391- 399.
- 이지원, 송보라, 이기학. (2017). 성인의 생애단계별 진로적응과업척도 개발 및 타당화 연구. 한국심리학회지: 상담 및 심리치료, 29(4), 1077-1114.
- 한주희(2007). 마음챙김이 스트레스에 미치는 영향 매커니즘. 보건과 사회과 학, 22(1), 127-151.

- 매일경제 2020년 7월 4일 기사 〈직장인이 꼽은 직장생활 스트레스 원인 1위는?〉 (www.mk.co.kr/news/society/9416147)
- 동아일보 2022년 9월 4일 기사 〈빌 게이츠도 한다는 '마음챙김'이 뭐길래〉 (www.donga.com/news/lt/article/all/20220904/115291995/1)
- 박소진(2023), 영화관에 간 심리학, 한끼, 그 든든한 위로, 영화부산 2023. 봄호
- 블로그 'MBTI에 관한 7가지 오해'(www.psychologyjunkie.com/7-of-the-biggest-misunderstandings-about-the-myers-briggs-system

---

BGT, 그림검사, MMPI, SCT, 지능검사…
실제 현장에서의 경험을 바탕으로 한
심리검사의 실용서이자 안내서

사람의 마음을 읽는 법

박소진 지음 | 18,000원

이 책은 전문가의 영역으로만 여겨졌던 심리검사와 심리평가에 대한 기본적인 정의부터 실질적으로 활용할 수 있는 방법을 세세하게 다룬 심리검사 입문서다. 이 책을 통해 지금까지 전문가의 영역에 있었던 심리검사에 대해 그동안 느꼈던 높은 벽을 낮출 수 있게 될 것이다.

오늘도 **MBTI**를 확인했습니다

초판 1쇄 발행 2023년 11월 23일

지은이 박소진 김익수
펴낸곳 원앤원북스
펴낸이 오운영
경영총괄 박종명
편집 최윤정 김형욱 이광민 김슬기
디자인 윤지예 이영재
마케팅 문준영 이지은 박미애
디지털콘텐츠 안태정
등록번호 제2018-000146호(2018년 1월 23일)
주소 04091 서울시 마포구 토정로 222 한국출판콘텐츠센터 319호 (신수동)
전화 (02)719-7735 | **팩스** (02)719-7736
이메일 onobooks2018@naver.com | **블로그** blog.naver.com/onobooks2018
값 18,000원
ISBN 979-11-7043-474-0   03190